日本支石墓の研究

第2部　資　料　編

太田　新　編

海鳥社

日本支石墓の研究
第2部　資料編
●
目次

＊印は支石墓と推定される参考地を示す

福岡県Ⅰ（糸島地方）の支石墓

曲り田遺跡（1地区）　糸島市二丈石崎字曲り田 ……………………………………… 11

石崎矢風遺跡　糸島市二丈石崎矢風 …………………………………………………… 13

木舟・三本松遺跡　糸島市二丈深江字木舟 …………………………………………… 14

新町遺跡　糸島市志摩新町字ギ丁原 …………………………………………………… 15

長野宮ノ前遺跡　糸島市長野 …………………………………………………………… 20

志登支石墓群　糸島市志登字坂本 ……………………………………………………… 23

石ヶ崎遺跡　糸島市曽根字石ヶ崎 ……………………………………………………… 27

三雲加賀石支石墓　糸島市三雲 ………………………………………………………… 29

井田用会支石墓　糸島市井田 …………………………………………………………… 30

井田御子守支石墓　糸島市井田字御子守 ……………………………………………… 31

小田支石墓　福岡市西区小田 …………………………………………………………… 31

千里支石墓　福岡市西区千里 …………………………………………………………… 33

志登岩鏡（岩神）支石墓　糸島市志登字坂本 ………………………………………… 33

福岡県（糸島地方）内の支石墓遺跡所在地及び遺跡概要　34

福岡県Ⅱ（糸島地方を除く地方）の支石墓

須玖（岡本）遺跡（王墓）＊　春日市岡本 …………………………………………… 35

四箇船石＊　福岡市早良区四箇字船石 ………………………………………………… 36

鹿部支石墓　古賀市鹿部字庵ノ園 ……………………………………………………… 37

畑田遺跡　朝倉市杷木池田字畑田 ……………………………………………………… 38

朝田支石墓　うきは市浮羽町朝田字浦田 ……………………………………………… 41

石丸遺跡　久留米市東櫛原町 …………………………………………………………… 42

南薫遺跡　久留米市南薫町 ……………………………………………………………… 43

羽山台遺跡（C地点）　大牟田市草木字羽山 ……………………………………………… 43
大板井遺跡　小郡市大板井字蓮町 …………………………………………………………… 44
酒見貝塚の磯良石*　大川市酒見大川公園内 ……………………………………………… 45
淡島神社裏の大石*　大川市小保　小保八幡神社内 ……………………………………… 46
能保里の大石*　久留米市城島町下青木 …………………………………………………… 47
中村遺跡*　柳川市大字西蒲池字中村 ……………………………………………………… 48
浦田遺跡*　柳川市大字西蒲池字浦田 ……………………………………………………… 48
池渕遺跡*　柳川市大字西蒲池字池渕 ……………………………………………………… 48
三島神社遺跡*　柳川市大字西蒲池字宮の前 ……………………………………………… 48
扇ノ内遺跡*　柳川市大字西蒲池字扇ノ内 ………………………………………………… 49
鷹尾神社の大石*　柳川市大和町鷹ノ尾字鷹尾 …………………………………………… 49
岩畑の大石*　みやま市高田町竹飯字岩畑 ………………………………………………… 49
粉ふき地蔵尊前のドルメン*　北九州市小倉南区長行東2丁目 ………………………… 50

福岡県（糸島地方を除く地方）の支石墓所在地一覧　51

佐賀県Ⅰ（唐津地方）の支石墓

葉山尻支石墓　唐津市半田字葉山尻 ………………………………………………………… 53
岸高支石墓　唐津市半田字岸高 ……………………………………………………………… 56
迫頭遺跡　唐津市宇木字東宇木 ……………………………………………………………… 57
瀬戸口支石墓　唐津市宇木字瀬戸口 ………………………………………………………… 59
森田支石墓群　唐津市宇木字森田 …………………………………………………………… 62
割石遺跡　唐津市柏崎 ………………………………………………………………………… 65
五反田支石墓　唐津市浜玉町五反田 ………………………………………………………… 66
徳須恵支石墓　唐津市北波多徳須恵 ………………………………………………………… 68
宇木汲田遺跡　唐津市宇木字汲田 …………………………………………………………… 70
矢作支石墓　唐津市半田字矢作 ……………………………………………………………… 71
大友遺跡　唐津市呼子町大友字藤川 ………………………………………………………… 72

佐賀県（唐津地方）内の支石墓遺跡所在一覧　78

狸山支石墓　北松浦郡佐々町大字松瀬免字松瀬	131
四反田遺跡　佐世保市下本山町字四反田	133
天久保遺跡　西海市西海町天久保郷字塔尾	135
風観岳支石墓群　諫早市破籠井町、大村市中里町字千部・今村町字高野	138
井崎支石墓群　諫早市小長井町井崎	141
景華(花)園遺跡　島原市中野町高城元	141
西鬼塚石棺群　南島原市有家町蒲河	142
原山支石墓群　南島原市北有馬町	143
栢ノ木遺跡　松浦市志佐町栢木免小久保	152

長崎県内の支石墓遺跡所在地一覧　153

熊本県の支石墓

年の神遺跡　玉名市岱明町野口字早馬	155
塔の本遺跡　熊本市北区植木町大字轟字塔の本	157
田底(平畠)支石墓　熊本市北区植木町大字田底字平畠	158
藤尾支石墓群　菊池市旭志弁利字藤尾	159
梅ノ木遺跡　菊池郡菊陽町大字津久礼字下津久礼	163
唴(嘘)ノ前遺跡＊　玉名郡和水町平野字唴ノ前	164
正福寺境内支石墓＊　玉名市岱明町大字山下	164
伊倉両八幡宮境内支石墓＊　玉名市大字伊倉南方	165
城ヶ崎五社支石墓＊　玉名市大字伊倉南方	165
轟支石墓　熊本市北区植木町大字轟	165
庄支石墓＊　山鹿市鹿本町庄字太郎丸	166
長沖支石墓＊　山鹿市大字中字長沖	166
古閑山支石墓＊　菊池市旭志弁利字古閑山	167
ヒメサカ支石墓＊　菊池市旭志弁利字ヒメサカ	167
ヒララ石支石墓＊　菊池市旭志川辺字柏木	168
比良良石支石墓＊　菊池市原字比良良石	168
立石支石墓＊　菊池市森北字立石	169

佐賀県Ⅱ（佐賀平野）の支石墓

佐織遺跡　小城市三日月町長神田字佐織 ……………………………… 79
南小路（尼寺）支石墓　佐賀市大和町字尼寺字南小路 ………………… 79
礫石B遺跡（つぶていし）　佐賀市大和町久池井字野口 …………………………… 81
黒土原遺跡　佐賀市金立町金立字五本黒木 ……………………………… 86
友貞（10区）遺跡　佐賀市金立町千布字友貞 …………………………… 89
久保泉丸山遺跡　佐賀市久保泉町川久保 ………………………………… 90
村徳永遺跡　佐賀市久保泉町上和泉字村徳永 …………………………… 100
四本黒木遺跡　神埼市神埼町城原字四本谷 ……………………………… 100
熊谷（二子山崎）遺跡　神埼市神埼町城原 ……………………………… 102
伏部大石遺跡　神埼市神埼町竹 …………………………………………… 102
枝町（馬郡）遺跡　神埼市神埼町鶴字馬郡 ……………………………… 103
日吉神社の大石＊　神埼市神埼町志波屋 ………………………………… 103
戦場ヶ谷遺跡（戦場古墳群6区）　神埼郡吉野ヶ里町三津 ……………… 103
西石動遺跡（にしいしなり）　神埼郡吉野ヶ里町石動字西二本杉 …………………… 105
瀬ノ尾（松ノ森）遺跡　神埼郡吉野ヶ里町大字大曲字松ノ森 ………… 106
船石（北区）遺跡　三養基郡上峰町大字堤字三本杉・二本谷 ………… 106
香田遺跡　三養基郡みやき町大字蓑原字香田 …………………………… 110
山田遺跡　鳥栖市立石町大字山田 ………………………………………… 112

佐賀県（佐賀平野）内の支石墓遺跡所在地一覧　113

長崎県の支石墓

宇久松原遺跡　佐世保市宇久町平字松原 ………………………………… 115
神ノ崎遺跡　北松浦郡小値賀町黒島郷庭ノ畑 …………………………… 119
田助遺跡　平戸市大久保町蜂の久保 ……………………………………… 122
里田原遺跡　平戸市田平町里免 …………………………………………… 123
大野台遺跡　佐世保市鹿町町新深江 ……………………………………… 124
小川内支石墓（おがわち）　佐世保市江迎町小川内字走落 ……………………………… 128

神来支石墓*　菊池市野間口字神来屋敷 ……………………………………………… 169
　おとど
石ノ本支石墓*　菊池市泗水町大字永字石ノ本 …………………………………… 170
中原支石墓*　合志市合生大字野野島字中原 ……………………………………… 170
永田支石墓*　合志市合生大字野野島字永田 ……………………………………… 170
立石原支石墓　菊池郡大津町大字矢護川字立石原 ………………………………… 170
御領原支石墓*　菊池郡大津町大字矢護川字御領原 ……………………………… 172
水野山支石墓*　菊池郡大津町大字矢護川字水野山 ……………………………… 172
矢鉾遺跡*　菊池郡大津町大字杉水字上の原・矢鉾 ……………………………… 173
八ツ割ドルメン群　上益城郡甲佐町大字船津字八ツ割 …………………………… 174
麻生平ドルメン　下益城郡美里町大字馬場小字麻生平 …………………………… 175
　あそうびら
木原（西蔵）支石墓*　熊本市南区富合町大字木原字西口 ……………………… 175
市房隠遺跡（1号石棺）　球磨郡あさぎり町大字吉井字馬立原 ………………… 175

熊本県内の支石墓遺跡所在地一覧　177

鹿児島・山口県の支石墓

明神下岡遺跡　鹿児島県出水郡長島町蔵之元明神下岡 …………………………… 179
下小路遺跡　南さつま市金峰町高橋下小路 ………………………………………… 182
高橋貝塚　南さつま市金峰町高橋 …………………………………………………… 183
入来遺跡　日置市吹上町入来 ………………………………………………………… 183
　いりき
白寿遺跡　日置市吹上町中之里白寿 ………………………………………………… 184
石塚子産石　日置市吹上町入来石塚 ………………………………………………… 185
中ノ浜遺跡　山口県下関市豊浦町大字川棚字中ノ浜 ……………………………… 185

鹿児島県内の支石墓所在地一覧　188

山口県内の支石墓遺跡所在地　188

あとがき　189

日本支石墓の研究
第2部 資料編

凡例　＊印は支石墓と推定される参考地を示す

福岡県Ⅰ（糸島地方）の支石墓

曲り田遺跡（Ⅰ地区）　糸島市二丈石崎字曲り田

位置

　糸島平野の西部地域で、深江・一貴山地区のほぼ中心部にあたり、周囲の水田面から比高30〜20メートルの、北部がやや低くなる南北に細長い独立丘陵の鞍部にある。当時この水田地帯は、深江湾が入り込んでいた海であったと考えられる。

遺跡の概要

　曲り田（Ⅰ地区）遺跡は、国道202号線の今宿バイパス線にかかるため、1980・81（昭和55・56）年、福岡県教育委員会（以下福岡県教委と略す）により発掘調査が行われた。

　調査結果によれば、発掘された遺構は、夜臼期の竪穴住居跡30基・支石墓１基、弥生前期の甕棺墓11基、弥生中〜後期の竪穴住居跡９基、奈良平安期の掘立柱建物２棟・溝２条・井戸２基が発見され、かつまた、西南部の遺物包含層は17層にわたり、その８層以下の夜臼期以前の包含層から大量の土器や石器が出土している。（図２）

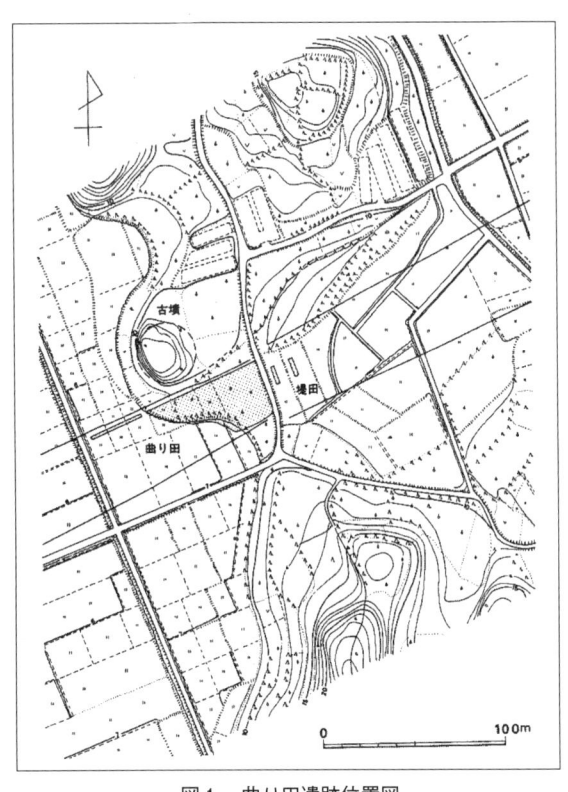

図１　曲り田遺跡位置図

　最も注目されたのは、夜臼期の層から炭化米16粒と土器に付着した籾およびコメの圧痕11粒分が検出され、水田遺構は未発見ながら水稲耕作が行われていたことをうかがわせるものである。さらに考古学会を驚かせたのは、夜臼期の住居跡（16号）床面から板状鉄斧の頭部片が発見され、これがわが国最古の鉄製品の出土であり、夜臼期から鉄器が存在したことを証することとなった。

　また発掘にあたった福岡県教委の橋口達也氏（当時）は、出土した大量の夜臼期以前の土器を分類整理され、従来の縄文土器とは異なる縄文晩期中頃から板付式前までのものを、「曲り田（古）式・曲り田（新）式」と「夜臼式」に分類し、これらの土器の時期を「弥生早期」とすることを提唱された。

支石墓

当遺跡の発掘地域の東南隅に近い部分で、小型支石墓が1基発見された。上石は径0.4×0.32メートル・厚さ0.17メートルの小型の花崗岩で、その下部に4個の支石が検出された。3個が径10センチ前後の花崗岩で、1個が16×7×8センチ程の川原石であった。

墓壙は83×69センチの長円形の土壙で、その中央に径48センチ深さ30センチ程の円形の二重墓壙があった。主体部内から炭片と焼骨片が出土したが、小片であったため人骨かどうか確定できなかった。(図3)

支石墓南側には、曲り田(古)式の丹塗磨研小壺(器高約13センチ)が副葬されていた。

曲り田支石墓の特色

第一は、二重墓壙の土壙を下部構造とし、支石4個を有する弥生早期の小型支石墓で、上石が墓壙に較べて小型でもある。

第二は、墓壙内の主体部分に炭片と焼骨片が認められ、火葬墓の可能性が高い点である。

火葬墓については福岡県京都郡苅田町浄土院遺跡の縄文後期、および鹿児島県加世田市上加世田遺跡の縄文晩期初頭の甕棺墓から出土した事例もあるという。

註(1) 福岡県教育委員会編『曲り田遺跡Ⅰ・Ⅱ・Ⅲ』今宿バイパス関係埋蔵文化財調査報告書8・9・11集、1983〜985年
※掲載図は『曲り田遺跡Ⅰ』から転載

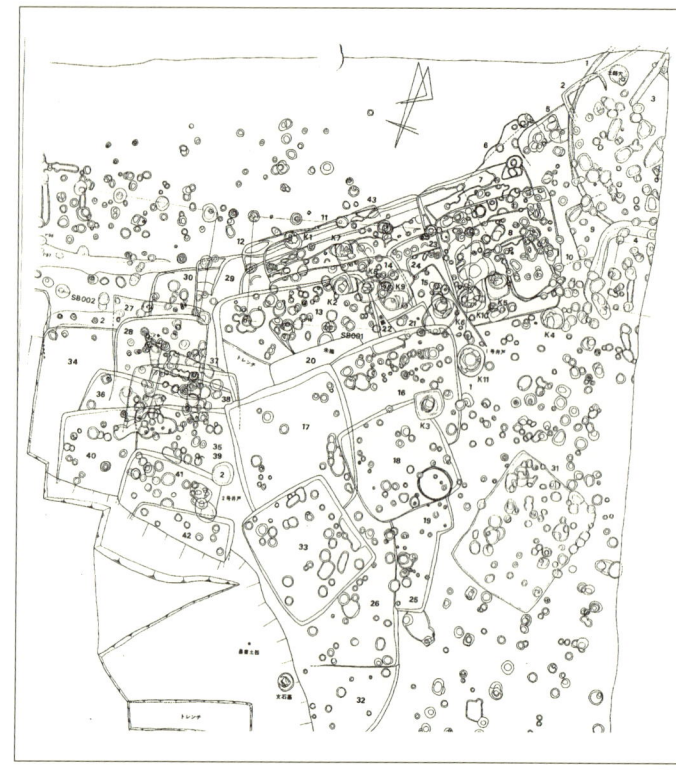

図2 曲り田遺跡遺構図

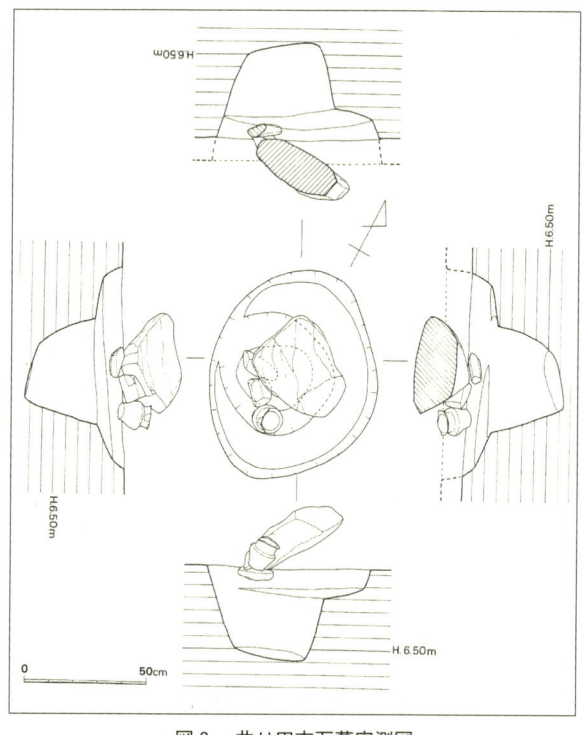

図3 曲り田支石墓実測図

12 資料編

石崎矢風遺跡　糸島市二丈石崎矢風

位置

　糸島平野西部地帯の中央部で、稲作開始前の遺跡として著名な「曲り田遺跡」の南東700メートルの地点にあり、一貫山川の支流満吉川中流域の低地帯にある。

遺跡の概要

　1990（平成2）年、糸島郡農協（当時）一貫山支所建替えに伴い、二丈町教委により、曲り田遺跡群第Ⅶ地区として緊急発掘調査が行われた。

　その調査報告書によれば、弥生前期前半（板付Ⅰ式期）の支石墓2基のほか、同前半から前期後半の木棺墓5基・甕棺墓41基並びに遺物として甕棺墓内外から副葬小壺2個・磨製石斧2個・打製石鏃2個・土製投弾4個などが発見されている。

　また、弥生中期後半から古墳初頭までの遺物包含層からは、住居跡と思われる柱穴ピット多数・丸太くり抜き井戸と壁材が出土している。

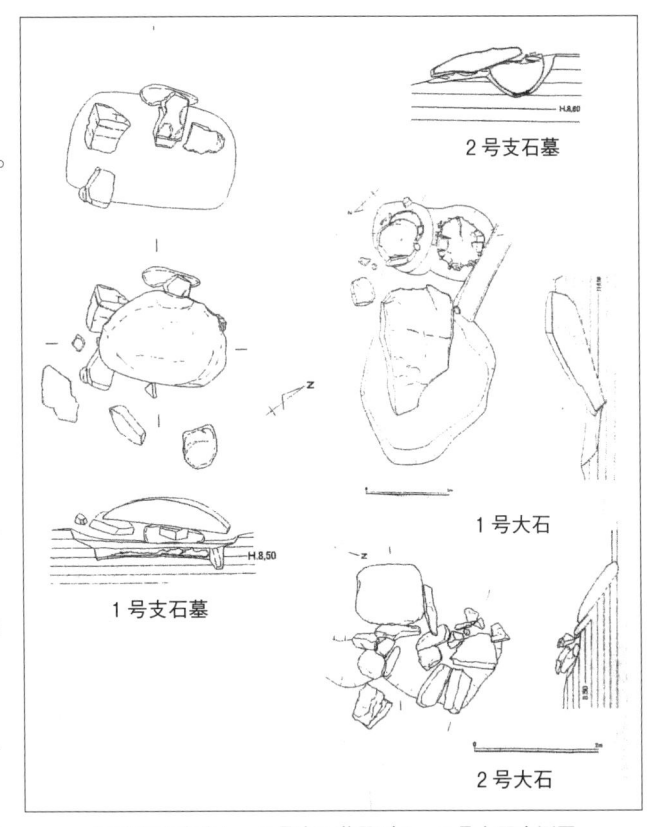

石崎矢風遺跡1・2号支石墓及び1・2号大石実測図

支石墓

　1号支石墓は、上石の大きさが1.5×1.05メートル・厚さ0.31メートルの花崗岩で、上石の下部4カ所に5個の支石があり、下部の埋葬主体は木棺墓で、墓壙176×130センチのなかに136×52～62センチの木棺跡があり、底板と側板の一部が残存していた。遺物は見当たらなかった。

　2号支石墓は、1号支石墓に隣接しており、上石は0.76×0.6×0.16メートルの花崗岩で、下部の墓壙に対しやや小型でややずれた状態であった。支石は見当たらず、下部は板付Ⅰ式の中型壺2個を使用した覆口式合せ甕棺であった。また下甕の胴部の下部に約20センチの穿孔が見受けられた。

　木棺墓は弥生前期前半から中頃までの成人用として、甕棺墓は弥生前期前半は小児用として、前期中頃から後半になり甕棺が成人用として大型化していることがうかがわれるという。

　また甕棺墓の内外から発見された副葬小壺は板付Ⅰ式期の丹塗磨研土器で、新町遺跡の支石墓か

ら検出されたものと同じ思想に基づくものと考えられている。

石崎矢風支石墓の特色

稲作開始期の曲り田遺跡に次ぐ遺跡で、検出された墓地とともに近くに弥生前期の集落の存在が予想されている。

註（1）糸島市教育委員会編『石崎矢風遺跡』糸島市文化財調査報告書第3集、2010年
※掲載図は『石崎矢風遺跡』から転載

木舟・三本松遺跡　糸島市二丈深江字木舟

位置

糸島平野の西端地区深江の木舟にあるが、往時は深くいり込んだ深江湾の中央部に突き出た、低砂丘の先端であったと思われ、現在は一貫山川がその北部を迂回して深江湾に注いでいる。

遺跡の概要

1992（平成4）年、県営圃場整備作業中に発見され、二丈町教委により発掘調査が行われた。調査報告書によれば、水田下の土壌を剥いだところ、海抜2.1～2.4メートルの低地から、いずれも上半部を完全に破壊された弥生中期を主とする甕棺墓53基が検出された。

さらにその北側の土器溜りの傾斜面から、破壊され原位置から移されたと考えられる、支石墓の上石を思わせる大石が4個発見された。

史料によれば、この地は江戸時代に沼地を水田に開拓されており、地質調査の結果、その時砂丘上の土を剥ぎ取り、周辺の沼地に埋めて平地化したものと思われるという。

下半部の甕棺墓からは、純粋のヒスイの勾玉（大きさ2.1センチ）・磨製石剣・磨製石剣の剣先・磨製石鏃および小型管玉18個（6基より）が出土している。

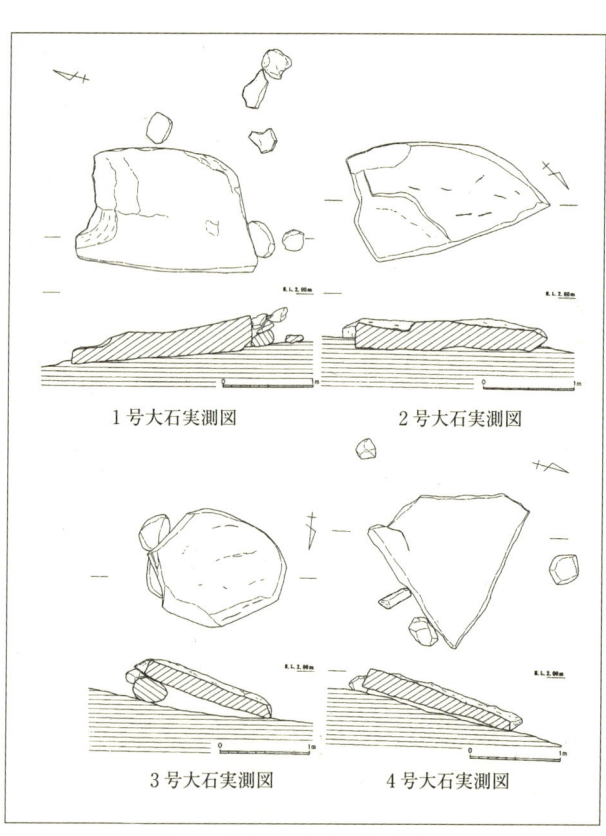

1号大石実測図　　2号大石実測図

3号大石実測図　　4号大石実測図

図1　木舟・三本松大石実測図

支石墓

　支石墓の上石と思われる大石が、低砂丘の北側先端部分に間隔をおいて4個並んで発見され、その3個の下部又は周辺には人頭大の支石状の石が数個ずつ置かれていた（図1）。

　下部には遺構がないことから、大幅に原位置から移動していると考えられ、その周辺から弥生早期（曲り田式）の朝鮮系丹塗磨研土器片が1個出土していて、支石墓はその時期の可能性も考えられるという。なお、甕棺墓の標石とも考えられ、支石墓としては疑問視する意見もある。

　上記の大石4個は、曲り田遺跡南側に新設された曲り田スポーツ公園内に、曲り田支石墓の上石と共に保存展示されている。

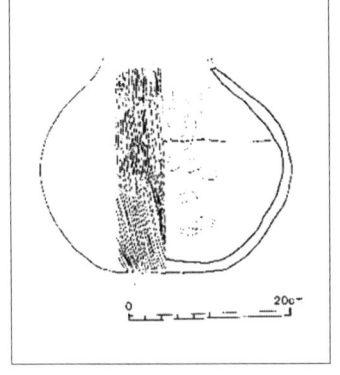

図2　丹塗磨研土器実測図

　さらに、1995年（平成7年）の第3次調査で、第1次調査区域の北側の傾斜面から、4個の上石状大石が発見されたが、前記同様支石墓としては疑問視されている。

註
(1) 二丈町教育委員会編『木舟・三本松遺跡』二丈町文化財調査報告書第9集、1994年
(2) 二丈町教育委員会編『木舟・三本松遺跡』二丈町文化財調査報告書第15集、1997年
※掲載図は『木舟・三本松遺跡』（1994年）から転載

新町遺跡　糸島市志摩新町字ギ丁原

位置

　新町遺跡は、北部九州玄界灘に面する糸島半島の西部で、古来玄界灘を航行する海上交通の目印とされ、「糸島富士」の別名がある優美な可也山の西麓、万葉集にも登場する引津湾に面した砂丘上にある。

　また東側に接して、貨泉や半両銭と共に弥生居住跡が発見された「御床松原遺跡」があり、古代伊都国の玄関口とも言える位置にある。

遺跡の概要

　1986・87（昭和61・62）年、志摩町教委の委託を受け、福岡県教委の橋口達也氏らにより調査（第1次）が行われた。

　その調査報告によれば、第Ⅰ地点面積約300平方

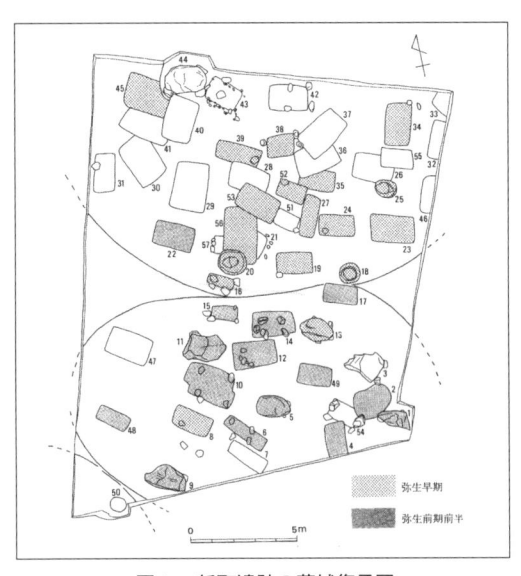

図1　新町遺跡の墓域復元図

福岡県　15

メートルの範囲から、曲り田式期・夜臼式期・板付Ⅰ式期の、支石墓を含む57基の墳墓が確認され、その内の33基が発掘調査された。(図1)

その発掘調査が行われた支石墓と思われるものの下部構造を、調査報告書の記述に基づき筆者がまとめたものが、表1の一覧表(19頁参照)および下表である。

時　　期	下　部　構　造				
	土壙（木棺）	土　壙	甕棺墓	石囲い	計
曲り田式	1	3			4
夜臼式	2	5	3		10
板付Ⅰ式	6	3			9
金海式			1		1
時期不明	1	7		1	9
計	10	18	4	1	33

(注) 金海式甕棺墓は調査区域の南西隅にあり、時期的に墓域が異なると考えられる (図1、50号)

上記中、上石があるものは板付Ⅰ式期の2基 (9・11号) であったが、そのほか14基に支石が残存していた。また下部未調査の残余の24基には、上石があるもの5基、割られたり動かされた上石が3個、そのほか3基に支石が認められたという。

したがって、狭い地域に密集して造営され一部重複などもある点から、支石墓の上石および支石は、転用や破壊あるいは過去に持ち去られたものもあると考えられ、当墳墓群は大部分が支石墓であった可能性も考えられる。

以上の諸点から、新町遺跡の支石墓群は、下部構造は土壙および土壙（木棺）を基本としており、蓋石はなく四隅に支石を置く朝鮮の碁盤式支石墓で造営されていたと考えられる。(図2・3)

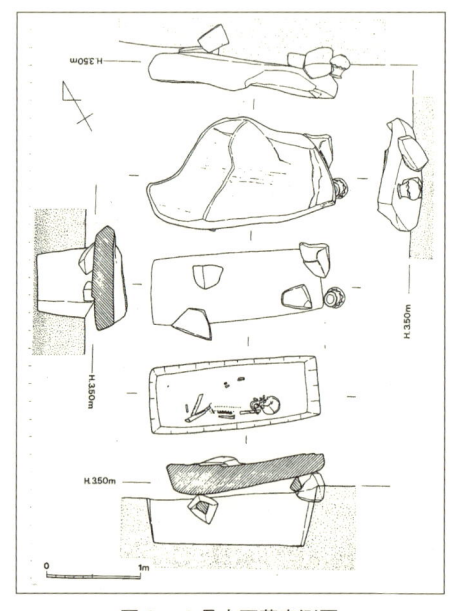

図2　9号支石墓実測図

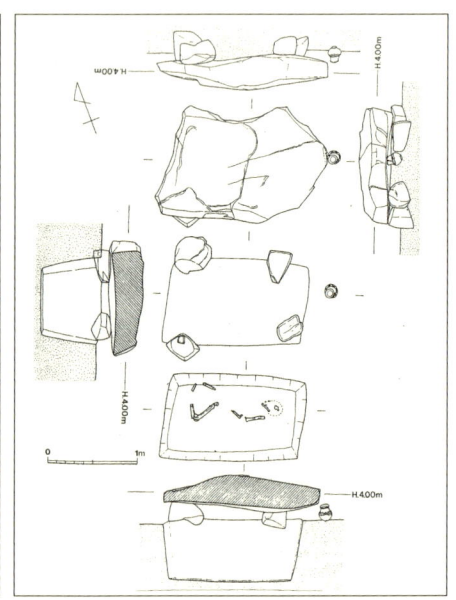

図3　11号支石墓実測図

新町支石墓群の特色

▶支石墓群の構成
　図1の墓域復元図で見受けられるように、弥生早期の墓群は北半部にかたまり、その上重複しているものが多い。それに反し南半部は弥生前期前半（板付Ⅰ式期）の墓群で、重なり合うのは1基だけである。
　このことは、北半部のものは、主軸の方位も異なるものがある点からも、やや長い期間（曲り田式から夜臼式期）に営まれたことを示唆している。南半部のものは、主軸の方位がほぼ同じであることと合わせて、弥生早期末から定着した同一の血縁集団の墓域とも考えられる。

▶上部構造
　上石は長さ1.5～2メートル前後の中型で、当地で産出する花崗閃緑岩（かこうせんりょくがん）が多く、一部にはかんらん石玄武岩も使用されている。
　支石は花崗岩を用い、四隅に4個配置を基本とする。

▶下部構造
　蓋石は土壙のせいか見あたらない。墓壙は砂丘上のせいか長さ2メートル・幅約1メートル・深さも50～60センチと大型長方型の土壙である。なお浅いものには、二重墓壙が掘られている。特に棺台石を下に敷く、木棺埋葬形式と考えられるものが3分の1ほどあり、注目される。
　また、木棺には成人が、大型壺を用いた甕棺には乳幼児の埋葬が考えられる。

▶副葬・供献小壺
　本遺跡で特に注目されたのは、黒色磨研あるいは丹塗りなどの小壺が、下部未調査分を含め、57基中の34基から36個発見されたことである。しかも、発掘された橋口達也氏が提起する、曲り田（古）式・曲り田（新）式から夜臼式・板付Ⅰ式と連続して各時期の小壺が出土し、時期の変遷とともに器形的にも変化し、これらの小壺にはその推移に継承性が見受けられるという。（図4）

▶出土人骨
　当墳墓群の12基から14体の人骨が発見されたが、保存状態が悪く部分骨しか残っていなかった。九州大学医学部中橋孝博・永井昌文氏の調査の結果、それらの人骨は総体的に、低顔・低身長で、縄文的形質を有する西北九州弥生人に近いと判断されている。
　しかし身長が推定できた男性3体の平均身長は157.1センチ（159.0・156.9・155.4センチ）で、西北九州弥生人の平均158.8センチ、大友弥生人の平均159.1センチよりさらに低かった。
　また、「9号人骨（熟年男性）は、金関氏によって渡来的とされた形質の一つである眼窩示数が81.4であり、山鹿（やまが）貝塚縄文人の平均値73.9、津雲（つぐも）貝塚縄文人の77.4よりも大きいばかりか、土井ヶ浜（80.1）や金隈（80.2）〈弥生人〉の値をも上回っている。
　つまり、9号人骨は低上顔・低身長であるものの、眼窩においては必ずしも縄文的でなく、むし

福岡県

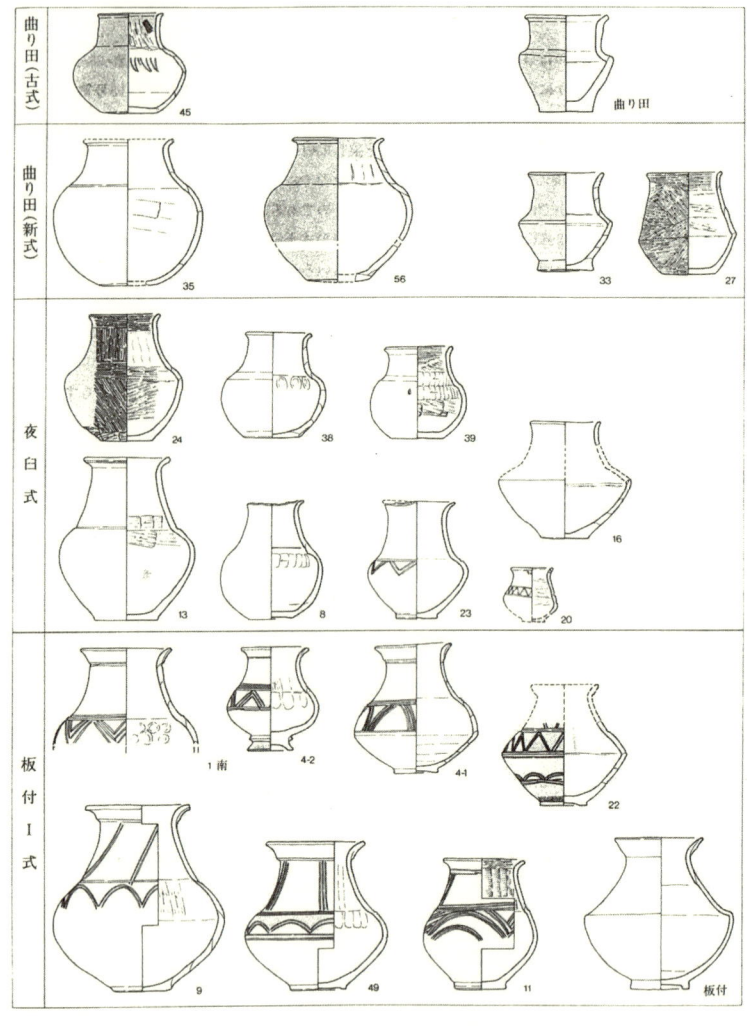

図4　新町遺跡出土の土器編年

ろ渡来人的と言うことができよう。そして、これは、新町遺跡の集団が在来人のみによって構成されたものでなく、すでに混血による渡来的形質をもっていたことを示すものといえよう」[2]との注目すべき見解がある。

▶主な遺物

夜臼式期の24号土壙から頭部を水銀朱で塗られた熟年男性の人骨が発見され、その左大腿骨頸部に柳葉形磨製石鏃の先端部分が食い込んでいて、その刀身破片も見つかり、復元すれば全長14センチ前後のものと報告されている。

また夜臼式期の籾圧痕が、20号甕棺の上甕の底部に4個、39号の副葬小壺の肩部に1個見つかっている。

現在当遺跡は、周囲に石垣を築いて上部を50センチ程砂で埋め、その北側約3分の1には遺跡案内板を立て、その南側には覆屋を建てた内部床に、遺跡発掘当時の一部状況を、支石墓など模造品を作り配置して、見学に供している。

註
（1）志摩町教育委員会編『新町遺跡Ⅰ』志摩町文化財調査報告書第7集、1987年
（2）田中良之「いわゆる渡来説の再検討」（『横山浩一先生退官記念論文集2　日本における初期弥生文化の成立』横山浩一退官記念事業会、1991年）
※表1は『新町遺跡Ⅰ』の報告書に基づき筆者が作成、その他の図表は『新町遺跡Ⅰ』から転載

表1　新町支石墓群（調査分）一覧

調査番号	時期	上石	支石残存	埋葬主体	規模（cm）(長×幅×深)	内部状況	遺物（供献・副葬小壺）	備考
9	Yz	あり	4	土壙（木棺）	158×58×60		（板付Ⅰ式）	熟年男性人骨（抜歯痕）
11	Yz	あり	4	土壙	133×70×68		（板付Ⅰ式）	成人男性人骨
12	Yz			土壙（木棺）	205×123×50 (130×50×?)	二重墓壙棺台石2個	（板付Ⅰ式）	成人頭骨片
14	Yz		6?	土壙	200×115×50 (68×40×27)	二重墓壙（上辺四周に花崗岩石5個）	（板付Ⅰ式）	
15	Yz		4+1	土壙（木棺）	?×?×85	棺台石5個	（板付Ⅰ式）	成人女性人骨
16	Ys		4	土壙（木棺）	125×50×50	棺台石7個	（夜臼式）	成人女性頭骨
17	Yz			土壙（木棺）	161×83×55	棺台石7個 西壁に立石1個	（板付Ⅰ式）	
18	Ys		3	合せ甕棺	長円形90×100	夜臼式丹塗壺		幼児の歯
19	Ys		3	土壙（木棺）	172×98×50	棺台石8個	（曲り田〈新〉式浅鉢）	男性人骨2体
20	Ys			合せ甕棺	長円形135×115	夜臼式　甕＋壺	（夜臼式ミニチュア壺）	
21	Ys			土壙	?×110×?	56号に切りとられる		周辺に夜臼式壺片
22	Yz		5	土壙（木棺）	185×115×55	棺台石4個	（板付Ⅰ式）	成人の頭骨片・歯
23	Ys			土壙	200×125×25 (119×35×50)	二重墓壙（上辺四周に花崗岩石5個）	（夜臼式）	
24	Ys		?1	土壙（木棺?）	173×98×33	墓壙底に小穴敷石4個	（夜臼式）柳葉形磨製石鏃1	熟年男性人骨若年（少年）の歯
25	Ys			合せ甕棺	長円形96×79	夜臼式丹塗壺	（夜臼式）高坏の脚部	
26	?			土壙	188×120×50			25、55号と重複
27	Ys		?1	土壙	187×75×60?		（曲り田〈新〉式）	
29	?			土壙	220×162×50 (119×43×33)	二重墓壙（上辺に花崗岩石1個）		
31	?		?1	土壙	171×94×50			標石か？
34	Ys		2	土壙	196×122×45 (83×33×24)	二重墓壙（上辺四周に花崗岩石6個）	（夜臼式）	
38	Ys		3	土壙	130×99×55	墓壙底に花崗岩石5個	（夜臼式）	成人頭骨片・歯

福岡県

調査番号	時期	上石	支石残存	下部構造 埋葬主体	下部構造 規模（cm）（長×幅×深）	下部構造 内部状況	遺物（供献・副葬小壺）	備考
42	?		4	土壙	198×115×60（114×44×47）	二重墓壙		
45	Ys			土壙	210×145×?	40、44号に切りとられる	（曲り田〈古〉式）	
47	?			土壙	202×125×60			
48	Yz			土壙	151×73×?		（板付Ⅰ式）	
49	Yz			土壙（木棺）	160×89×75	棺台石5個	（板付Ⅰ式）	
50	Yz			合せ甕棺	?	金海式甕棺	碧玉製管玉1個	
51	?		?5	土壙（木棺）	117×71×?（61×31×50）	二重墓壙		
52	Ys		?3	土壙（木棺）	160×83×30	棺台石4個 立石1個	（夜臼式）	成人男性人骨
53	?			土壙	200×118×47		碧玉製管玉1個	成人の歯
55	?			土壙（石囲い）	?×?×30	石囲い石7個 コの字形石組		26号と重複
56	Ys			土壙	250×158×?		（曲り田〈新〉式）	20,21,53,57号と重複
57	?		〃	土壙	200×80×?	立石3個 底石3個		56号を切り込む

Ysは弥生早期、Yzは弥生前期

長野宮ノ前遺跡　糸島市長野

位置

　長野宮ノ前遺跡は、玄界灘に面した糸島半島西側の付け根に湾入した、加布里湾に注ぐ長野川の河口から約6キロの上流域にあり、脊振山系から北流する小河川が合流する地点で、沖積扇状地のほぼ中央の独立丘陵上に位置している。

Ｙｓは弥生早期、Ｙｚは弥生前期を示す

遺跡の概要

　この長野川流域は糸島地区のほぼ中央部にあたり、縄文時代（特に後期）より奈良・平安時代にわたる遺跡が、随所に散在あるいは複合して存在することが、1983（昭和58）年からの発掘調査で明らかになりつつある。

　長野宮ノ前遺跡は、1987（昭和62）年、前原町教委（当時）により発掘調査が行われた。その報

告書によれば、縄文後期の竪穴住居跡 4 棟・土壙墓 3 基・埋甕 1 基と供に、弥生早期の支石墓を含む39基の墳墓群が検出されている。

弥生早期の墳墓群の構成は、支石墓 2 基・甕棺墓 1 基・土壙墓21基・木棺墓15基であるが（図 1）、甕棺墓は支石墓に近接しかつ墓壙北側に50×25センチの花崗岩の塊石があり、支石墓の可能性もあるという。

支石墓

当遺跡の調査区域内に大石が 5 個遺存していて、支石墓は上記のほかにさらに 2 基も考えられるという。

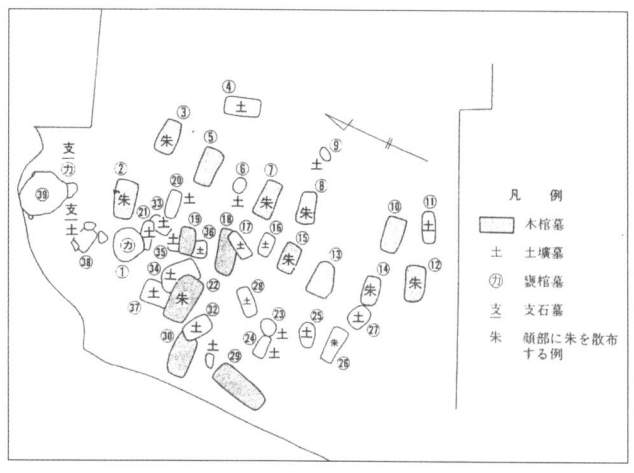

図 1　長野宮ノ前・弥生早期の墓群配置図

▶39号墓

墓群の北端に位置し、構築時の原形を留める唯一の支石墓である。上石は長さ2.03メートル・幅1.76メートル・厚さ約0.5メートルのほぼ円形状の花崗岩で、重さは約2.7トン。上石を除去すると、後世の石垣構築時に大きくえぐられた石

長野宮ノ前遺跡39号支石墓

囲い状の支石が北西側に現れた。墓壙上辺の南側は大柄の花崗岩を配しその隙間に小石を詰め、東側は大きさが異なる細長い礫石を積み重ねた状態であった（写真参照）。

地上面石囲い状支石の存在は、朝鮮半島南部で見受けられる碁盤式より古い蓋石式支石墓の可能性も考えられる。

墓壙は、長さ154センチ・幅109センチ・深さ33センチの平面長方形である。さらに墓壙底面に木棺状の二重墓壙（長さ123センチ・幅70センチ）が検出された。内部は盗掘を受け壺棺は破壊され、墓壙底部には盗掘による円形の掘り込みがある（図 2）。

壺棺の破片は 2 個体分あり、復元すると、夜臼式（橋口氏による曲り田〈新〉式）の丹塗りの大型壺（器高61.5センチ）を下甕とし、丹を塗らないやや小ぶりの大型壺を上甕とした合せ甕棺と推定され、なお埋葬主体は木棺のなかに合せ甕棺を埋納した可能性もあるという。

また、供献と考えられる曲り田（古）式の黒色磨研壺の口頸部が出土している。

▶38号墓

上石はすでになくなっていたが、支石が墓壙内に 2 個、北側墓壙上に 1 個残存していた。いずれ

も40〜50センチ大の花崗岩で、上石の重みで地面にめり込んだ状態にあり、上石の存在が考えられるという。

下部構造は、長さ110センチ・幅65センチ・深さ20センチの土壙であった。供献と思われる丹塗り小壺の胴部片が出土し、曲り田（古）式とみられている。

長野宮ノ前支石墓の特色

39号支石墓は、明瞭な石囲い支石状の遺構下に、二重墓壙を掘り夜臼式の大型壺を埋葬するという特異な埋葬形式である。かつまた、38号・39号支石墓の供献土器は曲り田（古）式である点、これらの支石墓は夜臼式期でも早い時期のものと考えられる。さらに、甕棺墓のなかには曲り田式の壺棺もあり、当墓群は加布里湾を隔てた北方の新町遺跡の支石墓群より若干先行するものと考えられている。

当遺跡から弥生早期の木棺墓が多数確認されているが、39号支石墓の下部構造は木棺状のなかにさらに合せ甕棺を埋納した可能性が推定され、その特異性が注目される。

小田富士雄氏は、「木槨壺棺墓というべきものとなろう」と評されている。

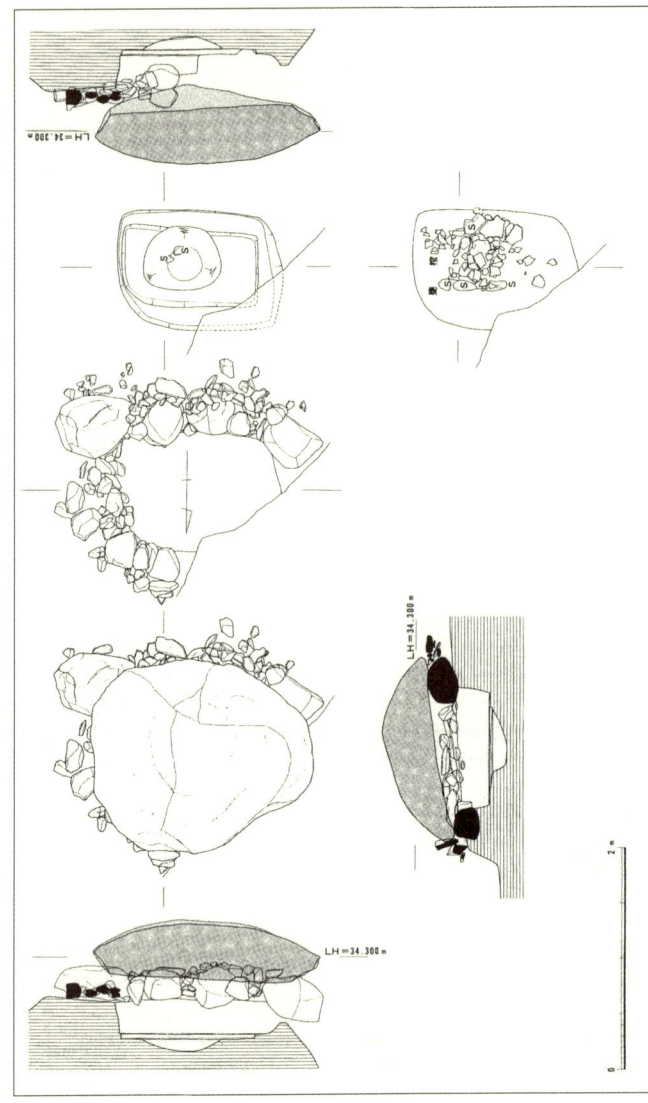

図2　39号支石墓実測図

支石墓と同時期の12号木棺墓の墓壙底部に、黒色に変色した人形大の溜りを検出した。黒色土を除去したところ、胸部と思われるところから、切っ先と茎部に折損がある磨製石鏃（大陸系の柳葉式の再加工品）2個が検出され、体内に射込まれた可能性が高いという。

当遺跡は弥生早期の墓制として、図1で見受けられるように支石墓のほか土壙墓・木棺墓が併存していることが確認された。この結果、従来木棺墓は弥生時代（板付I式期）から発生したという概念を大きく変えることとなった。

註
（1）前原町教育委員会編「長野宮ノ前遺跡の調査」（『長野川流域の遺跡墓群I』前原町文化財調査報告書第31

集、1989年)
(2) 小田富士雄「墓制―西日本・木棺墓」(『日韓交渉の考古学・弥生時代篇』六興出版、1991年)
※掲載図は「長野宮ノ前遺跡の調査」(『長野川流域の遺跡墓群Ⅰ』) から転載

志登支石墓群　糸島市志登字坂本

位置

　糸島平野の中央部、通称糸島水道(1)と呼ばれる低地の海抜6メートル前後の沖積台地で、糸島山系から北流する雷山川が西へほぼ直角に左折する地点の左岸、低台地の西北端で海抜4.5～5メートルのところにある。

　周辺地域からは、弥生時代初頭から平安時代にかけての長期にわたる住居跡や、弥生時代の甕棺墓その他の遺構が検出されている。

遺跡の概要

　1953(昭和28)年、文化財保護委員会と福岡県教委により調査が行われ、10基の支石墓とその周囲から8基の甕棺墓が発見された。また、同地の東北約200メートルにある志登神社の南の飛び地に支石墓1基も確認され、1954(昭和29)年、併せて国指定史跡とされた。

　なお、その内発掘調査が行われたのは、支石墓4基(3・6・7・8号)および8基の甕棺墓であり、以下同報告書(2)による。(図1)

支石墓

▶上部構造

　上部構造はいわゆる朝鮮半島南部に見受けられる、上石と支石を伴う碁盤式である。上石の大きさは最大2.1×2.1メートル最小1.5×1.2メートルと、支石墓としては中型のもので、材質は近くの可也山に産出するかんらん石玄武岩、あるいは花崗閃緑岩が使われている。

　支石は1～3個の塊石が認められ、材質は

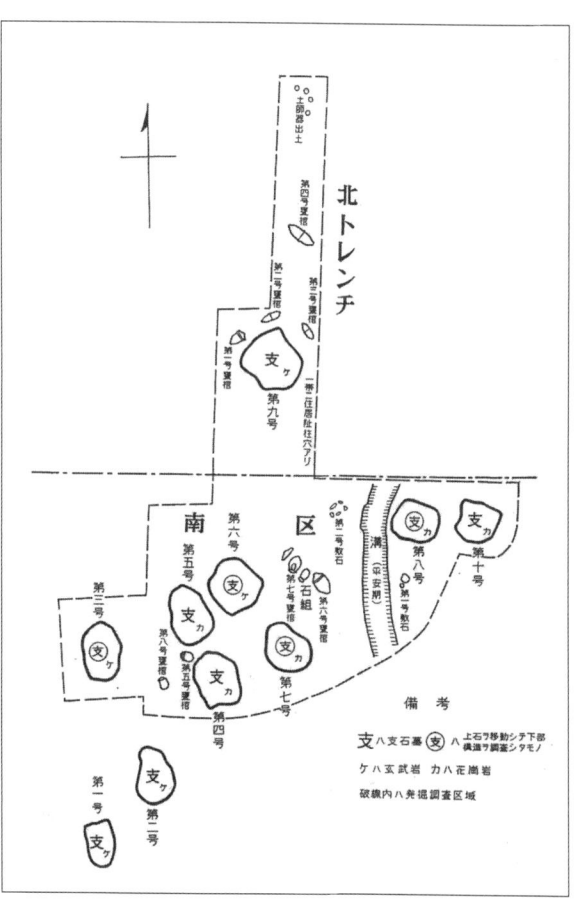

図1　志登支石墓群遺構配置図

上石と同材質のほか半花崗岩や石英閃緑岩(せきえいせんりょくがん)など雑多である。

▶下部構造

　下部構造は、墓壙の内部に簡単な石囲いなどがある配石土壙と考えられている。しかし、上石の下部土層は、弥生土器片や土師器片が混入しているものもある遺物包含の黒色土層や、水酸化鉄を含む褐色の砂礫層などが、基盤の黄褐色粘土層の上部に堆積していた。

　このことは、当支石墓群が雷山川の下流域の低地にあるため、以後の河川の氾濫などにより、支石の隙間から泥土砂水が流入し、あるいは土壙が洗われたと考えられ、土壙の形状や大きさも不明であったという。

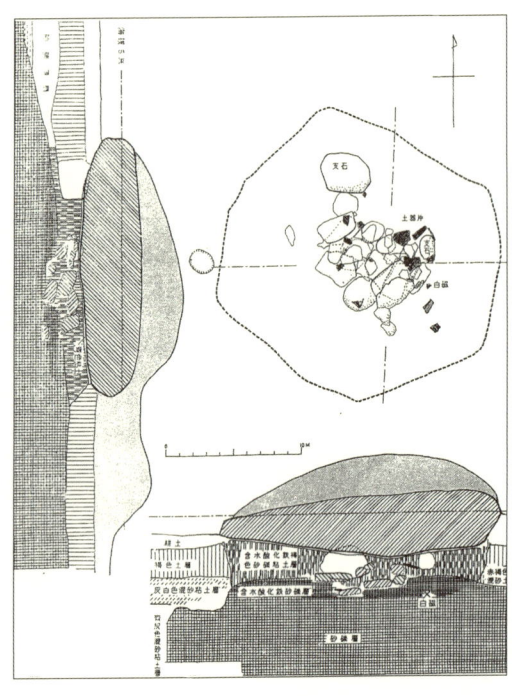

図2　3号支石墓実測図

▶調査した支石墓の遺構

①3号

　上石は径2.1×1.9メートル厚さ0.45メートル、多角形のかんらん石玄武岩で、下部に大小2個の支石が残っていた。

　下部構造は、上石とほぼ同じ大きさの土壙（？）内の中央部分に、大きさ30～10センチの川原石や打欠石を石囲い状にし、底部には敷石に小石を詰めた中くぼみの石床が認められた。この広さは90×60センチ程度の小型であるが、成人屈葬も考えられるという。（図2）

②6号

　上石は径2.1×2.0メートル厚さ0.4メートル、ほぼ円形のかんらん石玄武岩で、下部に支石3個が認められた。

　下部の土壙は不明で、内部に上石の周囲に沿うように11個の塊石が、西側が欠失したコの字形に配石されていて、南北の内径は約1メートルであった。

　その頭部と思われる東端で酸化鉄の赤色顔料が検出され、さらに東南隅の底部から鏃先を東に向けた無茎の打製石鏃が6個、弥生土器片や石包丁と共に発見されている。（図3）

③7号

　上石は径2.0×1.9メートル厚さ0.45メートル、菱形に近い楕円形の花崗閃緑岩で、2個の支石と思われる石が対象的に置かれていた。

　下部構造は、土壙中の下部に上石の長軸（東南から西北）と同じ方向に、長さ130センチ幅70センチ程の長楕円形の浅い凹地がある。その下底に向かって斜めに、板石が四隅や西北側小口に配石

され、下底面には頭部と思われる位置に板石が1枚置かれている。(図4)

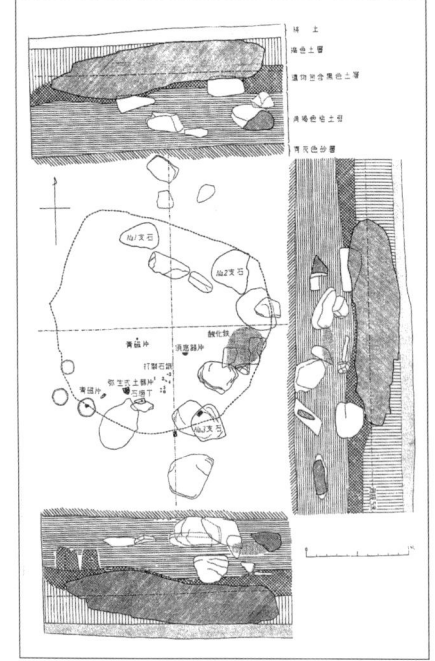

図3　6号支石墓実測図

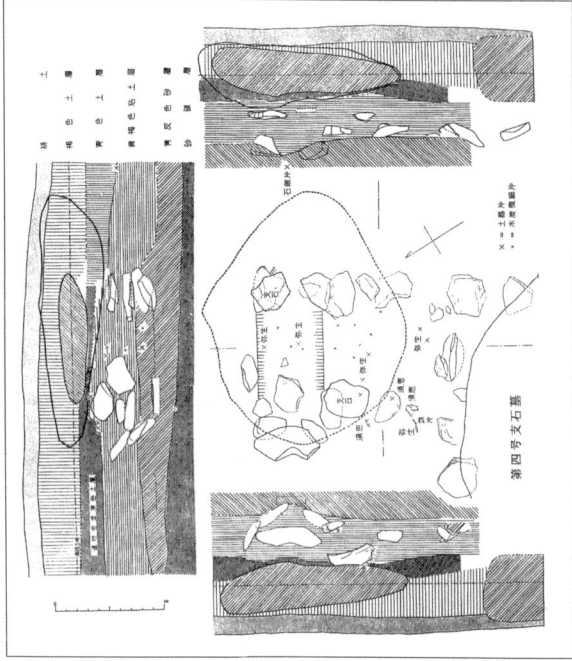

図4　7号支石墓実測図

④ 8号

上石は径1.9×1.4メートル厚さ0.65メートル、亀甲形の花崗閃緑岩で、南西側に支石が1個残存していた。

土壙は不明であるが、内部の東西側に3個の配石があり、その配石状況から長さ120センチ幅50センチ深さ25センチ程度が考えられるという。

東側の上石下部から、柳葉形有茎磨製石鏃が4本発見され、完形の2本の全長は6.1センチと6.6センチであった。

甕棺墓

　発掘された甕棺墓は、単棺1基を除くほかは合せ甕棺であった。時期的には、上甕を夜臼式鉢・下甕を板付Ⅰ式の壺を用いた8号が最も古く、板付Ⅰ式の大壺を用いた5号、板付Ⅱ式の大壺単棺の7号のほかは須玖式の甕であった。すなわち、夜臼式・板付Ⅰ式併行期の弥生早期末から弥生中期に至るものと言える。

支石墓の時期

　支石墓周辺の甕棺墓が支石墓を避けて配置され、また副葬品に磨製石鏃が出土した点などより、「夜臼式と板付Ⅰ式の時期にあることは確実で、8号・5号の甕棺がこれを裏付けている。しかし、その後の甕棺墓があることから、若干時期の下がる支石墓も存在する可能性があるが、須玖期までは降らない」と考えられている。

福岡県　25

志登支石墓群の特色

▶新町支石墓群との関連

　志登支石墓群は海岸近くの低地にあり、120坪余（約400平方メートル）の区域内に、全基に上石が遺存している確実な10基の支石墓が存在していたことは、糸島地方で近くにある志摩町の新町支石墓群に次ぐ密集度であると共に、近接した志登神社の信仰対象範囲として保存されていたとも考えられる。　また新町支石墓群に後出するものの同時期のものもあり、両者の関連性が注目される。

▶支石墓の下部構造

　雷山川の氾濫などにより下部構造が不明確で、また４基だけの調査であるが、４基とも土壙内部に石床状のものや配石の遺構が見受けられる。また支石墓内部には甕棺埋納はなく、支石墓の傍らに甕棺墓が配置されている。これらは同時期に見受けられる他の支石墓群などとは、やや異質の埋葬形式とも考えられる。

　なお橋口達也氏によれば[4]、墓壙内の配石や床石は木棺の敷石や裏込石などと考えられ、発掘した４基とも木棺埋葬の可能性も考えられるという。

　しかしながら、1999・2000年九州大学考古学研究室が発掘調査した大友遺跡（5・6次）の支石墓10基の調査成果により[5]、下部構造の墓壙内配石遺構が弥生早期（夜臼式期）から弥生前期にいたる過程で、その配石の状況が密より疎となる状況が判明した。当志登支石墓群は大友支石墓群とほぼ同時期であり、同様に墓壙内の配石遺構が時期の経過と共に密より疎となる遺構であったのではないかと考えられる。木棺の可能性は否定できないものの、墓壙の大きさからみると志登支石墓群の下部構造は配石土壙と考えられる。

▶柳葉形有茎磨製石鏃

　副葬品が少ない支石墓で、朝鮮系の柳葉形有茎磨製石鏃（長さ９センチ前後・黒色頁岩）が、一つの支石墓（８号）から４本出土したことは、支石墓造営の権力性と共に、その武器的あるいは祭司的使用かについて、課題を提供したものと言える。

註
(１) 九州大学理学部下山正一氏は、糸島水道といわれる地域の地下地質や地下貝層などの研究結果から、糸島水道の存在を否定する見解を発表されている。(1990年12月16日、前原町文化財講座にて)
(２) 文化財保護委員会編・刊『志登支石墓群』埋蔵文化財発掘調査報告第４集、956年
(３) 柳田康雄「福岡県志登遺跡（支石墓群）」(佐原真・工楽善通編『探訪弥生の遺跡・西日本編』有斐閣、1987年)
(４) 橋口達也「日本列島の支石墓・福岡県前原市志登支石墓群」(『東アジアにおける支石墓の総合的研究』九州大学文学部考古学研究室、1997年)
(５) 宮本一夫編『佐賀県大友遺跡Ⅰ・Ⅱ　弥生墓地の発掘調査』九州大学考古学研究室、2001・2003年
※掲載図は『志登支石墓群』から転載

石ヶ崎遺跡　糸島市曽根字石ヶ崎

位置

　糸島市怡土平野の雷山川と瑞梅寺川にはさまれて、脊振山系から突き出た海抜約30メートルの曽根丘陵の東北端にあたり、現水田面より数メートル高い地点にある。

遺跡の概要

　1949（昭和24）年、原田大六・森貞次郎氏らにより調査が行われ、東西約13メートル南北約20メートルの範囲から、支石墓1基・甕棺墓23基・土壙墓3基が発見された。

支石墓

　調査結果(1)によれば、支石墓は墓群のほぼ中央部高地にあり（図1）、上石は上面が舟のように反った扇状の花崗岩で、大きさは長径2.21メートル・短径2.13メートル・厚さは北端で約0.6メートル・南端は0.3メートルであった。また、上石は西側にやや傾きずれているので、下部墓壙の北東側が露出状態であり、盗掘によるものと考えられるという。
　支石と思われるものが南東側のみ3個見受けられ、上石と地面の支石の隙間や墓壙の周りには川原石が数多く置かれていた。
　下部構造は、墓壙のなかに長さ180センチ・幅60センチ内外の長方形で、一部が欠けた粗雑な小塊石の石積みの石室があり、深さは64センチ程度であった。
　主軸の方位は北東から南西で、側壁の石積みも北西側は一部のみで、また上石がずれていた北東部分は支石も側壁石もなく（盗掘によるものか）、支石墓の北側に大きな石が8個散乱していたという。床面には径3センチ内外の小礫が一面に敷かれていた。（図2）

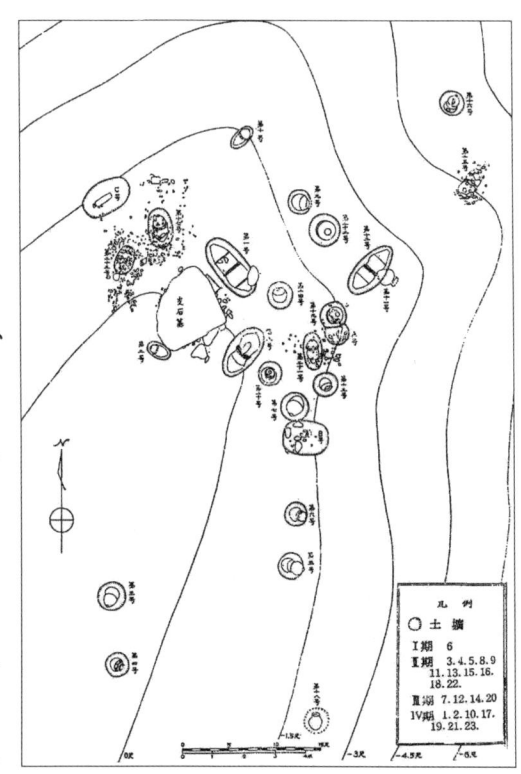

図1　石ヶ崎遺跡配置図

　石室内から碧玉製の太型管玉が11個、石室外からも1個発見されている。
　支石墓の時期は不明であるが、甕棺墓中の1基は夜臼式で、土壙墓も同じ時期のものと考えられ、他の甕棺墓は弥生前期後半から中期中頃のものという。
　柳田康雄氏は、「石ヶ崎の太型管玉は、松菊里（筆者註・韓国）の遼寧式銅剣と供伴する管玉と

同一で、細形銅剣以前の時期が考えられる」と述べられている。また、「支石墓は夜臼式甕棺墓と同時期の初期の支石墓と思われ」とも示唆されている。

石ヶ崎支石墓の特色

　夜臼式期から弥生中期中頃まで営まれた土壙墓・甕棺墓のなかで、ほぼ中央部の高地に1基だけ支石墓が存在することは、墓域の標識的存在と共に、管玉を持つ首長墓をうかがわせるものである。

　支石墓の下部構造は、粗雑な石積みによる箱式石棺とも考えられるが、「石室は一種の土壙中にしつらえた感があり、長方形の深さ60cm程度の側壁は塊石を積み、あるいは間隔をおいて並べているから完全な室をなしていない。一種の石囲いということができる」とも言われている。

　さらにその下部構造については、中国の春秋～戦国前半期に築造されたと考えられている、遼東半島の東山M3号大石蓋墓（遼寧省鳳城県草河郷）の下部構造に類似しているように見受けられる。（図3）

　宮本一夫氏によれば、遼東半島の大石蓋墓Cタイプに属するという東山M3号墓の下部構造について、「墓壙内に石が積み上げられることに特徴があるものの、石槨状に完全に石が組まれているわけでなく、墓壙の一部にのみ石が積み上げられる所の特徴がある。また、2・4・6号墓のように墓壙上面の墓壙周囲に石が設置される場合が

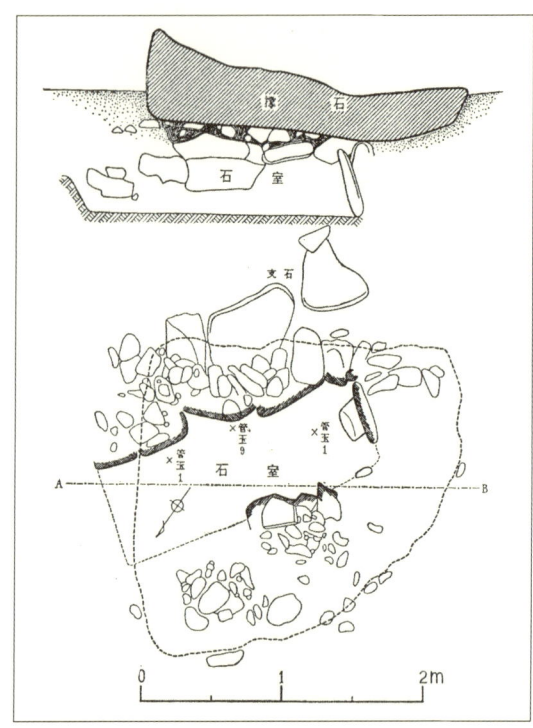

図2　石ヶ崎支石墓実測図

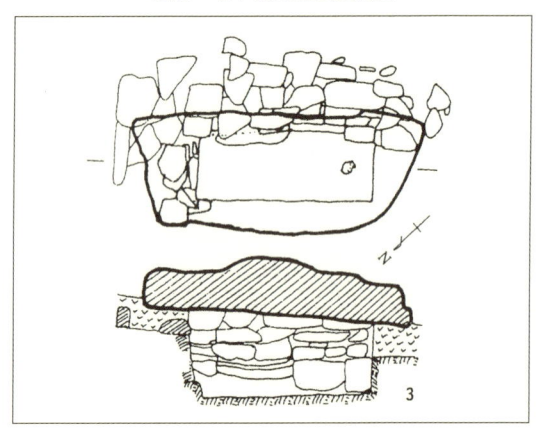

図3　遼東・東山M3号大石蓋墓実測図

あり、支石墓的な役割を果たす可能性があるが、これも墓壙内の石組みの退化形態と捉えておきたい。また、こうした特異な下部構造は系統的に本来石槨墓の系統を引くものであると考えるべきであるかもしれない」という。

註
（1）原田大六「福岡県石ヶ崎支石墓を含む原始墳墓」（『考古学雑誌』第38巻4号、日本考古学会、1952年）
（2）福岡県教育委員会編『三雲遺跡Ⅰ』福岡県文化財調査報告書第58集、1980年
（3）柳田康雄「発掘された倭人伝の国々――日本の支石墓」（岸俊男他編『日本の古代1』中央公論社、1985年）
（4）は（1）に同じ

（5）鏡山猛「九州における支石墓」（『志登支石墓群』埋蔵文化財発掘調査報告第4集、1956年）
（6）宮本一夫「中国地方の支石墓」（『東アジアにおける支石墓の総合的研究』九州大学文学部考古学研究室、1997年）
※掲載の図1は『考古学雑誌』から、図2は原田大六『日本古墳文化』（三一書房、1975年）から、図3は『東アジアにおける支石墓の総合的研究』から転載

三雲加賀石支石墓　糸島市三雲

位置

　糸島市の怡土平野、瑞梅寺川と川原川に挟まれた沖積微高地で、伊都国王墓で有名な三雲南小路遺跡の北方約500メートルの地点にある。

遺跡の概要

　1950（昭和25）年、道路拡張に伴い、道路南側に露出していたのを道路敷に埋め込んだと言われ、遺構の存在が知られていた。

　1977（昭和52）年、福岡県教委により当地区の発掘調査が行われた。その調査報告によれば、この加賀石1－1地区から、弥生時代の遺構として前期の支石墓1基・板付Ⅰ式の大型壺を用いた甕棺墓9基・貯蔵穴と思われる竪穴、・竪穴住居跡、中期の住居跡と祭祀用と思われる土器群、後期の竪穴住居跡、終末から古墳初頭の箱式石棺墓1基が発見された。

支石墓

　支石墓は北側道路敷きの下部から発見され、道路拡張工事の際北東側に穴を掘って上石をずらし、墓壙の上半部を破壊した形跡があった。

　上石の大きさは長さ2.04メートル・幅1.0メートル・最大厚さ0.45メートルであるが、上石の南側部分は割り取った楔痕があり、幅は1.5メートル以上あったと考えられるという。支石は上石を移動したときに散逸したと思われ、上石の西側に支石と思われるものが1個あった。なお、上石の上

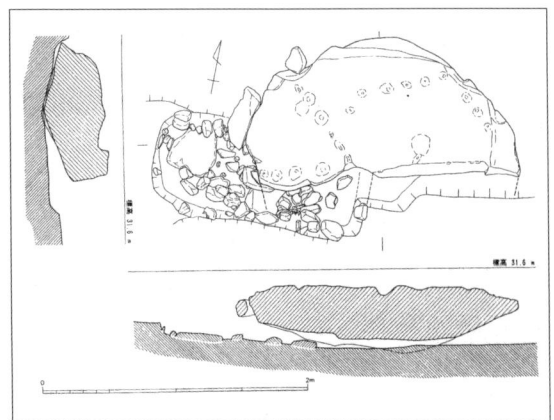
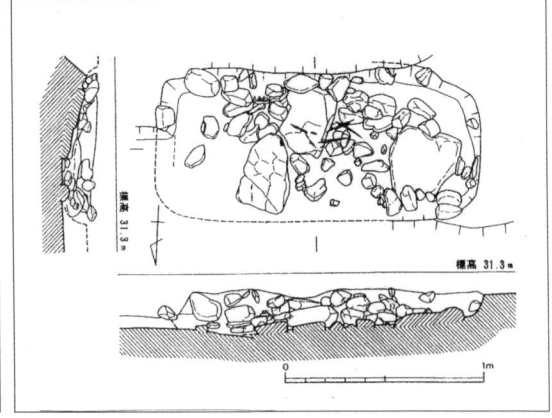

図1　加賀石支石墓実測図

福岡県　29

面には盃状欠（Cup Mark）がある。

下部構造は長方形の土壙であり、大きさは長さ164センチ・幅75センチ・現状深さ20センチで、土壙内には径5センチから35センチの塊石や平石が粗雑に敷かれていて、床面は舟底状を呈していて、配石土壙と考えられる。（図1）

副葬品として配石土壙の中央南よりに、朝鮮系の柳葉形有茎磨製石鏃[2]が6本出土し、うち完形4本の全長は16センチ前後の長大なものであった。このような長大なものは、日本では春日市伯玄社遺跡24号土壙から副葬品として6本出土している。

三雲加賀石支石墓の特色

当支石墓はもともと支石を有する碁盤式で、下部構造は塊石や平石を用いた配石土壙であるが、この埋葬形式は大友支石墓や志登支石墓にも見受けられる。

また出土した柳葉形有茎磨製石鏃6本は、志登や板付出土例より長大化し、「副葬用の儀器」として使用したと思われ、時期的にも板付Ⅰ式期のものより多少新しくなるという。

なお、上石の表面の盃状欠は、永年露出していた上石が信仰の対象となっていたことを物語るものであるという。

註
（1）福岡県教育委員会編『三雲遺跡Ⅰ』福岡県文化財調査報告書第58集、1980年
（2）全栄来「磨製石剣・石鏃編年に関する研究」（『韓国青銅器時代文化研究』新亜出版社、1991年）によれば、三雲出土の石鏃は、同氏分類のⅠd3型にあたり、韓国の出土年代は、前2世紀初めから全1世紀中半頃であるという。
※掲載図は『三雲遺跡Ⅰ』から転載

井田用会支石墓　糸島市井田
（いたようえ）

位置

糸島市の東部怡土平野の中心部で、脊振山系から北流する瑞梅寺川とそれに合流する川原川で形成された沖積微高地の最北先端の三角地帯に位置している。南側にはほぼ500メートルの間隔で、井田御子守支石墓・三雲加賀石支石墓があり、三雲南小路遺跡と続いている。

遺跡の概要

支石墓の上石は、1940（昭和15）年、神社合祀記念に御子守神社（井田三社神社）に奉納され、現在はお潮井石として境内に保存されている。

前原町教委の報告書[1]によれば、上石の大きさは長さ3.35メートル・幅3.02メートル・厚さ0.37メートル程の、上面が平滑な菱形の花崗岩で、支石墓の上石としては最大級のものである。

1963（昭和38）年、原田大六・大神邦博氏等が、上石があった地点および周辺を調査し、支石墓

と箱式石棺墓各1基を確認したとされているが、調査記録がなく詳細は不明である。

残存する写真から推定すれば、上石の下部に支石がコの字形に配石されているようで、下部構造は箱型の配石土壙と予想されるという。

土壙内から碧玉製管玉が22個（太形8個・細形14個）が発見され、現在近くの伊都国歴史博物館に保管されている。

支石墓の時期は、遺物などにより弥生前期に比定されている。なお、支石墓近くで発見された箱式石棺墓から、柳葉形有茎磨製石鏃（長さ10.75センチ）が1本出土している。

註（1）瓜生秀文「井田用会遺跡に関する新資料について」（『井原遺跡群　付載』前原町文化財調査報告書第35集、1991年）
参考資料　柳田康雄　「井田用会支石墓」（『福岡県百科事典』西日本新聞社、1982年）

井田御子守支石墓　糸島市井田字御子守

三雲遺跡の北方、井田集落内にある御子守神社境内の左手の木陰に、支石墓の上石と思われる巨石が置かれている。大きさは一辺1.7メートル・他辺1.75メートル・厚さ0.65メートルの不整形の花崗岩である。この大石は、現在地から東側約300メートルの道路脇の藪のなかにあったと言われているが、その位置には遺構は確認されていない。

また、近くの村境の田のなかから移したとも言われているが、原位置もわからず一切不明であるという。

参考資料
福岡県糸島郡教育会編・刊『糸島郡誌』1927年
八幡一郎「北九州ドルメン見聞記」（『考古学雑誌』第38巻4号、日本考古学会、1949年）

小田（こた）支石墓　福岡市西区小田

位置

玄界灘に面する糸島半島の東部、博多湾口の西部にあたり、古来風待ち港として万葉集にも記されている唐泊港（からどまり）の、南方約2キロ小田の海岸近くの砂丘上にあった。

遺跡の概要

1935（昭和10）年、5～6メートルの間隔で東西に並んでいた2基の支石墓が、墓地整理作業中の村人に発見され、破壊直後連絡を受けた鏡山猛氏が、聞き取り調査を行ったものである。鏡山氏はその調査結果を、「原始箱式棺の姿相2」[1]に発表されている。

▶1号支石墓

　上石は長さ1.28メートル・幅1.21メートル・厚さは中央で0.33メートルの楕円形状の玄武岩で、支石が下部周囲に5個あった。

　下部構造は、上石の下部に止石があり、その土壙のなかに20度位斜めに埋められた合せ甕棺が破壊された状態であり、人骨が認められたという。すでに支石・人骨とも再埋葬されていたが、残存した甕棺の破片は丁字形口縁で上下甕とも胴に凸帯をめぐらした弥生中期のものであるという。（図1）

▶2号支石墓

　上石は長さ2.66メートル・幅2.0メートル・最大厚さ0.36メートル程の梯形状の玄武岩であった。支石は周囲に7個あったが、これは同時に石棺の側石あるいは石囲いをなして、矩形の空室を形成する状態で、この石室の広さは長さ167センチ・幅120センチ程であった。棺底には平石を3枚敷き並べて床とし、ほぼ完形の人骨が仰臥伸展の姿勢で発見されたという。なおこの人骨も再埋葬されていた。（図2）

　また、上石と人骨の間は約30センチ程の間隔があり、頭蓋骨の下には枕石状の花崗岩の塊石が置かれていた。右肩付近より弥生後期に比定される小壺が副葬されていたが、その後散逸したという。

　森貞次郎[2]・岩崎二郎[3]・柳田康雄[4]氏らは、この赤色磨研の丸底小壺は夜臼式の可能性もあるとされている。

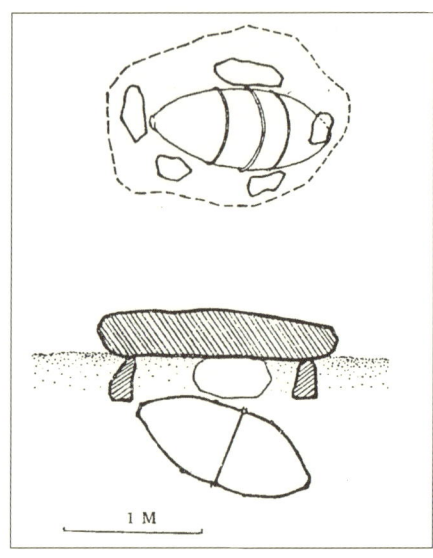

図1　1号支石墓復元図

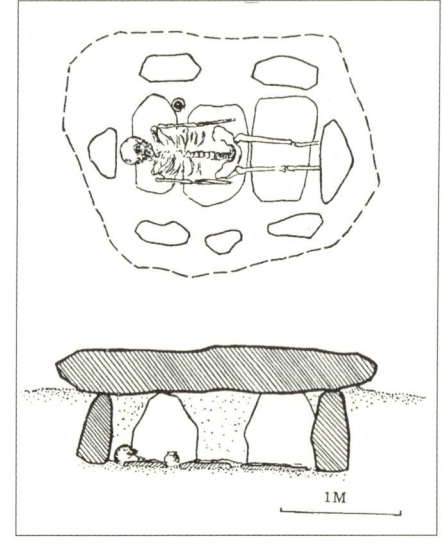

図2　2号支石墓復元図

註
（1）九州大学大学院人文科学研究院編『史淵』第27輯、九州大学大学院人文科学研究院、1942年
（2）森貞次郎「日本における初期の支石墓」（『九州の古代文化』六興出版、1983年）
（3）岩崎二郎「北部九州における支石墓の出現と展開」（鏡山猛先生古稀記念論文集刊行会編・刊『鏡山猛先生古稀記念古文化論攷』1980年）
（4）柳田康雄『伊都国を掘る』大和書房、2000年
参考文献
鏡山猛「九州における支石墓」（『志登支石墓群』埋蔵文化財発掘調査報告第4集、1956年）
松尾禎作『北九州支石墓の研究』松尾禎作先生還暦記念事業会、1957年
※掲載図は「九州における支石墓」（『志登支石墓群』）から転載

千里支石墓　福岡市西区千里

　福岡市西区と糸島市の境界に近く、旧千里村（現宮浦）にある三所神社の裏手、畑の畔にある。支石墓と思われる花崗岩の不整形扁石の立石があり、地表での高さ1.47メートル・最大幅1.55メートル・最大厚さ0.3メートルの大きさである。その立石の背側に支石と思われる径40×60センチの塊石が置かれていたというが、現在は見あたらない。支石墓としての原位置および遺構は一切不明である。
　またこの立石は、高麗の千里の彼方から飛んできたという伝説があり、「飛び石」とも呼ばれ、千里という地名もこれに由来するという。

参考文献　糸島教育委員会編・刊『糸島郡誌』1927年

志登岩鏡（岩神）支石墓　糸島市志登字坂本

　志登支石墓群の北北東約500メートルのところに志登神社がある。その志登神社境内入り口手前の参道右手に、支石墓の上石と思われる、縁石で囲まれた立石がある。大きさは地上高約1.8メートル・幅約1.5メートル・厚さ0.2メートル程の扁平の板石である。参道入り口にある案内板によれば、岩鏡支石墓と紹介されている。
　これは原田大六氏が指摘されていた「志登岩神支石墓」と思われるが、前原市教委の担当者に問い合わせたが、確認されていないという。
　なお、1927（昭和2）年発行の『糸島郡誌』の志登神社の項に、「尊（祭神の豊玉姫命か）の立たせ給いて、髪を梳りしという大岩を岩鏡という」と記されている。
　このことは、当時は、この大石が境内の神池の淵に平らに置かれていたようにも思われ、すでに他所（原位置）から移されていたものと考えられる。
　また、現在は水が涸れた境内の前面にある神池の底にも、支石墓の上石状の小型平石（長さ約1.5メートル・幅約0.7～8メートル）が、支石のような小塊石の上に置かれているのが見受けられる。

※1992（平成4）年7月26日、筆者見聞による

福岡県（糸島地方）内の支石墓遺跡所在地及び遺跡概要

番号	時期	遺跡名	所在地	概　　要	主　要　文　献	備　考
1	Ys	曲り田遺跡	糸島市二丈石崎字曲り田	小形支石墓1基（下部は土壙）他に竪穴住居跡30軒、炭化米16粒。米・籾痕11ヵ所、板状鉄斧頭部片、曲り田（古）式小壺	福岡県教委『曲り田遺跡Ⅰ・Ⅱ・Ⅲ』1983〜85	火葬墓？
2	Yz	石崎矢風遺跡	糸島市二丈石崎字矢風	支石墓3基（下部は木棺・甕棺）他に木棺墓・甕棺墓・土壙墓計47基、弥生中期の井戸・水路の杭列・井堰	糸島市教委「石崎矢風遺跡」2010	
3	Ys〜Yc	木舟三本松遺跡	糸島市二丈深江字木舟	支石墓様上石と支石8組（上石移動、原位置不明）弥生早期の丹塗磨軒土器片他に弥生中期の甕棺墓53基	二丈町教委『木舟三本松遺跡Ⅰ・Ⅲ』1994・1997	未確認参考地
4	Ys〜Yz前半	新町遺跡	糸島市志摩新町字ギ丁原	支石墓を主とする墳墓57基（下部は土壙・木棺・甕棺・石囲い＜配石？＞）副葬小壺（曲り田古式〜板付Ⅰ式計36個）人骨14体分	志摩町教委『新町遺跡Ⅰ』1987	人骨は西北九州弥生人タイプ
5	Ys	長野宮ノ前遺跡	糸島市長野	支石墓2基（下部は土壙・甕棺）他に甕棺墓1基（支石墓？）・土壙墓21基・木棺墓15基	前原町教委『長野川流域の遺跡墓群Ⅰ』1989	支石墓の下部（木棺に甕棺埋納？）
6	Ys末〜Yz	志登支石墓群	糸島市志登字坂本	支石墓10基（下部は配石土壙）、他に甕棺墓8基、柳葉形有茎磨製石鏃4本無茎打製石鏃6個	文化財保護委『志登支石墓群』1956	
7	Ys〜Yz	石ヶ崎遺跡	糸島市曽根字石ヶ崎	支石墓1基（下部は配石土壙）、他に土壙墓3基（夜臼式期？）・甕棺墓23基（夜臼式期〜弥生中期）・碧玉製太形管玉11個（支石墓内外より）	原田大六「福岡県石ヶ崎の支石墓を含む原始墳墓」『考古学雑誌』38-4、1952	
8	Yz	三雲加賀石支石墓	糸島市三雲	支石墓1基（下部は配石土壙）柳葉形有茎磨製石鏃6本、他に甕棺墓9基・貯蔵穴・竪穴住居跡	福岡県教委『三雲遺跡Ⅰ』1980	
9	Yz？	井田用会支石墓	糸島市大字井田	支石墓1基（下部は配石土壙）碧玉製管玉22個	前原町教委『井原遺跡・付載』1991	
10	？	井田御子守支石墓	糸島市井田字御子守	御子守神社境内の大石は東方約300mより移動したもの？（原位置不明）	『糸島郡誌』1927	未確認参考地
11	Ys〜Yz	小田支石墓	福岡市西区小田	支石墓2基（下部は甕棺・粗製石室又は石囲い）人骨各1体	鏡山猛「原始箱式棺の姿相」『史淵』27、1942	聞き取り調査
12	？	千里支石墓	福岡市西区千里	宮浦の三所神社裏手に支石墓の上石状の立石（飛び石？）あり（原位置不明）	『糸島郡誌』1927	未確認参考地
13	？	志登岩鏡支石墓	糸島市志登字坂本	志登神社の境内入り口に支石墓の上石状の立石あり（原位置不明）	『糸島郡誌』1927	未確認参考地

（注）Ｙｓは弥生早期、Ｙｚは弥生前期、Ｙｃは弥生中期

福岡県Ⅱ（糸島地方を除く地方）の支石墓

須玖（岡本）遺跡（王墓）＊ 春日市岡本

位置

　須玖（岡本）遺跡は、福岡平野の中央南部、那珂川と三笠川に挟まれた下流域で、福岡平野に突き出た春日丘陵の北端部にある。王墓（支石墓か）を中心とする周辺には、弥生銀座と称されるほど弥生時代の各遺跡が稠密し、現在も新しく遺跡が発見されている。

遺跡の概要

　1899（明治32）年、土地所有者の吉村源次郎氏が家屋建設のため、長さ約3.3メートル・幅1.8メートル・厚さ0.3メートル程の花崗岩の大石と、立石（高さ1.4メートル・幅1.2メートル・厚さ0.5メートルの花崗岩）を動かしたところ、その1メートル下から合せ甕棺が発見され、その内外から前漢鏡ほか多数の副葬品が出土した。その後、大石と立石は発見場所のすぐ近く（D地点）に移し、遺物もその地下に埋めた。

　1929（昭和4）年、京都大学によるD地点発掘調査結果や、それ以前より九州大学教授中山平次郎氏らの散逸(1)した遺物の収集、またその後の研究などにより、遺物は次のとおりであると言われている。(2)

　前漢鏡30数面（中山氏は33～35面、梅原末治氏は21面以上30面内）、細形・中細形銅剣、銅矛、銅戈、計8本以上、（高倉洋彰氏によれば、中細銅剣1、多樋式銅剣1、銅剣片4、細形銅矛4、中細形銅矛2、中細形銅戈1）ガラス璧2片、ガラス勾玉1個、鹿角製管玉12個。

　遺物などにより、時期は弥生中期後半とされ、同時期の糸島地方三雲南小路の王墓（1号棺）に匹敵するという。

　現在、大石と立石は近くの「春日市奴国の丘歴史資料館」の敷地内に移設され、旧状の姿で保存されている。別図は、京都大学梅原末治氏の、旧状の復元想定図である。

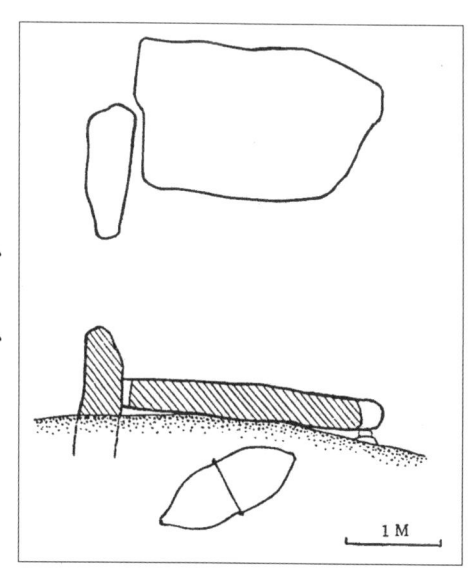

須玖岡本支石墓復元図

須玖遺跡の特色

福岡県　35

この王墓といわれる墳墓に、大石・立石および下部に甕棺が埋葬されていたことから、鏡山氏は支石墓であるとして、学会に報告されている。

　しかし、この大石および立石があった地点には他の遺構は見受けられず、独立した墳丘墓の可能性や、すぐ近くの一画から王族墓と見受けられる墳丘墓が発見されている。また、北部九州沿岸では支石墓の発生は弥生中期前半までで、かつまた福岡平野以東からは確実な支石墓は存在しない状況などから、この大石と立石は王墓としての標石ではないかとする異見もある。

註
（１）梅原末治「筑前須玖史前遺跡の研究」京都帝国大学文学部考古学研究報告第11冊、1930年
（２）鏡山猛「九州における支石墓」(『志登支石墓群』埋蔵文化財発掘調査報告第４集、1956年)
（３）岩崎二郎「北部九州における支石墓の出現と展開」(鏡山猛先生古稀記念論文集刊行会編・刊『鏡山猛先生古稀記念古文化論攷』1980年)
※掲載図は「九州における支石墓」(『志登支石墓群』) 所収の梅原末治氏による想定復元図

四箇船石 *　福岡市早良区四箇字船石

位置

　福岡平野の西域にあたる早良平野のなかで、脊振山系から北流する室見川中流域の右岸、四箇の田のなかにある。

　周辺は、住宅開発や圃場整備事業に先立ち、ほぼ全面的な発掘調査が行われているが、微高地には縄文時代からの四箇・田村・四箇東・重富などの遺跡、その他の現水田地の沖積層からは、弥生中期を主とする弥生前期にわたる遺跡が散在していることが確認されている。

遺跡の概要

　四箇船石の大石は、古くから「動かすと祟る」と言い伝えられ、地元の人々に神聖視され保存されてきたという。

　1987（昭和62）年、九州大学考古学研究室支石墓研究会による、上部遺構のみの実測調査が行われた。

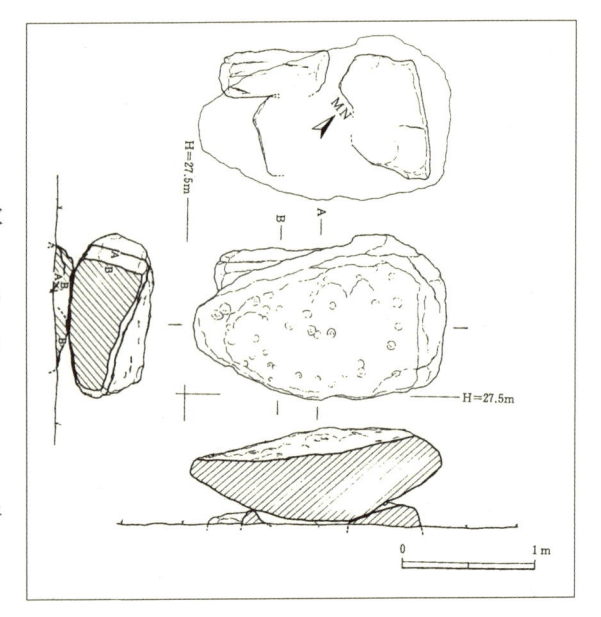

四箇船石実測図

　その報告によれば、「石組遺構は、82×35センチ・96×64センチ・58×?センチの長方形の三つの下石に、1.9×1.2×（最大厚さ）0.7メートルの上方に反った舟形を呈する上石が乗る形で構成されている」（図１）

　また「地表に残るものはこれ１基のみである。（以前に付近の水田中にあった石を四箇の集落の

神社に移したとの話もあるが、特定も含めた話の真偽については確認し得なかった。)」

「平野中にポツリと置かれた姿より、早くから支石墓として語られていた四箇船石であるが、調査より次の知見を問題として得た。

・上石と下石からなる構造であることがわかった（北部九州においてこれほど上石に対して大きく明瞭な下石を持つ石の例は少ない）。
・いわゆる盃状欠（Cup mark）らしき窪みを有する。

本構造は、すでに調査された西北部九州の支石墓と比較した場合、構造上では類似性と非類似性の両方を持ち、実測調査の限りでは、支石墓であるとの確定はできなかった」という。
なおこの遺構の近くから、弥生中期の甕棺片が表採されたという。[2]

註
（1）山村信栄「福岡市早良区所在の四箇船石について ― 支石墓研究に関する実測調査」（九州大学考古学研究室・支石墓研究会『九州考古学』第62号、九州考古学会、1988年）
（2）福岡市教育委員会編『四箇周辺遺跡調査報告書1』福岡市埋蔵文化財調査報告書第42集、1977年
※掲載図は「福岡市早良区所在の四箇船石について ― 支石墓研究に関する実測調査」（『九州考古学』）から転載

鹿部支石墓　古賀市鹿部字庵ノ園

位置

玄界灘に面した津屋崎から新宮にかけての海岸部で、新宮に近い南部の低丘陵の鹿部山山頂にある。

遺跡の概要

鹿部山の山頂西側に皇石神社がある。この皇石神社の御神体は、地上高2.5メートル・幅2.0メートル・厚さ0.5メートルの地中から立石する平たい石で、現在はその上に覆屋状の高床の神殿が建っている。御神体は自然石でなく、ノミ状の刃物で整形された痕が微かに留めているという。
1898（明治31）年、神社境内造成の際、社殿裏の崖から、弥生中期後半と見られる合せ甕棺が出土し、そのなかから細形銅剣と細形銅戈が村人により発見された。
銅戈は社宝とし、銅剣は東京大学人類学教室に保管された。（現在は所在不明）
すなわち、皇石神社の御神体となっている大石は、支石の上石と考えられ、この2本の青銅器を副葬した甕棺の上に置かれていた可能性が強いという。
なお、鹿部山頂一帯は、甕棺墓や箱式石棺が発見されていて、墳墓群が存在していたと考えられている。また、1927（昭和47）年、西麓下の山裾部（鹿部東部遺跡）が調査され、弥生前期末～中期の遺物包含層、後期後半の土器溜り遺構、古墳時代の住居跡などが検出されている。

参考文献
中山平次郎「筑後国三井郡大字大板井の巨石」(『考古学雑誌』第13巻10号、日本考古学会、1923年)
古賀町誌編さん委員会編『古賀町誌』古賀町、1985年
奥野正男「津屋崎・新宮浜の遺跡」(『筑紫古代文化研究会会報』133号、筑紫古代文化研究会、1989年)

畑田(はたけだ)遺跡　朝倉市杷木池田字畑田

位置

　九州一の河川である筑後川が、日田盆地から渓谷を抜けて筑後平野に流れ込む喉元部分にあたる、筑後平野の東奥部にある。大分県日田市と境を接する杷木(はき)町の、北方山地から筑後川中流に注ぐ小支流河川・白木谷川の中流右岸で、海抜60〜67メートルの小丘陵先端の緩傾斜部と裾部に位置している。

　九州横断自動車道建設に伴う事前調査で発見されたが、この自動車道の道路敷きには、畑田遺跡の西100〜200メートルには池田遺跡(縄文後期後半〜弥生前期末)、東南600メートルには楠田遺跡(縄文後期〜弥生中期)など、周辺に畑田遺跡とほぼ同時期の遺跡も発見されている。

遺跡の概要

　1986・87(昭和61・62)年、福岡県教委により発掘調査が行われた。その調査報告書(1)によれば、調査地域のⅠ〜Ⅲ地区から、弥生早期から弥生前期中頃までに営まれた、支石墓5基・石棺墓(木棺墓とも考えられる)2基・竪穴住居跡85軒・土壙7基・ピット多数の遺構が発見されている。なお当遺跡は道路敷きにあたるため調査後消滅し、残っていた支石墓の上石2個は甘木歴史資料館前庭に移設、展示されている。

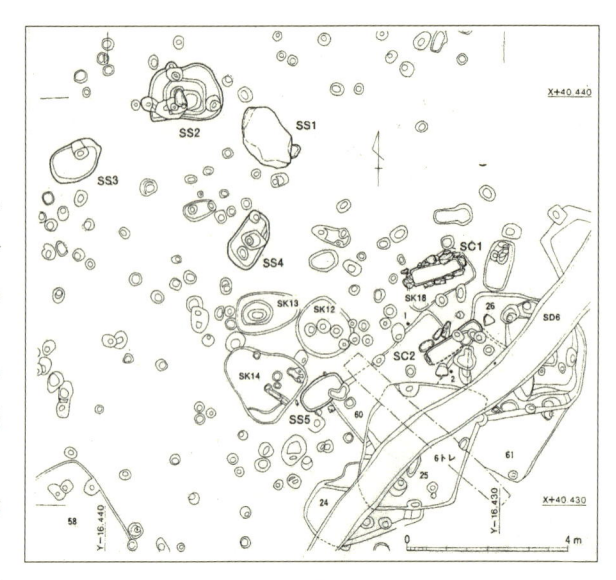

図1　畑田遺跡支石墓・石棺墓地位置図

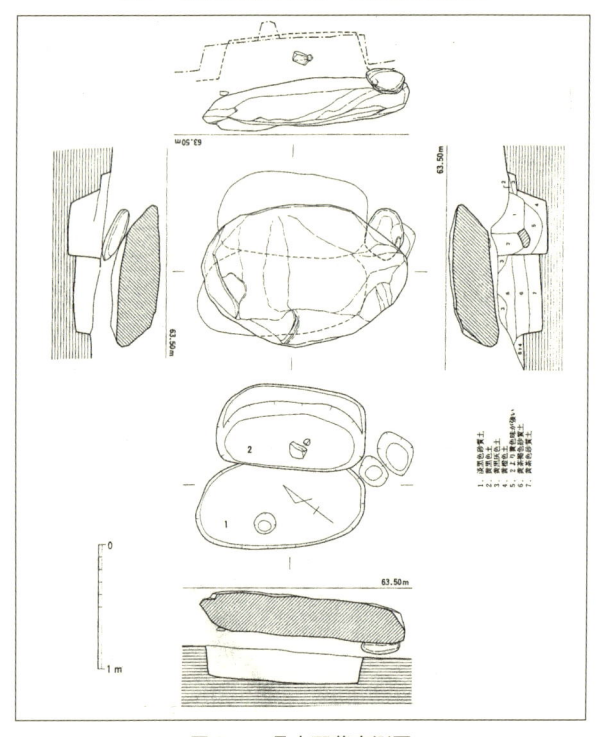

図2　1号支石墓実測図

38　資料編

支石墓

調査区域の最北部分に当たる丘陵先端部の緩傾斜面から、5基の支石墓を確認（図1）。

なお、これらの40メートル南西にある土壙（4号）も、支石墓の下部遺構の可能性もあるが、一応支石墓から除外しているという。

▶1号（SS 1）

上石は長さ1.7メートル・幅1.15メートル・厚さ0.33メートルの亀甲形の玄武岩と思われ、支石は東側に長さ41センチ・幅31センチ・厚さ14センチの玄武岩が1個ある。

下部遺構は平衡した2基の土壙が一部重複して検出されている。西側の第1主体部は、内法で長さ132センチ・幅67センチ・深さ35センチの隅円長方形で、床面の西側に径18センチ・深さ14センチの小ピットがある。第2主体部は第1主体部の東側に切り込んでいて、内法で長さ106センチ・幅42センチ・深さ46センチの隅円長方形である。（図2）

遺物は、第1主体部内埋め土中から外面丹塗りを含む壺・鉢・浅鉢、黒曜石・サヌカイトの剝片、床面ピットからは鉢、第2主体部からは鉢・甕が、いずれも小破片で出土した。

▶2号（SS 2）

上石は欠失していたが、土壙の2段目中から支石と思われる長さ43センチ・幅30センチ・厚さ20センチの平石が1個。

下部構造は3重に掘り込まれた土壙で、1段目が長さ170センチ・幅131センチ、2段目が長さ93センチ・幅72センチ、3段目が長さ57センチ・幅36センチで、深さは2段目までは45センチ、3段目までは73センチである。なお2段目までが主

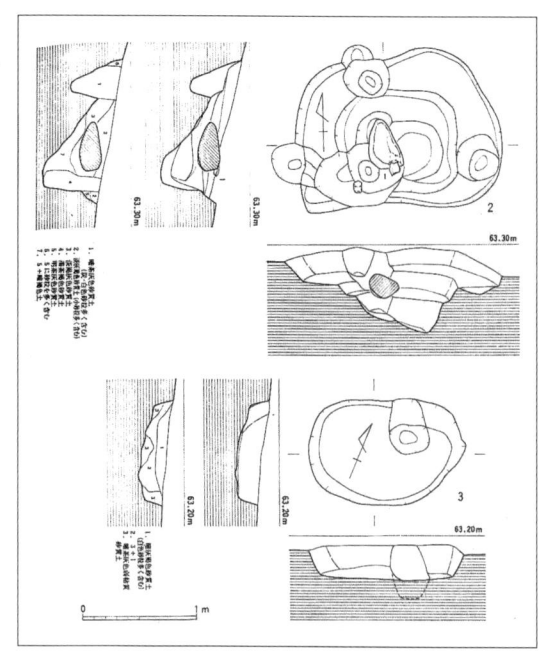

図3　2・3号支石墓実測図

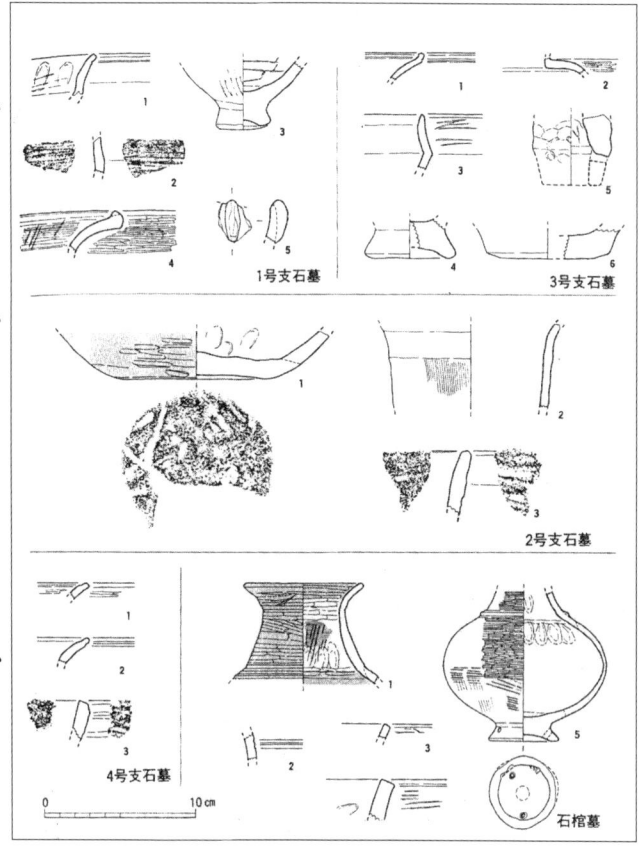

図4　畑田支石墓・石棺墓出土土器

福岡県　39

体部としての下部遺構で、3段目はより古い遺構と考えられている。さらに土壙内には、より新しいピットが5カ所あり、後世上石などは除去されたものと思われる（図3）。

遺物は、下部遺構から壺・鉢・甕の破片と黒曜石剥片・木炭が出土しているが、壺破片は曲り田（古）式の丹塗磨研大型壺の底部片（図4）と考えられている。

▶ 3号（SS 3）

上石は発掘時重機で除去されたと思われ、長さ1.2メートル・幅0.85メートル・厚さ約0.2メートルの花崗岩の扁平石である。なお、支石は認められず。

下部遺構は長さ118センチ・幅81センチ・深さ30センチの楕円形の土壙で、後世掘られたピットのため上石も支石も除去されたと思われる（図3）。

土壙内から、壺・鉢・甕の小破片と小丸石・片岩・黒曜石剥片が出土。

▶ 4号（SS 4）

上石・支石もなく、下部遺構は土壙で長さ120センチ・幅70センチ・深さ15センチの不整形の長方形であるが、土壙の中央と北端がピットで切られていて、後世全体的に破壊されたものと思われる。（図5）土壙内から、鉢の破片と黒曜石・サヌカイトの剥片が出土している。

▶ 5号（SS 5）

上石は欠失しているが、土壙外の東側に2個の支石があり、西側に小型の礫石が2個ある。（図5）下部遺構は土壙で、長さ105センチ・幅54センチ・深さ17センチのやや胴張りの長方形であるが、東側をピットで切られている。なお、遺物は認められず。

畑田支石墓の特色

弥生早期の支石墓は西北九州地域だけの存在と考

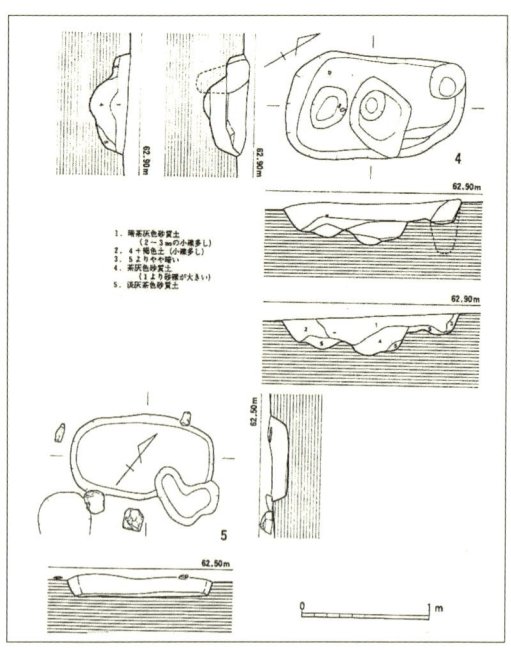

図5　4・5号支石墓実測図

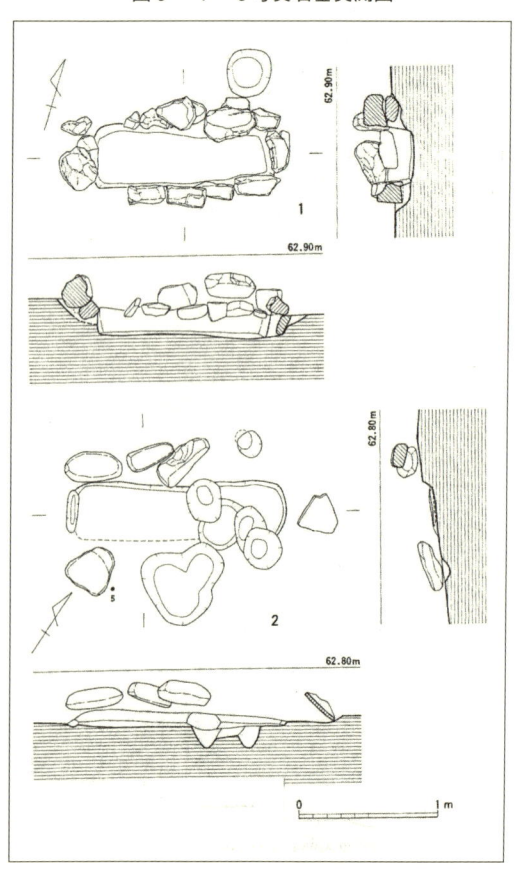

図6　1・2号石棺墓（または木棺墓）

えられていたのが、筑後平野東側の最奥部で、日田盆地に通じる筑後川中流域で確認されたことである。支石墓墓制文化は、弥生早期初頭頃西北九州地方に水稲農耕文化と共に伝来したと考えられている。

支石墓が発見された畑田遺跡では、前述のとおり2号支石墓から曲り田（古）式土器が、また17号住居跡からは籾痕土器（弥生前期初頭の夜臼式系の壺）が出土し、当遺跡ではコメの存在も実証され、水稲農耕の存在も考えられる。

さらに畑田遺跡の調査報告書によれば、畑田遺跡の周辺で縄文後期から弥生中期の遺跡が多数発見されていることも考えれば、この地方は古くから筑後川を利用した交通の主要な拠点であったとも考えられる。

註（1）福岡県教育委員会編『九州横断自動車道関係埋蔵文化財発掘調査報告』第56集、1999年
※掲載図は『九州横断自動車道関係埋蔵文化財発掘調査報告』（1999年）から転載

朝田支石墓　うきは市浮羽町朝田字浦田

位置

筑後平野東側の最深部で筑後川の南流域にあたり、水縄山地北麓から筑後川に合流する隈上川（くまがみ）と巨勢川（こせ）に挟まれたやや高い沖積地で、現在の西鉄バス千足停留所付近にあった。

筑後川を挟んで杷木町の畑田支石墓と南側に相対する位置にあり、付近には巨石の大石室や装飾石室を有する重定（しげさだ）・楠名（くすみょう）古墳がある。

遺跡の概要

1950（昭和25）年、バス停留所新築工事の際遺構が発見され、当地の浮羽高校史学科教官金子文夫氏らにより調査された。

鏡山猛氏の現地調査(1)および松尾禎作氏(2)の記録によれば、弥生中期の合せ甕棺墓3基と箱式石棺1基があったらしく、なお近くの畑の隅に巨石があり、これは甕棺墓の1基の上にあったという。

この巨石（支石墓の上石）は、長さ2.5メートル・幅1.27メートル・厚さ0.5メートルで、支石は見当たらなかった。

下部構造は、ほぼ円形の土壙内の南側には厚みのある大型の矩形石を側壁とし、その他の周壁は板状の安山岩と川原石を石積み（隙間もあり一部は土壁のまま）した、石囲い状の石室のなかに、須玖式の合せ甕棺が約45度の傾斜で

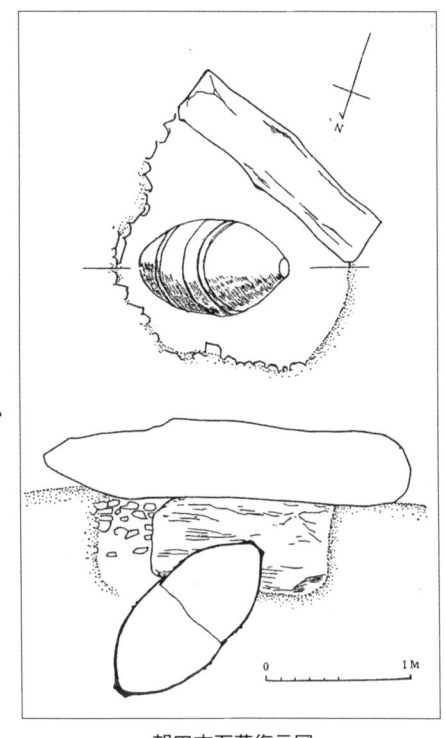

朝田支石墓復元図

置かれていた。
　また他の甕棺墓も、須玖式甕棺であったという。
　現在、上石は同郡内の大石小学校内にある忠魂碑の台石として使用され、大型の側壁石は西鉄久留米駅近くの西鉄診療所構内に、甕棺は浮羽高校の郷土室に保存されているという。

朝田支石墓の特色

　他に遺構がなかったかどうか不明であるが、大牟田市の羽山台遺跡のように、弥生中期に北部九州で見受けられる、甕棺墓を中心とする墳墓群のなかで、1基だけ支石墓が存在する埋葬形態であると考えられる。
　特に注目されるのは、甕棺墓を埋めた土壙の側壁の一部に大型の矩形石を使用し、他の部分は板石や川原石を粗雑に石積みした石囲いであり、その大型石の上部が上石を支える役目も果たしていると思われる点である。

註
（1）鏡山猛「九州における支石墓」（『志登支石墓群』埋蔵文化財発掘調査報告第4、1956年）
（2）松尾禎作『北九州支石墓の研究』松尾禎作先生還暦記念事業会、1957年
※掲載図は「九州における支石墓」（『志登支石墓群』）所収の金子文夫氏作成の復元図から

石丸遺跡　久留米市東櫛原町

位置

　久留米市北部の筑後川沿いで、筑後川が東西から南西へ大きく迂回する南側の沖積台地上にあり、この付近から東側にかけての筑後川沿いに、合川町や山川町一帯には安国寺遺跡や野口遺跡など縄文時代からの複合遺跡が連なっている。

遺跡の概要

　1927（昭和2）年、京都大学考古学研究室が発掘調査を行い、合せ甕棺墓の接合部粘土中から碧玉製管玉が20個出土したという。
　1987・88（昭和62・63）年、久留米市教委の発掘調査で、櫛原天満宮境内を含む南北両地点から、弥生前期末から中期前半にかけての甕棺墓135基・土壙墓14基・石蓋土壙墓7基・木棺墓2基が発見された。[1]
　1895（明治28）年、支石墓の上石と思われる大石が櫛原天満宮の境内に移されたが、古老の話では北地点のほぼ中央部分にあったという。1988年の北地点調査で、その中央部分にあった110号甕棺（後世の撹乱と削平などにより詳細は不明）が、その大石の下部構造ではないかと考えられるという。なお110号甕棺からは磨製石鏃2点が出土している。

註（1）立石雅文「久留米の考古学（上）　久留米における近年の発掘調査から」（『福岡考古』第15号、福岡考古懇話会、1991年）

南薫遺跡（なんくん）　久留米市南薫町

位置

　石丸遺跡と同じように、久留米市の北部筑後川沿いにあり、石丸遺跡の東南東約500メートルの位置にある。

遺跡の概要

　1994（平成6）年、久留米市教委の調査で、弥生前期の支石墓1基・甕棺墓65基・箱式石棺墓7基・土壙墓10基が発見されたという。調査報告書未刊のため支石墓の詳細は不明。

※1994年3月1日「毎日新聞」筑後版による。

羽山台遺跡（C地点）　大牟田市草木字羽山

位置

　大牟田市の北部、有明海に突き出た甘木丘陵の南部を流れる白銀川（しらがね）の南側で、東部の山地から伸びた海抜16メートルの低丘陵の台地上にある。
　現在は有明海沿岸から約4キロあるが、当時は海岸のすぐ近くにあったと考えられ、遺跡はその当時の海岸線に突き出た岬の台地上にあったと思われる。

遺跡の概要

　1967（昭和42）年、C地点の南東隣接地B・A地点の発掘調査で、弥生中期初頭から中頃にかけての甕棺墓34基・土壙墓20基が発見された。
　1974（昭和49）年、A・B地点より高地にある亀石と呼ばれる巨石の周辺（C地点）が調査された。その結果、C地点から弥生中期初頭の支石墓1基・甕棺墓3基・土壙墓5基（内木棺墓2基）[(1)]が発見されたが、遺物は検出されなかった。

支石墓

　上石は径2.0～1.6メートル最大厚さ0.7メートル重量5トン前後の花崗岩。全体に丸みを持ち平面形は亀甲形で、全面露出していた。支石は長さ55センチ・最大幅30センチ・厚さ25センチの不整長方形の石が1個、墓壙縁の東側中央部分に置かれていた。

福岡県

下部構造は、長さ207センチ・最大幅87センチ・最大深さ48センチの楕円形の土壙中に、羽山台Ⅰ式（弥生中期初頭）の接合式合せ大型甕棺（器高上下とも90センチ前後）が、ほぼ水平の状態で埋置されていた。

羽山台支石墓の特徴

　羽山台遺跡は、弥生中期初頭から中頃にかけて短期間に造営された墳墓群であるが、C地点はそのなかで最高地にあり、中期初頭に営まれた小グループの墓地で、そのなかで1基だけが支石墓である。すなわちC地点の墳墓は、他のA・Bグループより優位性がうかがわれ、そのなかの1基だけの支石墓はこの共同体の首長墓と目され、かつまた共同墓地全体の標識を兼ねるものであると考えられるという。

註（1）大牟田市教育委員会編『羽山台遺跡　大牟田市
　　　所在羽山台C地点遺跡の調査』1975年
※掲載図は『羽山台遺跡　大牟田市所在羽山台C地点遺
　　跡の調査』（1975年）から転載

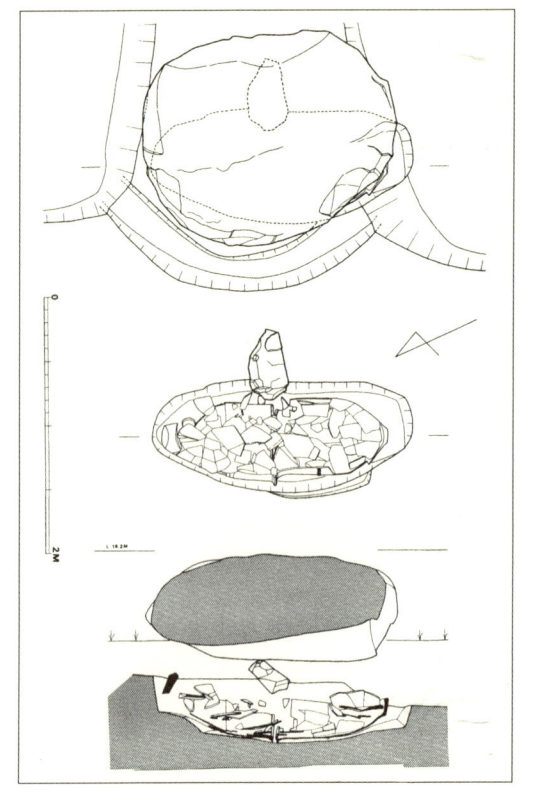

羽山台支石墓実測図

大板井遺跡　小郡市大板井字蓮町

位置

　朝倉平野の西端地域で、筑後川に合流する宝満川の下流域にあたる大板井集落の東はずれ、宝満川に向かって緩やかに傾斜する低い台地の縁にある。

遺跡の概要

　支石墓でないかと言われているものは、古くから「いしざきさん」と呼ばれ信仰の対象になっている立石と、その傍らにある大きな平石である。
　中山平次郎氏[1]によれば、大平石は長さ2.9メートル・最大幅1.92メートル・地上露出部の厚さが0.7メートル程で、将棋の駒形をしている。またそれより約2.5メートル離れた西南に立石があり、大きさは地上高1.33メートル・幅1.25メートル・厚さ0.6メートルで、上端は幅が狭くなりやや尖り、下方に向かって広がっている。この立石と大平石は、奴国王墓と称せられる須玖遺跡との形状が似ていて、支石墓の可能性があるという。
　1939（昭和14）年頃、付近から7本の銅戈が出土したが、出土地点、遺構などは未確認である。

44　資　料　編

7本のうち2本が三井高校に保管され、その他は散逸したという。

1980・81（昭和55・56）年、大板井集落周辺の一部調査で、弥生時代の住居跡・甕棺墓・祭祀土壙などが発見され、1号祭祀土壙からは弥生中期の鉄鎌（国内最古例）が出土し注目されているという。(2)

当地域は古くから、畑を耕作する度に甕棺が出土し取り除いていたといわれ、支石墓と見られる立石と大平石も、原位置から移動している可能性も考えられるという。

1992・93（平成4・5）年、小郡市教委の依頼で、九州大学考古学研究室により発掘調査が行われた。その調査概報(3)によれば、立石下およびその西横から立岩式（弥生中期後半）と汲田式（弥生中期前半）の甕棺が出土した。いずれも上半部が破壊され遺物はなく、立石の下部は石を立てるため大きくえぐられ、新しい土砂が混入し、かつまた甕棺もその時さらに破壊された形跡があるという。

また平石の下部では、古い時期の汲田式甕棺が上部の一部を破壊されて出土し（遺物はなく）、甕棺の上部と平石の下部土層面からは、江戸時代の瓦や陶磁器の破片と共に、石灯篭の笠石などが平石の据え石として用いられるなど、明治の前半年代に平石が西側の畑から移されたという言い伝えと一致するという。さらに平石が置かれていたという地点を調査したが、支石墓の痕跡はなかった。

周辺には数個の大石（支石墓の上石か）があったと言われているが、結局、支石墓として確認できるものはなく、弥生中期の墳墓遺跡であったことが判明した。

註
（1）中山平次郎「筑後国三井郡小郡村大字大板井の巨石」（『考古学雑誌』13巻10号、日本考古学会、1923年）
（2）片山宏二「大板井遺跡」（『福岡県百科事典』西日本新聞社、1982年）
（3）九州大学考古学研究室『大板井遺跡第2次調査現地説明会資料』1993年

酒見貝塚の磯良石（いそらいし） * 大川市酒見大川公園内

位置

大川公園は、筑後川の河口近くで合流する花宗川（はなむね）南岸沿いの、自然堤防上の微高地にある。

遺跡の概要

1926（大正15）年大川公園内に池を掘削したとき、貝塚（酒見貝塚）が発見され、弥生中期・後期を主とする大量の土器をはじめとする遺物が出土した。

この公園内にある磯良神社の傍らに、磯良石などと呼ばれる五角形の凝灰岩の巨石がある。（現在は、しらさぎ幼稚園柵内に囲まれた運動広場の右側の、磯良神社参道脇に低い石垣を設けて置かれている。）

この巨石は後世平坦面が加工され、方形の突起が削りだされていて、祠などの台座に使用された

と考えられるという[1]。

なお『大川市誌』[2]によれば、「大川公園内にある磯良神社のすぐ横には、石垣を巡らした直径4メートル余の平石1基がある。この巨石は、磯良石・岩薬師・たもと石・磯良塚等と呼ばれている。〈中略〉明治36年に酒見靖昴氏（当時の風浪宮宮司）の依頼を受けて、西豊吉氏（当時20歳）と豊吉氏宅前の二人で、巨石の下を掘り下げていたところ、2個の甕が口と口とを合わせて、埋めているのに突き当たった。二つの甕を開けてみるとなかに人骨が入っていて、驚いた二人は甕を元通りにした。

この話から、巨石は弥生時代の合せ甕棺の石蓋で、弥生時代の墓制を知る貴重な遺物であり、ドルメン（支石墓）と考えられる」と記されている。

また、「この記述から支石墓の可能性が考えられ、事実、その傍らからは小児用の箱式石棺が露出していることからも、この周辺が墓所であった可能性を補強する資料となろう」[3]と推定されている。

註
（1）大川市教育委員会編『酒見貝塚』大川市文化財調査報告書第2集、1994年
（2）甲木清「郷土の原始・古代」（大川市誌編集委員会編『大川市誌』大川市、1977年）
（3）1994年11月、筆者が訪れたときは、傍らの石棺は見当たらなかった。

淡島神社裏の大石 * 大川市小保　小保八幡神社内

『大川市誌』[1]によれば、「小保の八幡神社境内にある淡島神社社殿の背後には、長さ3.3メートル・幅2.3メートル弱の巨石が立っている。巨石について調査したところ、次のことがわかった。

大正3～4年頃、小保新町の龍野利吉氏が、裏庭の井戸を掘るため4メートルぐらい掘ったところで、大きな石に突き当たった。それを掘り上げて八幡神社に運んだのが、この岩ということである。作業関係者の談によると、巨石の下には、厚さ15センチ・幅60センチ・長さ2メートル位の板が2枚あったとのことである。小保町の道路の舗装工事が行われたとき、道路敷きから弥生中期の土器片を採集したことから考えると、2枚の板は木棺の一部であり、巨石は弥生時代の墳墓の石材と思われる」と記されていて、下部構造が木棺の支石墓の可能性を示唆している。

さらに同市誌には、「また、八幡神社境内には巨石1基がある。旧社記に、慶安2年（1649年）神告によって、社殿の裏の堀から二昼夜で引き上げたとある。（長さ1.575メートル・幅2.42メートル）昔この石は石橋とあるが、今後の研究を待つ必要がある」と記している。

1994（平成6）年11月3日、筆者が現地を訪れこの巨石を拝見したところ、神社の楼門から入った右側の植え込みを囲うように横に立てて置かれていた。地上に現れている部分は、高さ0.6メートル程度であった。なお内側は神社の手洗い石に使用されたような、水を溜める掘り込みが見受けられたが、片方が割れている状況から見ると、以前はもっと大きかったのではないかと思われる。

これらの2個の巨石は、「酒見遺跡」の調査報告書[2]にも「この地域の地理的環境から、本来このような巨石の存在は否定的で、運び込まれた可能性が強く、支石墓に使用された巨石と考えられ

る」という。

註
（1）甲木清「郷土の原始・古代」（大川市誌編集委員会編『大川市誌』大川市、1977年）
（2）大川市教育委員会編『酒見貝塚』大川市文化財調査報告書第2集、1994年

能保里(のぼり)の大石＊　久留米市城島町下青木

　『大川市誌』によれば、「下林部落の東方、城島町の筒江部落にある宇志岐神社に近いところに巨石がある。巨石は、大字下林字安永の水田のなかに1基と、その堀端に2基ある。3基とも水田のなかに一緒にあったが、2基は堀端に移したと言われている。古代墳墓の石材ではないかと思う」と記されている。

　また、「酒見貝塚」の調査報告書によれば、支石墓の上石の可能性も指摘されている。

　1994年（平成6年）福岡県教委が大川市下林西田遺跡（城島町能保里の南側隣接地で、巨石が存在したという場所から約20メートル程の地点）を発掘調査し、弥生前期前半から中期中頃までの土壙81基・溝2条・柱穴26個などが検出され、無文土器の牛角把手(ぎゅうかくとって)と長頸壺・黒色磨研土器が出土している。

　なお移されたという堀端の巨石は、下林西田遺跡の北側にあるクリークの北岸にある「山城宮」の前に、2枚重ねて置かれている大石であると考えられる。（図1）

　1枚は長さ1.5メートル・幅1.5メートル・厚さ10～35センチの平面四角形の赤っぽい安山岩、もう1枚は長さ1.7メートル・幅1.4メートル・厚さ20～30センチの平面台形で灰色の安山岩である。

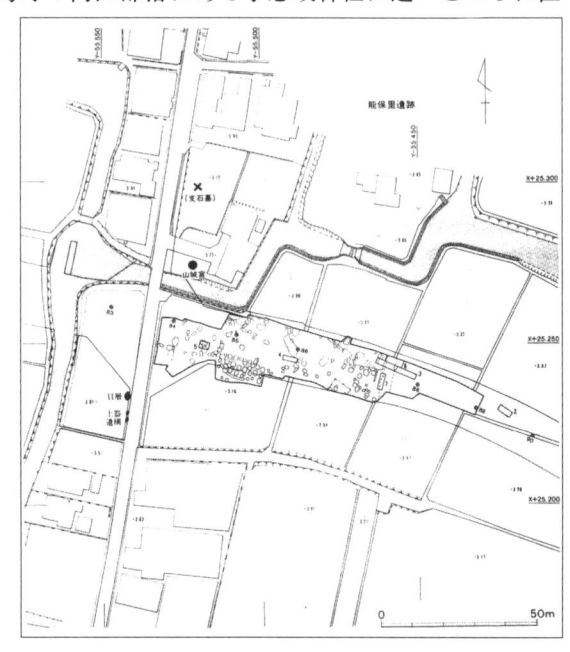

図1　能保里の大石位置図（×印は原推定位置）

能保里の大石

　調査された伊崎俊秋氏によれば、「最も可能性が高い支石墓の上石であろう」という。

　なお水田のなかの1基は、圃場整備の際撤去されたようである。

註
（1）甲木清「郷土の原始・古代」（大川市誌編集委員会編『大川市誌』大川市、1977年）

（2）大川市教育委員会編『酒見貝塚』大川市文化財調査報告書第2集、1994年
（3）福岡県教育委員会編『下林西田遺跡』福岡県文化財調査報告書第132集、1998年
※図と写真は『下林西田遺跡』（1998年）から転載

中村遺跡＊　柳川市大字西蒲池字中村

　『福岡県遺跡等分布地図[1]』によれば、当遺跡は土師器が散布した平安時代の遺跡であるが、たたみ1枚ほどの大石があると記されていて、支石墓の上石の可能性も考えられる。

註（1）『福岡県遺跡等分布図　大牟田市・柳川市・山門郡・三池郡編』福岡県教育委員会、1978年

浦田遺跡＊　柳川市大字西蒲池字浦田

　柳川市西蒲池本村の三島神社遺跡の近くにある。『福岡県遺跡等分布地図[1]』によれば、弥生時代の遺物の散布地で、「石包丁・石斧残欠と土製弾に土器が出土。ドルメンらしい巨石がある」と記載されている。

註（1）『福岡県遺跡等分布図　大牟田市・柳川市・山門郡・三池郡編』福岡県教育委員会、1978年

池渕遺跡＊　柳川市大字西蒲池字池渕

　『福岡県遺跡等分布地図[1]』によれば、「弥生式土器・須恵器・土師器・石包丁の残欠出土。巨石がある。住居跡か」と記載されていて、この巨石は支石墓の上石の可能性も考えられる。

註（1）『福岡県遺跡等分布図　大牟田市・柳川市・山門郡・三池郡編』福岡県教育委員会、1978年

三島神社遺跡＊　柳川市大字西蒲池字宮の前

　柳川市の北部大川市境に近い西蒲池本村の集落のなかに三島神社がある。『福岡県遺跡等分布地図[1]』によれば、三島神社境内は弥生貝塚の分布地で、「石斧・石鏃・弥生式土器・土師器・須恵器が出土しドルメンらしい巨石がある」という。
　なお三島神社境内に立てられた柳川市教委の案内板によれば、「楼門前の石橋は、寛永18年（1641年）〈中略〉神社西北部の字田中後にあった巨石を運ばせて献納したもので、弥生時代か古墳時代の石材と思われる」と記されている。この石橋は、現在コンクリートで固められているので正

確な大きさは不明であるが、長さ3メートル前後・幅1.5メートル前後・厚さ60～70センチ位かと考えられる。

なおそのほか、神社の拝殿手前に、大小2枚の板石が横に立てられた状態でコンクリートで埋められている。大きいほうの地上に現れている部分は、長さ60センチ位・幅1.5メートル前後・厚さ約20センチ程度である。支石墓の上石とも、石棺の蓋石とも考えられる。また拝殿右手にある石碑に、小型の板石が使用されている。

もともと、これらの大石がいずれかより運ばれて、平野のなかに置かれたものであるが、その原位置も遺構も不明であり、支石墓の上石とは断定できがたいと考えられる。

註（1）『福岡県遺跡等分布図　大牟田市・柳川市・山門郡・三池郡編』福岡県教育委員会、1978年

扇ノ内遺跡 *　柳川市大字西蒲池字扇ノ内

上記の三島神社の南方約500メートルの水田のなかにある。『福岡県遺跡等分布地図』[1]によれば、弥生前期の甕棺墓地で、そのなかにドルメンらしい巨石があるという。

註（1）『福岡県遺跡等分布図　大牟田市・柳川市・山門郡・三池郡編』福岡県教育委員会、1978年

鷹尾神社の大石 *　柳川市大和町鷹ノ尾字鷹尾

鷹尾神社境内の拝殿右手に、支石墓ではないかと思われる大石が石垣に囲まれている[1]。この大石は支石墓の上石ではないかとされており、その大きさは長さ約1.70～1.80メートル前後・幅60～70センチ程で、全体的に「くの字」に曲がった形をしている。しかし、大石の由来は不明であり、支石墓の上石としては不適と考えられる。（1994年11月3日筆者見聞による。）

註（1）福岡県教育委員会編『下林西田遺跡』福岡県文化財調査報告書第132集、1998年

岩畑の大石 *　みやま市高田町竹飯字岩畑

松尾禎作氏[1]によれば、「（支石墓の）上石らしいのは、縦9尺4寸（2.85メートル）・横9尺（2.73メートル）・厚さ3尺（0.9メートル）から3尺3寸（1.0メートル）位で、薄いところでも2尺3寸（0.7メートル）から2尺6寸（0.8メートル）もあるので、南鮮の支石墓のように塊石状とはいえないが、今のところ北九州では最も巨大なものである。下石らしい石は9個見えていて、付近は弥生式中期の土器が散乱している。

なお付近10間（18メートル）ばかりの距離のところに、縦7尺（2.12メートル）・横5尺5寸（1.67メートル）・厚さ8寸（24センチ）位の石があったが、今は八幡宮境内に運ばれ、その後には平石が立ててある。あるいは、これも支石墓であったかもしれないと言われているが、前者は支石墓として最も確実性のあるものではなかろうか」という。

註（1）松尾禎作『北九州支石墓の研究』松尾禎作先生還暦記念事業会、1957年

粉ふき地蔵尊前のドルメン* 北九州市小倉南区長行東2丁目

　紫（むらさき）川の中流、遺跡が多い小倉南区長行にある「郷屋遺跡」A地区の道路を挟んだ向かい側に、咳や喉の病気にご利益があるとして、地元で祀られている「粉ふき地蔵尊」がある。その狭い境内に、ドルメンと称せられる大きさ3メートル余の板石が置かれている。
　1979（昭和54）年、北九州市教委の調査によれば、「構造は3個の自然石を地表から30～40センチ出した状態で埋め、その上に板石を載せたものである。〈中略〉自然石上に載った状態の板石は、全長3.25メートル・最大幅1.85メートル・厚さ約25センチを測る不整卵形状を呈し、特に表面の整形痕は確認できない。下部は発掘調査をしていないため、結論は出ないものの、支石墓の上石というよりも、近くの郷屋遺跡で発見された、箱式石棺の蓋石の可能性が強い。

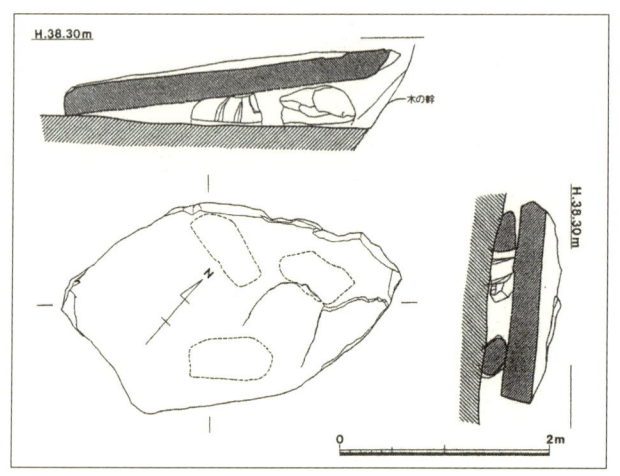

粉ふき地蔵尊前のドルメン実測図

　また古老の話では、江戸時代の小倉城築城の際、石垣用として運び出されたが、途中でこの地に据え置かれたものとの言い伝えがある」という。
　1994（平成6）年3月筆者が現地を訪れ観察したところ、板石を支えている下部の3個の石は地表面に露出していて、自然石というよりも割石のようである。かつまた、1カ所に2枚の石を積み重ねている。さらに、調査報告書の実測図と較べると、下部の石の大きさや置かれた位置が異なり、板石の傾斜の方向も異なっている。その後移動したものか。
　上石も、通常支石墓の上石に用いられるものとは、若干異なるように思える。

註
（1）栗山伸司「粉ふき地蔵尊前のドルメン」（『郷屋遺跡』北九州市埋蔵文化財調査報告書第44集、1986年）
※掲載図は「粉ふき地蔵尊前のドルメン」（『郷屋遺跡』1986年）から転載

福岡県（糸島地方を除く地方）の支石墓所在地一覧

番号	時期	遺跡名	所在地	概　　　要	主　要　文　献	備　考
1	Yc後半	須玖（岡本）遺跡*	春日市岡本	巨石の伏石と立石（下部は合せ甕棺）前漢鏡30数面、細・中細形銅剣や銅戈計8本以上、ガラス璧片2、ガラス勾玉1、鹿角製管玉12	「筑前須玖史前遺跡の研究」京都大学考古学研究報告第11冊1930　ほか	（王墓）標石墓参考地
2	Yc？	四箇船石*	福岡市早良区四箇字船石	支石墓と思われる上石、支石（3個）の石組遺構1基。周辺にYC甕棺片	九大考古学研究室「福岡市早良区所在の四箇船石について」『九州考古学』62. 1988	下部未調査
3	Yc	鹿部支石墓	古賀市鹿部字庵ノ園	皇石（おおいし）神社の御神体（巨石の立石）が支石墓の上石？、神社裏の甕棺墓から細形銅剣・銅戈出土	中山平次郎「筑後国三井郡小郡村大字大板井の巨石」『考古学雑誌』13-1 1923ほか	未確認参考地
4	Ys～Yz中頃	畑田遺跡	朝倉市杷木池田字浦田	支石墓5基（下部は土壙）、他に石棺墓（木棺墓か）2基、竪穴住居跡85軒、土壙7基など　＜調査後消滅＞	福岡県教委『九州横断自動車道関係埋蔵文化財調査報告』第56集　1999	
5	Yc	朝田支石墓	うきは市浮羽町朝田字浦田	支石墓1基（下部は大側石と粗雑な石囲いの甕棺）他に甕棺墓3基、箱式石棺墓1基　＜調査後消滅＞	鏡山猛「九州における支石墓」『志登支石墓群』1956、松尾禎作『北九州支石墓の研究』1957	
6	Yz末～Yc前半	石丸遺跡	久留米市東櫛原町	北地点中央部にあったといわれる大石（下部は甕棺？）が櫛原天満宮境内にある。他に甕棺墓134、土壙墓14、石蓋土壙墓7、木棺墓2	久留米市教委立石雅文「久留米市の考古学（上）」『福岡考古』15号1991	未確認参考地
7	Yz	南薫遺跡	久留米市南薫町	支石墓1基、他に甕棺墓65、石棺7、土壙墓10	久留米市教委　1994調査（報告書未刊）	
8	Yc初頭	羽山台遺跡（C地点）	大牟田市草木字羽山	支石墓1基（下部は合せ甕棺）他に甕棺墓3、土壙墓5（内木棺墓2）	大牟田市鏡委『羽山台遺跡（C地点）』1975	
9	Yc？	大板井遺跡	小郡市大板井字蓮町	巨石の伏石と立石、付近より銅戈7出土、下部から弥生中期の甕棺3出土したが、巨石（上石？）は移設	九州大学考古学研究室、1992・93調査	参考地
10	Yc？	酒見貝塚*（磯良石）	大川市酒見大川公園内	支石墓？1基（下部は合せ甕棺）他に小児石棺1	大川市教委『酒見貝塚』1994ほか	未確認参考地
11		淡島神社裏大石*	大川市小保小保八幡神社内	支石墓の上石状巨石2個あり、周辺から移設のものか	甲木清「郷土の原始・古代」『大川市誌』1977	未確認参考地
12	Yz～Yc中頃	能保里の大石*	久留米市城島町下青木	水田中に巨石3個あったが、現存2個（山城宮前に移設）、隣接地に縄文・弥生時代の遺跡あり	『大川市誌』1977、福岡県教委『下林西田遺跡』1998	未確認参考地
13	?	中村遺跡*	柳川市大字西蒲池字中村	たたみ1枚ほどの大石あり	『福岡県遺跡等分布地図』1978	未確認参考地
14	Y	浦田遺跡*	柳川市大字西蒲池字浦田	ドルメンらしい巨石あり、石包丁、石鏃、土製弾、土器出土	『福岡県遺跡等分布地図』1978	未確認参考地

番号	時期	遺跡名	所在地	概要	主要文献	備考
15	Y	池渕遺跡*	柳川市大字西蒲池字池渕	支石墓の上石状巨石あり弥生式土器、石包丁など出土	『福岡県遺跡等分布地図』1978	未確認参考地
16	Y	三島神社遺跡*	柳川市大字西蒲池字宮ノ前	ドルメンらしい巨石あり石斧、石鏃、土器等出土	『福岡県遺跡等分布地図』1978	未確認参考地
17	Yz	扇ノ内遺跡*	柳川市大字西蒲池字扇ノ内	ドルメンらしい巨石と弥生前期の甕棺あり	『福岡県遺跡等分布地図』1978	未確認参考地
18	Y	鷹尾神社の大石*	柳川市大和町鷹ノ尾	神社境内にドルメンらしい扁平の巨石あり付近に弥生時代の遺跡あり	福岡県教委『下林西田遺跡』1998	未確認参考地
19	Yc ?	岩畑の大石*	みやま市高田町竹飯字岩畑	支石墓？1基、支石？9個 付近から弥生中期の土器片	松尾禎作『北九州支石墓の研究』1957	未調査参考地
20		粉ふき地蔵尊前のドルメン*	北九州市小倉南区長行2丁目	支石墓と思われる板石（上石？）と下石（支石？）3個あり 箱式石棺の蓋石か	北九州市教委『郷屋遺跡』所収1986	参考地下部未調査

（注）Yは弥生時代、 Ysは弥生早期、 Yzは弥生前期、 Ycは弥生中期

佐賀県 I（唐津地方）の支石墓

葉山尻支石墓　唐津市半田字葉山尻

位置

　鏡山の南側、松浦潟に注ぐ宇木川とそれに合流する半田川に挟まれ、飯盛山から北に延びた丘陵の山裾の北西斜面で、下部の水田から比高10～15メートルのところに散在している。

遺跡の概要

　戦後の開墾により甕棺墓の存在が知られ、1951（昭和26）年、甕棺墓群の発見と、その1基から碧玉製管玉が発見されたのがきっかけに、1952・53年支石墓として当地方で最初の学術調査が行われた。

　調査資料[1]によれば、支石墓4基と支石墓の下部を含めた甕棺墓26基が確認された。その後1955年1基の支石墓（5号）が確認され、さらに支石墓と見られる遺構（6号）も発見されたが、両者とも未調査であるという。

　その結果、支石墓は6基となるが、この他に支石墓の上石を転用したとみられる露出した古墳の石室もあり、部分的な発掘調査であったため、6基以外の支石墓の存在や多くの遺構が埋まっているものと考えられるという。（図1）

支石墓

▶1号

　1号支石墓はB地区甕棺墓群のほぼ中央にある。上石は長さ1.85メートル幅1.2メートル厚さ0.3～0.4メートルのほぼ長方形の扁平な花崗岩で、20～30センチの大きさの支石が四隅のほか東北隅にさらに3個計7個認められた。

　下部構造は、上石の下からずれたものや一部上石にかかるものもあるが、6基の甕棺が検出された。（図1）しかも、直立倒置の単棺が2基（19、20号）、上甕下壺の直立合わせ甕棺が3基（9・21・22号）、および水平横置きの単棺が1基（11号）という珍しい埋納方式であった。

▶2号

　2号支石墓は1号支石墓と長軸線をほぼ平行にして、同じB地区墓群の南側やや高地にある。上石は東西の長さ2.05メートル最大幅1.4メートル最大厚さ0.45メートルの亀甲形花崗岩で、支石は四周に大小10個の花崗岩があった。

　下部構造は土壙で、大きさは床に近いところで長さ160センチ幅65センチの隅丸矩形（楕円形に

近い）で、深さは上石下から約 80 センチあったが、上辺の大きさは不明であった。

なお、上石の西南隅より丹塗土器片が発見されたが、散逸したという。

▶3号

上石は長さ 1.8 メートル幅 1.15 メートル最大厚さ 0.55 メートルの亀甲形で、支石は 6 個あり、そのうちの 1 個が純白の石英であるほかは、みな花崗岩であった。

下部構造は土壙で、上辺面で径 158×144 センチの円形で、底面では径 90×85 センチ、深さは上石下から 50～70 センチであった。なお土壙底には大小 2 個の小塊石が置かれていた。

▶4号

上石は径 1.2×1.5 メートル最大厚さ 0.55 メートル、ほぼ方形で東北部分がやや丸みを持っている。支石は 7 個残存しさらに 2～3 個あったことが推定されるという。

下部構造は隅丸矩形の土壙であるが、亀首のような支石がある西側がやや広い。大きさは床面で長さ 150 センチ幅は西側 65 センチ東側 50 センチで、深さは上石下から約 70 センチ。上辺の大きさは不明であった。壙底から 15 センチ上層で頭部から肩付近と見られる位置から、黒曜石の打製石鏃が発見されている。

▶5号

下部は未調査である。上石は長径 1.8 メートル短径 1.15 メートルの亀甲形の花崗岩で厚さは不明。支石は西側に 4 個の花崗岩が見受けられるが、東側は不明。なお、上石の下部に玄武岩の扁平石があり、蓋石の可能性もあるという。上石下の西南の支石間から、副葬とみられる板付Ⅰ式（渡辺氏）[2]の小壺が発見されている。

▶6号

渡辺正気氏によれば、「2 号、3 号、5 号の 3 支石墓の中間に、盛り土を全く失った横穴式石室の石組が露出している。玄室の天井石、奥壁、南北壁などは大きな一枚石を使用しているのが、形状が支石墓の上石に類似しているので、それを利用したかも知れない。この石室の東北 1.5 メートルほどのところに、北壁の倒れたと思われる扁平巨石（1.4×1.1×0.3 メートルほど）があるが、下部に支石らしいものがある」[3]という。

支石墓の造営時期は不明であるが、森貞次郎氏は、下部構造および遺物から、次のとおり推定されている。[4]

（1号）上石の下部および周辺に 6 基の弥生中期の甕棺を伴っている。

（2号）土壙の両端が、それぞれ弥生中期の甕棺に切断されているので、中期より以前ということになる。

（3号）近接して夜臼式土器を用いた小児甕棺が 2 基あり、また一番高い位置にあり付近に中期の甕棺墓がないことから、弥生文化形成期の可能性が大きい。

（4号）2 号墓と共に隅丸長方形の土壙墓である。このような長方形の土壙墓の二つの形成は、

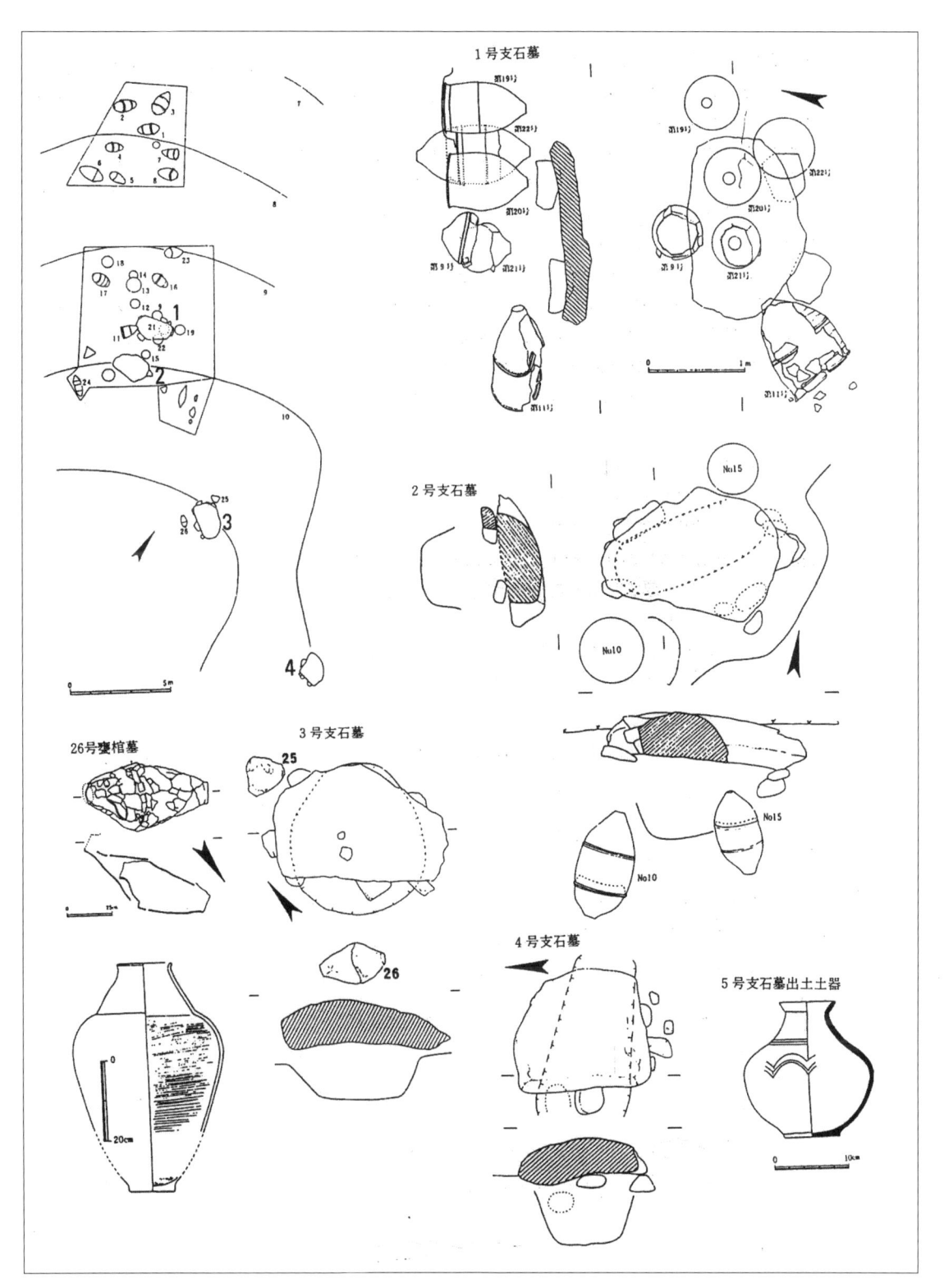

葉山尻支石墓遺構実測図

佐賀県 55

1966（昭和41）年に調査された福岡県春日市伯玄社遺跡において、板付式土器を副葬していた土壙墓にみられることが傍証になろう。
（5号）支石の間から板付式（渡辺氏はⅠ式とす）の器形の特徴を持った有文の小形壺形の土器が発見されている。

葉山尻支石墓の特徴

　当支石墓で注目されるのは、1号支石墓である。B地区の甕棺墓群の中央に位置し、弥生中期の甕棺6基の上を覆うように巨石を置き、支石で水平を保っている。これは標石的性格を有するものであろうか、あるいは当初中心部にある甕棺を納め、その後周囲に甕棺を添えたものであろうか、注目される点である。またこれら6基の甕棺の埋納方法が、3種類に異なることは何を意味しているのであろうか。

　鏡山猛氏は、「恐らくこの上石は、その下にある甕棺の、特に選ばれた一つに載せられたものでなく、いくつかの甕棺に共通する上石ではないかと推測する。こう考えれば、巨石は一種の家族墓施設となり、他の支石墓が一つの墳墓を持った通例と相違する点が注目される」と述べられている。

註
（1）松尾禎作「葉山尻支石墓第2次調査概報」（『考古学雑誌』40巻2号、日本考古学会、1954年）
　　 松尾禎作『北九州支石墓の研究』松尾禎作先生還暦記念事業会、1957年
（2）（3）渡辺正気「唐津周辺の遺跡 ― 葉山尻支石墓」（唐津湾周辺遺跡調査委員会編『末盧国』六興出版、1982年）
（4）森貞次郎「日本における初期支石墓」（『九州の古代文化』六興出版、1969年）
（5）鏡山猛「九州における支石墓」（『志登支石墓群』埋蔵文化財発掘調査報告第4集、1956年）
※掲載図は、森田孝志「日本列島の支石墓・佐賀県」（『東アジアにおける支石墓の総合的研究』九州大学文学部考古学研究室、1997年）から転載

岸高支石墓　唐津市半田字岸高

　岸高支石墓は、葉山尻支石墓の北東約200メートル、当時入江の対岸に派出した海抜20メートル前後の丘陵上にある。

　森田孝志氏によれば、6基と3基の群にわかれた9基の支石墓が存在したようであるが、1963（昭和38）年開墾により破壊されて詳細は不明である。支石墓の上石は花崗岩で、大きさは1.8～2.2メートル程度、下部構造は土壙墓のようであるという。その他、壺に甕で蓋をした夜臼式の甕棺墓が数基存在したらしい。

　古墳群の築造によって支石墓が破壊されたと思われ、支石墓の上石が石室の石材に転用されている。なお、6基の群は消滅しているが、3基の方は未発掘であるという。

註（1）森田孝志「日本列島の支石墓・佐賀県唐津地域　岸高支石墓」（『東アジアにおける支石墓の総合的研究』九州大学文学部考古学研究室、1997年）

迫頭遺跡　唐津市宇木字東宇木

位置

　鏡山の南側唐津平野の南奥で、宇木川の東岸飯盛山から北方に延びた鶴崎丘陵の頂上部分、海抜約20メートルのところにある。鶴崎丘陵の先端部分には弥生の鶴崎遺跡があり、東方約500メートルには葉山尻支石墓、西方約500メートルの宇木川西岸には宇木汲田遺跡、さらにその西の丘陵上には瀬戸口・森田支石墓がある。

遺跡の概要

　本遺跡は1951（昭和26）年に1号墳が発見され、1953（昭和28）年葉山尻支石墓第2次調査の際の予備調査で支石墓を確認し、1957（昭和32）年に東亜考古学会により調査が行われ、墳墓13基中5基が支石墓で、他は古墳として紹介されたものである。[1]

　しかしその後の詳細な調査結果、当遺跡は支石墓群に重複して古墳が造営されたことがわかり、現存していた支石墓は2基だけで、他の11基は支石墓の上石などを転用したと見られるなどの古墳

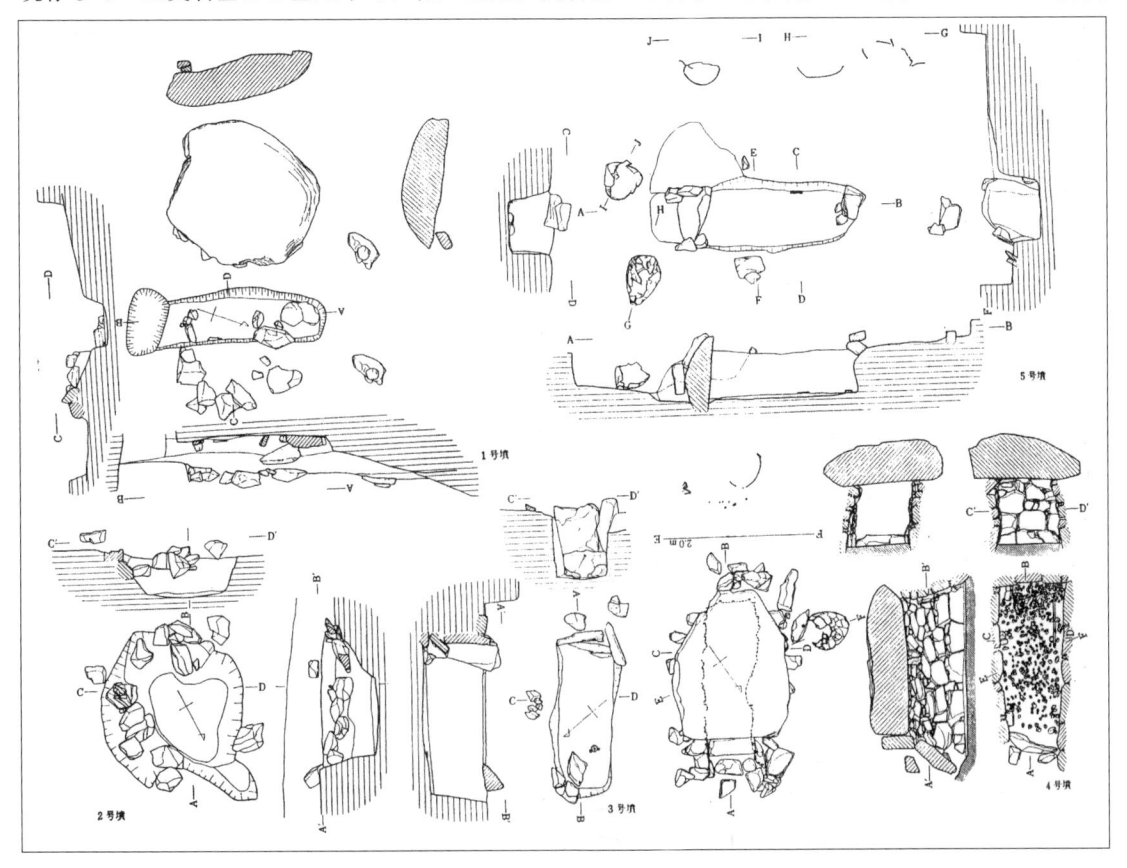

図1　迫頭古墳石室実測図（1）

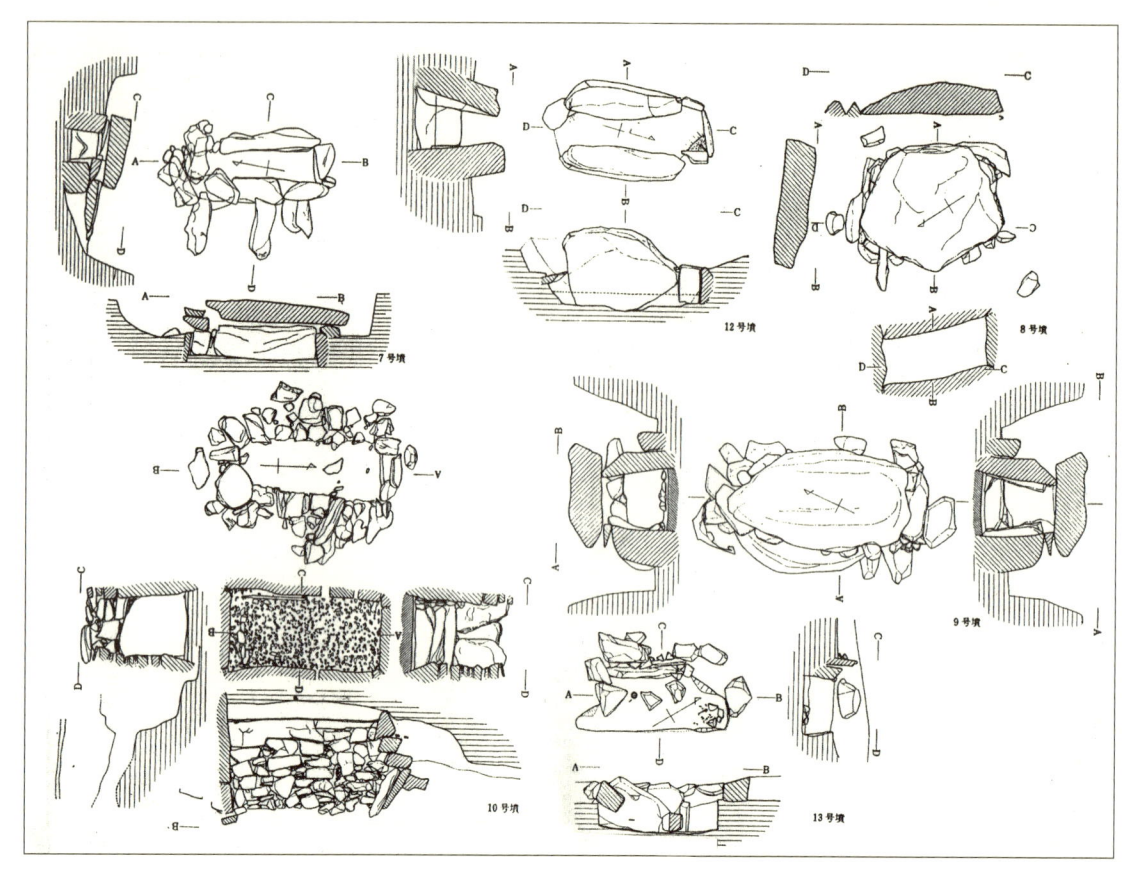

図2　迫頭古墳石室実測図（2）

であるという。(図1・2)

　さらに1959（昭和34）年丘陵全体の開墾で、1基の古墳が発見された。したがって当遺跡の遺構は、支石墓2基・古墳12基となり、そのほか夜臼式期から弥生中期にかけての甕棺墓が古墳の内外から数基発見されている。

支石墓

▶2号

　上石はなく、土壙の周辺に多数の支石を配していた。下部構造は、径約160×150センチの大きさの、変形した方形に近い土壙であった。

▶6号

　上石はなかったが支石が数個見受けられるので、支石墓と考えられている。下部構造は土壙で、大きさは長さ150センチ幅85センチ程である。

　支石墓の時期は、甕棺墓などにより夜臼式期から弥生前期に考えられるという。

▶支石墓の上石などを転用したと見られる古墳
 （1）上石を天井石に利用したもの 1・3・4・7・8・9号古墳
 （2）上石を側石に利用したもの 12号古墳
 （3）支石が残存していたもの   1・3・5・13号古墳（図1・2）

註
（1）松尾禎作『北九州支石墓の研究』松尾禎作先生還暦記念事業会、1957年
  岩崎二郎「北部九州における支石墓の出現と展開」（鏡山猛先生古稀記念論文集刊行会編・刊『鏡山猛先生古稀記念古文化論攷』1980年）
（2）岡崎敬・松永幸男「唐津周辺の遺跡—迫頭古墳群」（唐津湾周辺遺跡調査委員会編『末盧国』六興出版、1982年）
※掲載図は「唐津周辺の遺跡—迫頭古墳群」（『末盧国』）から転載

瀬戸口支石墓　唐津市宇木字瀬戸口

位置

 玄界灘に面する唐津平野の南奥宇木川の西岸で、夕日山の北麓から東北に派出した海抜32メートル前後の半独立丘陵で、長さ40メートル幅20メートル程の比較的平坦な丘の上にある。
 なお、東側の低地（落差約20メートルの水田面）には、宇木汲田遺跡がある。

遺跡の概要

 1957（昭和32）年、蜜柑園造成のため開墾中に遺構が発見され、佐賀県教委により発掘調査が行われた。調査結果[1]によれば、弥生早期頃の墳墓が14基検出され、上石が遺存していたのは2基（9、12号）だけであったが、土地所有者からの聞き取りや遺構の残存状況から、一応すべて支石墓であったと考えられるという（図参照）。

支石墓

▶1号
 上石はなく、支石と思われるものが2個あった。内部主体は合わせ甕棺で、上甕は夜臼式の深鉢、下甕は壺を用い、相当破砕されていた。

▶2号
 上石の残痕がわずかに地表に認められた。支石は認められず。下部構造は、径80センチ程の円形土壙であるが、楕円形とも考えられる。

▶3号
 上石の抜き跡らしいくぼみと、支石らしい2個の花崗岩があった。内部主体は赤土層の変化が十

分把握できず、甕棺ではないかと思われる。

▶4号
　上石を取り去った痕跡があり、支石1個と、1.4メートル程はなれて花崗岩の割り石が3個あった。内部主体は不明で、甕棺ではないかと思われる。

▶5号
　北に1個、南に2個の支石があり、ほぼ原位置に残っていた。その中間に20数片の土器が散在していて、遠賀川式と言われているが明確でない。下部構造は不明。

▶6号
　支石らしい4個の花崗岩が南側にあり、北側には小石が7個ほど認められた。その中間に南北120センチ東西70センチ深さ30センチ程の土壙がある。長方形か長楕円形。

▶7号
　遺構のほぼ中央近くにある。上部は破壊されて上石および支石は見あたらなかった。粗割の花崗岩（一部は鏡山産の玄武岩も）の扁平石を縦長に、また中凹面を内に向けて粗雑に立て並べた箱式石棺で、天井石はなかった。長軸はほぼ南北で140センチ幅55センチ深さ65センチの大きさで、底の四周に塊石を配していた。内部に土器片があったが型式不明。

▶8号
　上石はなく、北側に東西へ5個の支石らしいのが並んでいる。東側の2個はレベルが低いので別かも知れぬ。それを除いた3石のほぼ南50センチ程のところに合わせ甕の一部分が残っていた。夜臼式、板付式土器という。

▶9号
　上石は新しく動かされていたが、元の型がよく残っていた。上石の大きさは、ほぼ東西の長軸2.1メートル短径1.2メートル細大厚さ0.5メートル程で、長六角形の花崗岩である。下部構造は、径120センチ程の不整形の土壙であったが、深さは確かめていない。

▶10号
　5個の支石があり、その中央部分の土壙内に弥生早期の合せ甕棺があった。

▶11号
　花崗岩の支石が2個、土壙の北東部に残っていた。土壙は長軸130センチ幅75センチ深さ20センチ程の長方形と思われる。

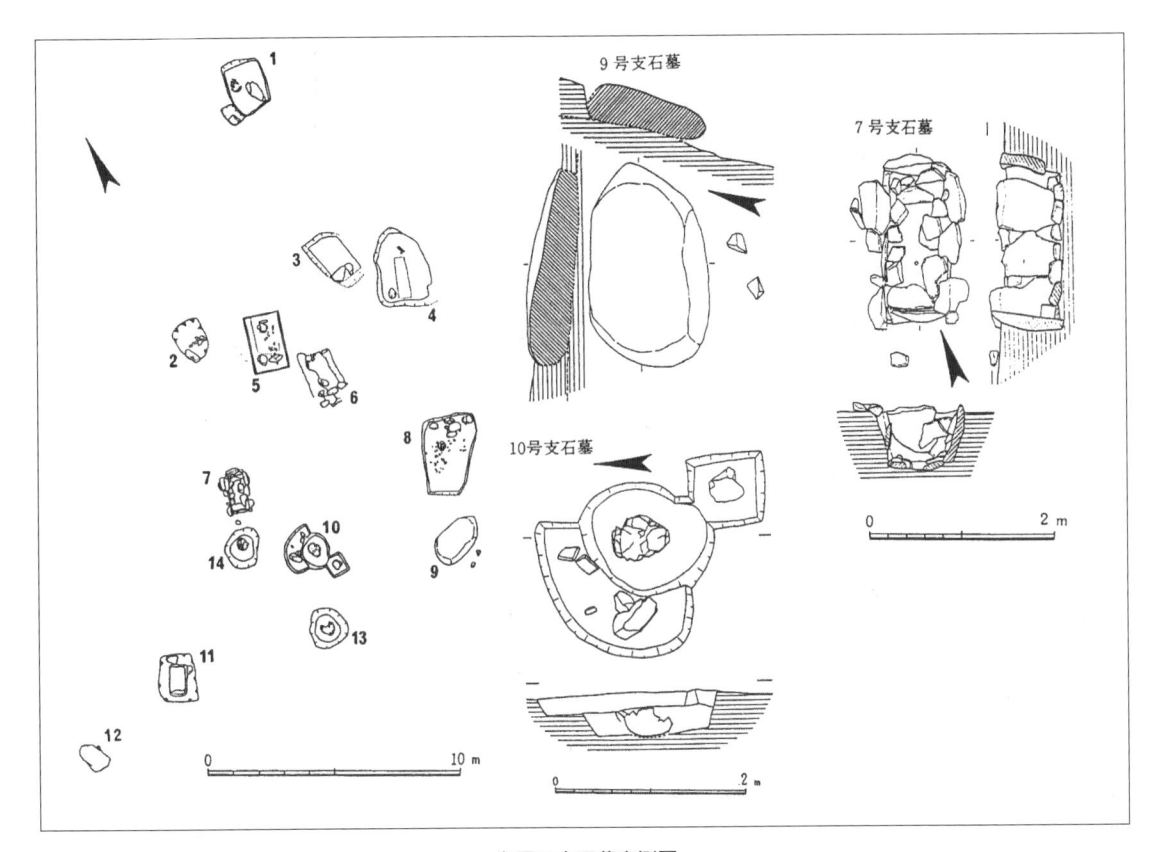

瀬戸口支石墓実測図

▶12号

上石が残存し、大きさは北北西―南南東の長軸1.4メートル短径0.8メートル最大厚さ0.4メートル程の亀甲形花崗岩である。支石が1個あったが、下部は未調査である。

▶13号

土壙のなかに、夜臼式の、上は深鉢・下は壺の合せ甕棺の破片が検出された。付近にも支石はなかった。

▶14号

内部主体は弥生早期の合せ甕棺で、上甕片はほとんど残存せず、下甕は比較的大片が原位置に残っていた。

なお、13号・14号は支石墓であるかどうか疑問もあるが、近くの10号合せ甕棺には支石があったので、それに準じて支石墓であると考えられるという。

瀬戸口支石墓の特色

本支石墓群は、上部をほとんど破壊され不明な部分が多い。下部構造は、ほぼ中央部部に粗雑な箱式石棺1基があり、そのほか甕棺5基・土壙4基・不明3基・未調査1基より構成されているが、

佐賀県　61

注目されるのは当地方の他に見受けられない箱式石棺の存在である。

註（１）渡辺正気「唐津周辺の遺跡 ― 瀬戸口支石墓」（唐津湾周辺遺跡調査委員会編『末盧国』六興出版、1982年）
※掲載図は、森田孝志「日本列島の支石墓〜佐賀県唐津地域 ― 瀬戸口支石墓」（『東アジアにおける支石墓の総合的研究』九州大学考古学研究室、1997年）より転載

森田支石墓群　唐津市宇木字森田

位置

唐津平野の南奥夕日山の北東山麓で、宇木汲田遺跡を北東の足下に見下ろす丘陵の東斜面、海抜27.5〜24メートルの畑地（現在は蜜柑の栽培を止め荒地）に散在している。

遺跡の概要

1966（昭和41）年、宇木汲田遺跡の日仏合同調査の一環として、支石墓の確認調査が行われ、すでに蜜柑畑として幼木の植生中であったためか、そのうち１基の支石墓（１号）と甕棺墓だけについて、下部調査が行われた。

その後1995（平成７）年、九州大学考古学研究室が、東側の北半分部分を調査し、４号および８号の下部を発掘調査、３・５・６・７号支石墓の測量調査が行われた。

1966年の調査結果によれば、16基の支石墓と甕棺墓１基が確認されている。（図１）

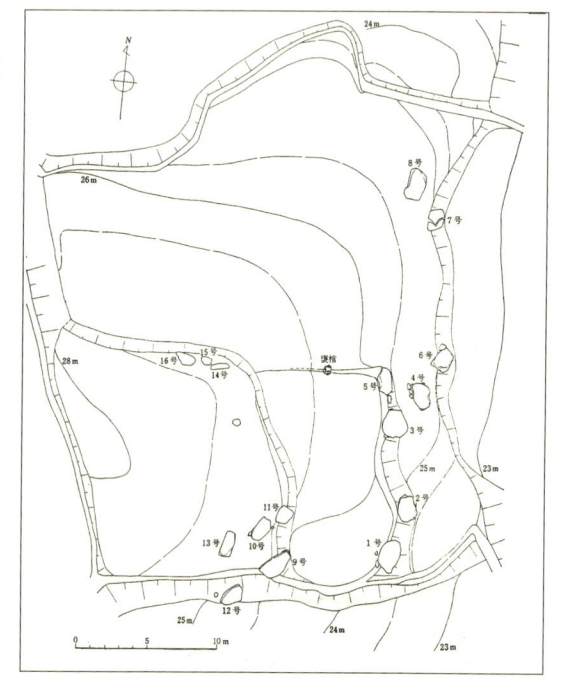

図１　森田支石墓群遺構配置図

支石墓の上石はすべて花崗岩であったが、支石墓の分布地域が三段からなる畑地であるため、転落や耕作のため移動したと思われるものもある。したがって、支石はないものもあり、また残存していても位置がずれているものもあった。

甕棺墓は、一度発見後埋め戻されたと思われ、遺物はなかった。甕棺は弥生中期初頭の合せ甕であった。

なお、調査当時は畑地を蜜柑園に造成中であり、それ以前に２個の大石を割って取り除いたものもあり、甕棺墓も数基あったとのことである。すなわち当支石墓群は、最大20基の支石墓と数基の甕棺墓の墓群が推定されるという。

▶1号支石墓

　支石墓群の最南東部で、また最も低いところにある。上石は最大長2.35メートル最大幅1.36メートル最大厚さ0.4メートルで、同じ南側に近接する9号支石墓の上石と共に、最大級である。畑地境界の傾斜地にあるため、上石は東に20～30メートル移動したと思われ、支石5個のうち西側に1個は上石の下になく、南の1個も半分は上石の外にあった。

　下部構造の大きさなどは確認できなかったが、甕棺や石棺なども見当たらないことから土壙と考えられるという。

　他の支石墓は確認調査に終わったため、下部構造は不明で、かつまたその時期も不明である。かって夜臼式・板付一式土器が出土したと報告されているが、その確認はされていない。

　しかし周辺の状況から、弥生時代の初頭、割石・瀬戸口・迫頭の各支石墓群と大差がない時期と考えられるという。[2]

　1995年の調査結果は、次のとおりであった。[3]

▶4号支石墓と壺棺

4号支石墓

　4号支石墓は、ほぼ正三角形に並んだ3・4・5号支石墓の最も東にある。上石の大きさは長さ1.8メートル幅1.1メートル厚さ0.4～0.5メートル程の、ほぼ方形に近くやや厚みがある大石で、斜面下の東南方向に30～40センチ移動していることがわかった。

　下部構造は、深さが10～15センチの浅い墓壙で、長さ137センチ幅80～90センチと方形を呈する小型のもので、被葬者は屈肢葬で埋葬された可能性が高い。墓壙の内外に15センチ大の塊石が6個検出され、そのうち3個は墓壙の底の西側・西北側・北側に各1個づつあり、外部の3個は墓壙の東北側・東側・東南側の斜面地の傾斜に沿う形で出土した。

　墓壙外の石は本来墓壙内にあったものが流出した可能性が考えられ、本支石墓の下部構造は松尾禎作氏が定義されたいわゆる石囲いタイプのものと考えられるという。[4]

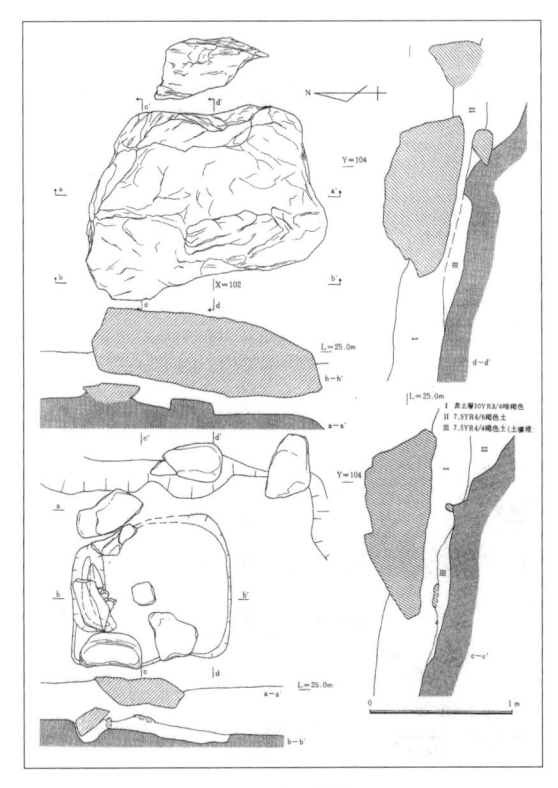

図2　4号支石墓実測図

　また近接した地点から発見された壺棺の周辺で、副葬小壺と考えられる黒色磨研小壺片（復元できず時期不明）が発見されているが、これは4号支石墓の副葬の可能性が高いという。

壺棺

　壺棺は、4号支石墓の墓壙から東南に約1メートル離れた位置から発見された。墓壙は南北80

センチ東西約50センチの長楕円形で、内部から壺形土器（復元器高46センチ程度）に夜臼Ⅱa式（夜臼単純期）の甕（復元器高24.4センチ）を蓋とした合せ甕棺が出土した。なお壺形土器もほぼ同時期と考えられるという。またこの壺棺は、4号支石墓に伴う小児棺と考えられている。

▶ 8号支石墓

　8号支石墓は、本支石墓群中最も北に位置している。上石は長さ2.32メートル幅1.32メートルの花崗岩で、全体が斜面に従い東側に大きく傾いており、また真二つに割られていた。

　上石下部の周辺から支石と思われる石が6個検出されたが、そのうちの2個は墓壙内にあった。下部構造は土壙と思われるが大きく破壊され、約5分の1が残存しているに過ぎず、その大きさは不明であった。

▶ その他の支石墓

　その他の3・5・6・7・号支石墓の上石は図1に見受けられるとおり、いずれも東側に傾斜する斜面もしくは崖面上にあり、自然にずり落ちたかあるいは開墾時に邪魔になり移されたものと思われる。なかには割ろうとした楔痕（6号）も見受けられる。

　上石はすべて花崗岩で、その大きさは、3号が長さ約1.85メートル幅1.75メートルの亀甲形、5号が長さ約1.75メートル幅0.9メートルの楕円形、6号が長さ約1.9メートル幅約1.0メートルの板石状、7号が長さ約1.16メートル幅1.65メートルの卵形であった。

　7号を除き、上石の下部もしくは周辺からそれぞれ数個の支石と思われる石が確認されている。なお7号がずり落ちる前の予想場所を調査したが、下部構造らしきものは検出されなかった。

▶ 森田支石墓の特色

　発掘調査された九州大学宮本一夫氏は、森田支石墓群について次の要旨を述べられている。[5]

（ⅰ）森田支石墓群は五つのグループにわかれており、それぞれのグループに他の墓葬がなく、何らかの集団単位ないし埋葬時期を反映している可能性があろう。

（ⅱ）下部構造について、4号支石墓は唐津地方では特異な石囲い状土壙であるのに対し、8号支石墓は単なる土壙で、近接の比較的古い段階の支石墓と同じである。

（ⅲ）さらに4号支石墓は比較的小形の土壙で屈肢葬で埋葬された可能性があり、九州東北部地域の伸展葬と長崎県西・南部にみられる屈葬との中間地域的な様相を呈している。

（ⅳ）4号支石墓にみられるように、外来系の支石墓に縄文系の系統を引く壺棺（小児棺）の組合せは、葉山尻3号支石墓と同様双方の融合を示すものである。

（ⅴ）森田支石墓が宇木汲田遺跡がほぼ開始する縄文時代終末期に形成されたことが確かになり、北側にある瀬戸口支石墓との関連が、細やかな時期差を反映した立地上の差であるか、同時期の集団単位の差に起因するものであるかが、今後の課題であると言えよう。

註
（1）・（2）伊藤奎二・高倉洋彰「唐津周辺の遺跡 ― 森田支石墓群」（唐津湾周辺遺跡調査委員会編『末盧国』六興出版、1982年）

64　資 料 編

（3）九州大学考古学研究室編「佐賀県・森田支石墓の調査」（『東アジアにおける支石墓の総合的研究』九州大学文学部考古学研究室、1997年）
（4）松尾禎作『北九州支石墓の研究』松尾禎作先生還暦記念事業会、1957年
※掲載図の図1は「唐津周辺の遺跡 ― 森田支石墓群」（『末盧国』）から、図2は「佐賀県・森田支石墓の調査」（『東アジアにおける支石墓の総合的研究』）から転載
（5）は（3）に同じ

割石遺跡　唐津市柏崎

位置

　唐津平野の南部、夕日山から真北に突出する舌状台地の先で、海抜20メートル程度の独立丘陵上にある。

遺跡の概要

　1955（昭和30）年、当時の佐賀大生松岡史氏らにより、雑木林のなかから6基の支石墓が発見されたが、その後未調査のようである（図参照）。

支石墓

▶1号
　上石は最大長2.28メートル最大幅1.7メートルの七角形で、一見凹字形のような形で、上面は扁平である。東側に傾斜して支石からずり落ちたような状態に見える。4個の扁平な支石が南北に並び、箱式棺の蓋のような状態で、中1個は地表に出ており、他の板石のようなものは埋まっている。この支石も上石も皆花崗岩である。内部主体は石蓋土壙かも知れぬ。

▶2号
　上石は楕円形状の不整形花崗岩で、やや西に傾いている。確認できる3個の支石は花崗岩で、内部は土壙らしい。上石端より一寸はずれたところから、高坏の脚部らしい土器片が5個出ている。

▶3号
　上石は楕円形の亀甲状の花崗岩で、6個の支石も花崗岩である。内部主体は土壙らしい。

▶4号
　上石はこの一群中最も小型で、足の裏のような形をした花崗岩で東に傾いている。南端に2個の花崗岩の

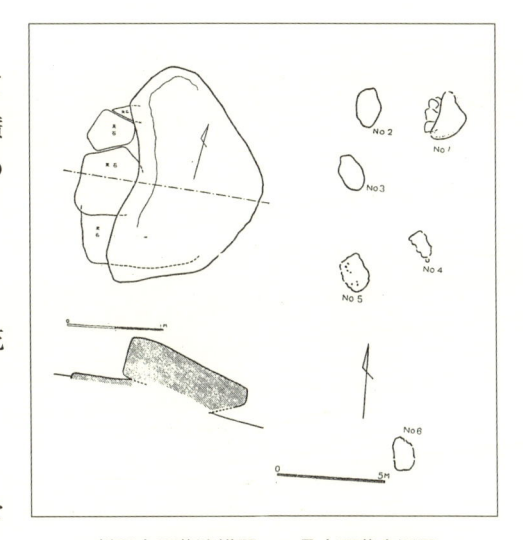

割石支石墓遺構図・1号支石墓実測図

佐賀県　65

支石が見えるが、北側は不明。内部は土壙であろう。

▶5号

上石は1号に次ぐ大きさの花崗岩で、3個の支石が見えている。中1個は平石2個を重ねてあるが、他の支石は花崗岩である。上石下に空洞があるらしいので、あるいは甕棺の圧縮による空洞かもしれない。

▶6号

上石は楕円形の花崗岩で、亀甲形の3号に似ている。確認できる支石4個のうち1個は玄武岩で、他は花崗岩である。空洞が上石の下にあるので、甕棺があるかもしれない。

なお、佐賀県教委の森田孝志氏[1]によれば、開墾時に夜臼式の土器が採集されていることから、縄文晩期末～弥生前期後半の支石墓と推測されるという。

参考文献 松尾禎作『北九州支石墓の研究』松尾禎作先生還暦記念事業会、1957年
註 （1）森田孝志「日本列島の支石墓・佐賀県割石遺跡」（『東アジアにおける支石墓の総合的研究』九州大学文学部考古学研究室、1997年）
※掲載図は『北九州支石墓の研究』から転載

五反田支石墓　唐津市浜玉町五反田

位置

唐津湾に面する鏡山の東部地域で、糸島地方と境を接する山地の南側を、唐津湾に脊振山系から玉島川が西流する。その河口近くで沖積扇状地を形成はじめる地域の北側山麓で、海抜15メートルのところにある。

古代は、この川岸まで唐津湾が入り込んでいたと推定されるという。また、この玉島川は、神功皇后が衣の糸で魚を釣ったなどの、記紀・万葉にも登場する伝説の地である。

遺跡の概要

1954（昭和29）年、大場幾氏が、住家東側の排水溝と道路改築工事の為、道路側の崖を切り崩したところ、地中から支石墓が現れ、佐賀県教委により調査が行われた。しかし完全な発掘調査でなく、支石墓の上石を道路敷下に残したままの下部調査であった。

その調査結果によれば、4基の支石墓（1～4号）と支石墓の上石と思われる塊石（5号）[1]、および支石墓と思われる土壙（6号）が確認されている（図参照）。

支石墓

▶1号

上石は道路下40センチのところにあり、東側の約3分の1程は道路下に埋まっている。露出部分は、おおよそ長さ1.6メートル幅0.6＋αメートル最大厚さ0.5メートル程の花崗岩で、支石は8個確認された。下部はステッキボーリングの結果、土壙と推定されたが未発掘である。

▶2号
　上石が半分ほど道路下に埋まり、崖横より1.15メートル突出していて、幅1.3メートル厚さ0.25～0.5メートルである。大形の支石が2個現れているが、奥のほうにも2～3個あるようであるという。
　下部は径1メートル深さ0.7メートルのほぼ円形の土壙であった。なお、上石下か周辺か不明であるが、土師器と思われる完形小壺が出土している。[2]

▶3号
　上石の道路下部よりの突出部分は0.45メートル最大幅1.0メートルで、大部分が奥深く埋まっていた。径45センチの支石が1個現れている。
　下部は、径95センチ深さは上石下面より55センチの円形土壙であった。支石近くから、弥生前期初頭の平行二重沈線の文様がある完形小壺（器高13センチ）が出土している。

▶4号
　上石は道路面から95センチ下部にあり、上石の半分程度が突出していて、大きさは不明であるが厚さは25センチ程の花崗岩である。その下部を横掘りで調査した結果、土壙が確認された。
　土壙の広さが確かめられているところは、幅90センチ奥行き170センチで、その壙底の手前側に4枚の敷石がある。うち3枚は横1列に並び、他の1枚のやや大型の敷石が、上石の下方から7センチずれた外側にある。その他の底面には、小砂利を敷き詰めていたという。
　さらに、土壙内奥行き130センチ

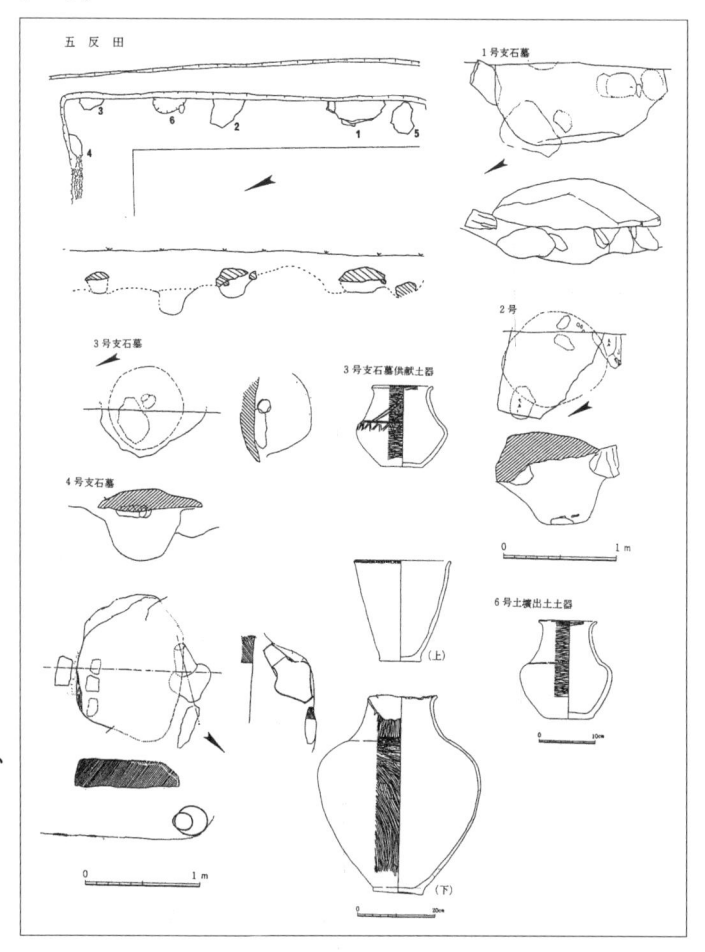

五反田支石墓遺構・出土土器実測図

佐賀県　67

のところ（上石下方に3分の1程かかる位置）に、夜臼式の深鉢と壺からなる合せ甕棺（総長60センチ）があった。

▶ 5号塊石
　1号支石墓近くの排水構内で、1号支石墓からさらに約20センチ深いところに、径80センチ厚さ50センチの塊石があり、支石墓の上石とも考えられるが、下部は未調査で不明であるという。

▶ 6号土壙
　2号と3号支石墓の中間にあり、3分の2程度道路敷きにかかっている。上石は存在せず、支石らしいものがあるという。大きさは径150センチ深さ約100センチの円形土壙と思われ、なかから径10センチ内外の礫が15、16個検出されたという。また道路保存工事中に、土壙上面約30センチのところから、弥生前期初頭の無紋の小壺が発見されている。

五反田支石墓の特色

　本支石墓群は道路敷きに上石が埋まったままの調査であるため、不明な点もある。これらの支石墓が、山手になるほど傾斜道路面より深い地下にある点から、支石墓が築造された後、山崩れなどで支石墓の表面が埋まったのであろうと推定されている。また、道路の反対側にも、支石墓が埋まっている可能性もあるという。

　当支石墓で注目されるのは、4号支石墓である。1個の上石の下部に、敷石や小砂利を敷き詰めた土壙と、小形壺棺（幼児用か）の二つの埋葬主体が認められることである。なお4号支石墓は一番高い位置にあり、夜臼式期と古い。

註
（1）松尾禎作『北九州支石墓の研究』松尾禎作先生還暦記念事業会、1957年
（2）渡辺正気「唐津周辺の遺跡 ― 五反田支石墓」（唐津湾周辺遺跡調査委員会編『末盧国』六興出版、1982年）
※掲載図は、森田孝志「日本列島の支石墓―佐賀県唐津地域・五反田支石墓」（『東アジアにおける支石墓の総合的研究』九州大学文学部考古学研究室、1997年）から転載

徳須恵支石墓　唐津市北波多徳須恵

位置

　唐津湾に流入する松浦川に、久里地区で西側山地から合流する徳須恵川がある。その徳須恵川の中流域にある徳須恵盆地は、海抜5.3メートル程の沖積層の低地で、弥生時代前には唐津湾の海水が流入していたと推定されている。

　徳須恵支石墓群は、盆地の中心にある徳須恵集落から、東南の徳須恵橋を渡ったすぐ左手の桑畑にあったが、現在は川床になっているという。

遺跡の概要

　1938(昭和13)年、河川改修工事のため、土取り作業中に甕棺墓が発見され、当時の史蹟調査委員吉村茂三郎氏[1]、松浦史談会の龍渓顕亮氏[2]らにより調査され、10数基の支石墓群が確認されたという。

　松尾禎作氏[3]によれば、正式な調査報告者がないため、両氏の報告を引用して記述されている。

　松尾氏が引用されている吉村氏の報告は、「徳須恵川改修にあたり、徳須恵橋東方桑畑地下5、6尺の所において甕棺埋没地を発見した。時に13年2月であった。甕棺の埋蔵様式は大体二通りになっている。その一つは甕棺を倒に伏せたもので、これは高さ3、4尺位、胴の廻り5、6尺位、甕棺の外側中程に二条の紐状の輪を廻らせたものであった。その二

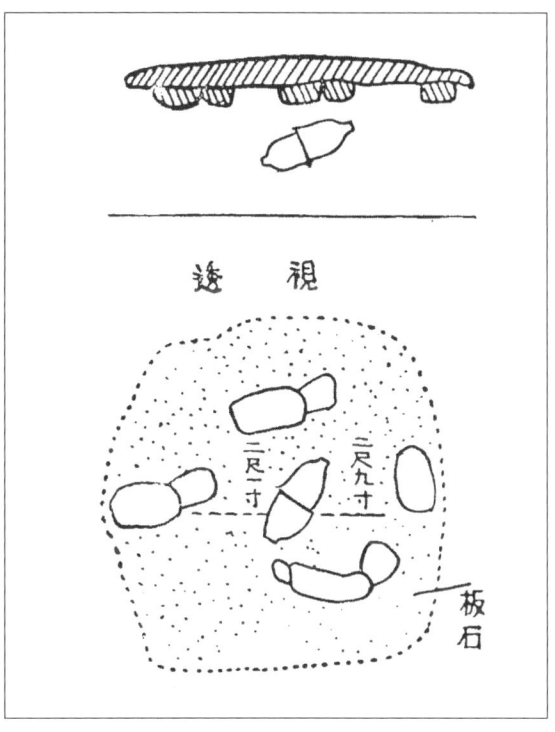

徳須江支石墓の遺構見取り図（吉村氏原図）

は甕棺が斜めに置かれたもので、これは差合式で、概して小型のものであり、棺の周囲に4カ所又は5、6カ所に縦横4寸ないし1尺2、3寸程の石を支柱として配置し、棺は中央部に置かれ、上部縦横5、6尺、厚さ最大部4、5寸のもの1枚又は2枚の板石を被せてあった。いずれも覆石の重みのために内部の甕棺は押し潰され、完全なものはなかった」とし、支石墓の見取り図を付している。（図1）この種の支石墓が10数基あったという。

　また、松尾氏が引用する龍渓氏の報告は、上記のほか、「その後5月吉村氏と現地の土砂取り崩し状況を視察した際、泥土中に金属片を発見したために注意してこれを検出すると、3個の断片を得た。能く接合すると立派な銅鉾であった」とある。

　この銅鉾は「長さ1尺（30.3センチ）の細形銅矛で、現在3片にわかれている。鎬の長さ6寸2分（18.8センチ）重さ55匁（206グラム）をはかる。細形のものとしては短いもので、1917年福岡県板付田端甕棺遺跡出土のものに類する」[4]という。

徳須恵支石墓の特色

　松尾氏は特色ともいえる問題点として、
（1）この支石墓群中には、葉山尻第1号支石墓にもみられる倒置単棺を、内蔵するものがかなり多かった。
（2）上石が地表下2尺あるいは5、6尺のところにあり、その後の沖積により埋まったものか、または当初より地下に埋めたものか、十分検討を要する。
（3）支石墓が志登等と同様、10数基で群在していること。

（4）徳須恵支石墓の上流50メートルの所に、弥生式期の大集落と目すべき遺物の包含層や、また周辺に遺物散布地があり、狭鋒銅鉾や石鏃、石包丁（大型無孔）等の、弥生前期から中期の遺物が出土している。
（5）支石墓の石材が砂岩を使用していること。
等を挙げて、その特色と当支石墓群が集落を伴った可能性を示唆している。

註
（1）吉村茂三郎「徳須恵の甕棺地帯について」（『佐賀県史蹟名勝天然記念物調査報告』第7集、佐賀県、1940年）
（2）龍渓顕亮「金石併用期における唐津地方の遺跡と遺物」（吉村茂三郎編『松浦史料』1、松浦史談会、1939年）
（3）松尾禎作『北九州支石墓の研究』松尾禎作先生還暦記念事業会、1957年
（4）岡崎敬「唐津周辺の遺跡 ― 徳須恵支石墓」（唐津湾周辺遺跡調査委員会編『末盧国』六興出版、1982年）
※掲載図は『北九州支石墓の研究』から転載

宇木汲田遺跡　唐津市宇木字汲田

位置

玄界灘に面する唐津平野の南奥、飯盛山と夕日山に挟まれて北流する宇木川の左岸にある。西側の丘陵上には、瀬戸口支石墓群や森田支石墓群がある。（図1）

遺跡の概要

1930（昭和5）年、松浦史談会の調査に始まり、その後1984（昭和59）年、に至るまで、東亜考古学会・九州大学・佐賀県および唐津市教委など10次にわたる調査が行われた。

その結果、弥生時代の大量の甕棺墓を主とする墓群、および副葬された多量の青銅器類・玉類などと、夜臼式期を主体とする貝塚などが検出された。なお、夜臼式期の貝塚地層から、夜臼式単純期の解明がなされたことでも有名である。

支石墓

1966（昭和41）年、九州大学とパリ大学の日

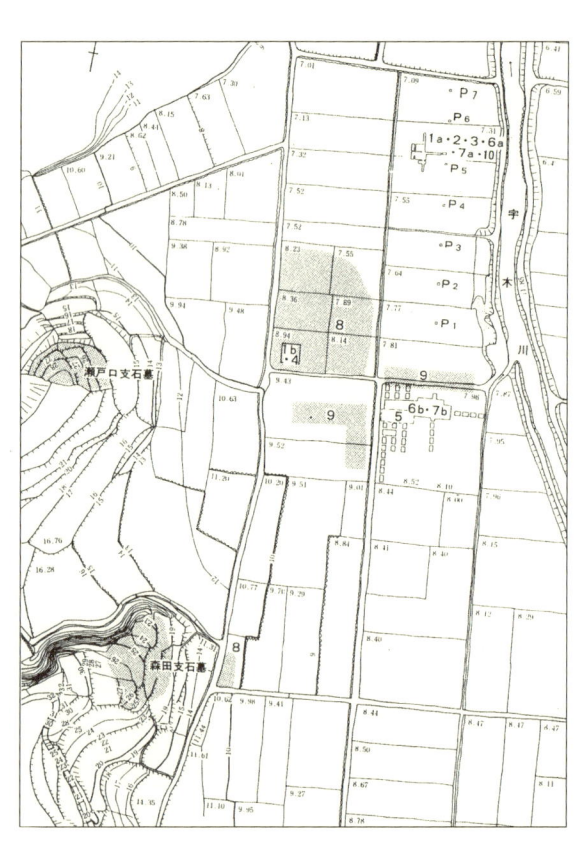

図1　宇木波汲田遺跡周辺の地形及び調査地点図

仏合同調査が行われた際、遺跡のほぼ中央部（図1-7b地区）の北東端から大石が発見された。(1)（図2）

この大石は長さ3.07メートル最大幅1.04メートル最大厚さ0.39メートルの大きさで、「この石の北端で55・67・68号甕棺に接しているが、それを除いて直接関係のある甕棺は存在しない。大石の調査時に66〜68号甕棺付近で掘り込みの線がみられた。壙の中から瓦器が出土した。この状況は恐らく水田化した後もしばらく放置していたものを、耕作の障害となるため穴を掘り、その中に沈めたものと考えられる。その際にどの程度甕棺が破壊されたか不明である。この大石は地上標識として、唐津市葉山尻1号支石墓的なものとして存在したのであろう。設置の時期については不明であるが、甕棺墓群の構成からして恐らく中期段階に置かれたものであろう(2)」という。

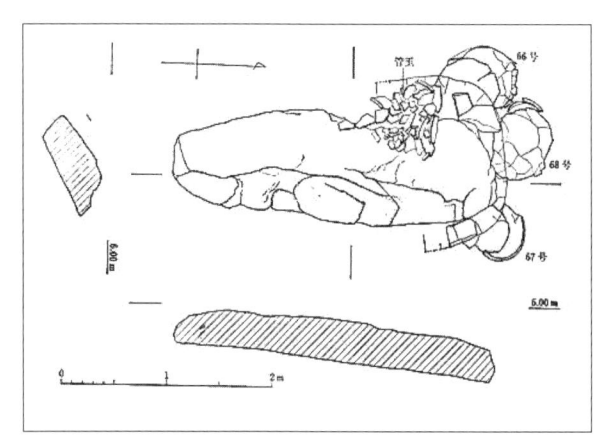

図2　宇木汲田大石周辺実測図

なお同地区からは、前年の日仏調査の時（図1-6b・7bと重複地区）と合わせて、甕棺墓74基・土壙墓3基が検出され、細形銅剣2本・細形銅矛1本・中細銅矛1本・銅釧・勾玉・管玉・ガラス小玉などが出土している。

さらに1983・84（昭和58・59）年、唐津市教委が上記地区の周辺（図1-9地区）を調査し、弥生前期の甕棺墓・木棺墓・土壙群を検出した。その際、弥生前期の支石墓1基（主体は甕棺、支石と巨石は割ったもの）を確認したという。(3)

註
（1）森貞次郎・岡崎敬・藤田等・高島忠平ほか「宇木汲田遺跡」（唐津湾周辺遺跡調査委員会編『末盧国』六興出版、1982年）
（2）田崎博之「唐津市宇木汲田遺跡の研究」（『日本における初期弥生文化の成立』横山浩一先生退官記念論文集2、横山浩一退官記念事業会、1991年）
（3）中島直幸「北部九州の動向 ― 唐津平野」（福岡市歴史資料館編・刊『早良王墓とその時代』1986年）
※掲載図の図1は「唐津市宇木汲田遺跡の研究」（『日本における初期弥生文化の成立』）、図2は「宇木汲田遺跡」（『末盧国』）から転載

矢作支石墓　唐津市半田字矢作
（やはぎ）

位置

唐津平野鏡山の南麓に当たる、半田川北岸の丘陵地にある。

佐賀県　71

遺跡の概要

支石墓の存在は知られているものの未調査で、基数・遺構など一切不明。

註（1）佐賀県教育委員会編『佐賀県遺跡名簿』1986年

大友遺跡　唐津市呼子町大友字藤川

位置

「魏志倭人伝」に登場する末盧国にも比定される、玄界灘に面した呼子町の東側、友崎と土器崎に挟まれた弧状の大友海岸の、砂丘上の東側部分から南側の低丘陵にかけて、海抜6～9メートルの地域に位置する。

遺跡の概要

▶1～4次調査結果

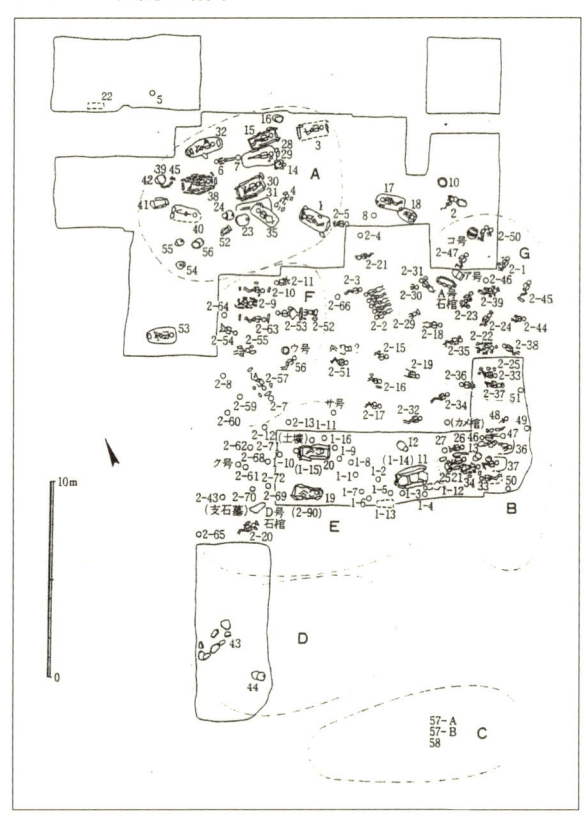

図1　大友遺跡遺構分布図（第1～4次） 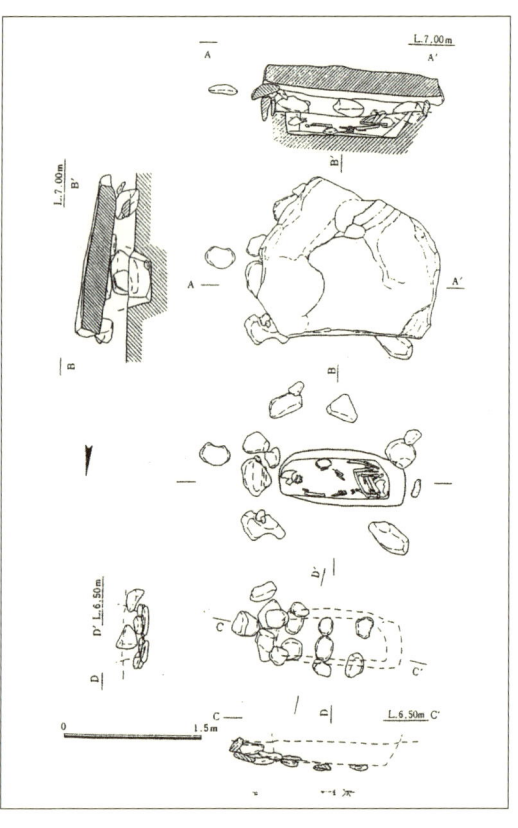　　　図2　大友（第4次）57号支石墓遺構図

1968（昭和43）年から1970年まで、4次にわたる発掘調査が行われ、遺跡の全容がほぼ明らかになった。墓域は南北約50メートル東西約40メートルで、この範囲内に甕棺墓36基・箱式石棺墓16基・土壙墓29基・配石墓34基・石囲墓17基・敷石墓7基・支石墓3基・再葬墓10基の計152基を数える弥生時代の墓が、古墳時代および時代不明の12基を合わせると、総数164基の墳墓が密集していた。弥生時代の墓は、時期決定が比較的容易な甕棺墓が、前期後半を上限とし後期初頭にまで及ぶことから、他の埋葬もこの時期幅に収まると考えられている。[1]

　なお、当遺跡は砂丘上に墓地が営まれたため、人骨の保存がよく129体に及ぶ人骨が検出されている。そのうち「弥生時代の成人骨で性別が判明したものは男性57体・女性38体で、人骨調査の結果その形質は概して縄文人に近い低身・低顔であり、西北九州タイプの大友弥生人」[2]として知られている。

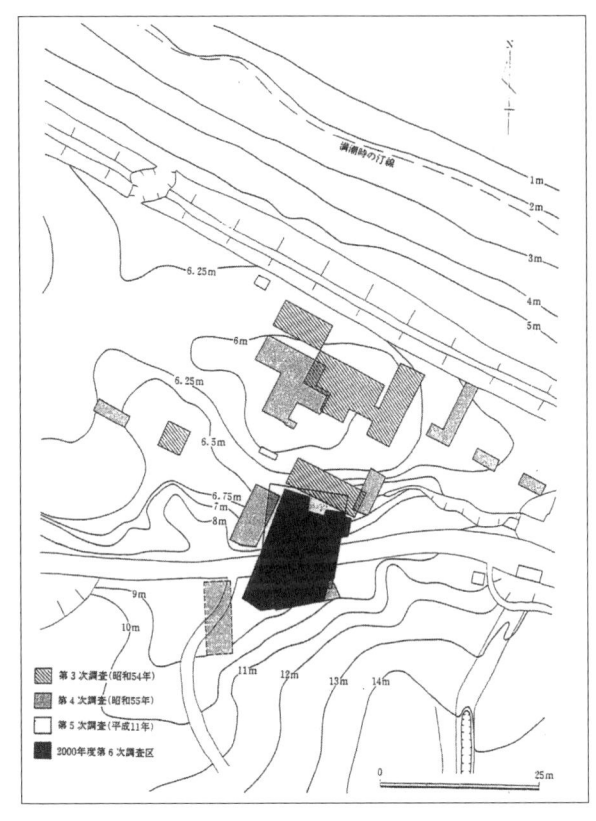

図3　大友遺跡調査区の配置図

　さらに、これらの人骨に着装されるなどの貝輪（ゴホウラ・イモガイ・オオツタノハ・ベンケイガイ）類が、数多く出土している。

▶5、6次調査結果

　1999（平成11）年および2000年に、九州大学教授宮本一夫氏をチーフとする九州大学考古学研究室で、4次までの調査区域のさらに南側に当たる低丘陵傾斜面の発掘調査を行った。（図3）

　その結果、弥生早期（夜臼式期新）から弥生後期末さらに古墳時代前半にわたる支石墓10基・土壙墓9基・甕棺墓12基（4号の小児棺1、2号を含む）・箱式石棺墓1基・配石墓3基と、中世以降の土壙墓3基・小児棺1基および近世の馬埋葬墓1基が検出された。[3]（図4・5）

　また各遺構から人骨52体余が新に出土したが、保存状態が悪く計測可能なものはごく少数であった。9基の支石墓から13体の人骨が出土したが、顔面部を含めて詳しい検討対象資料が得られたものは2体のみで、他の部分的人骨を加えて検討した結果、総体的に西北九州弥生人タイプに類似する特徴を有していたという。

　ただし、2号支石墓（下部は金海式甕棺）から出土した熟年男子人骨は、身長165.2センチの高身長であった。また弥生後期末から古墳時代前半と考えられる17号箱式石棺墓から出土した人骨は、身長161.8センチの北部九州弥生人タイプであった。これらのことは、この地と北部九州とで、若干の交流があったことが考えられるという。

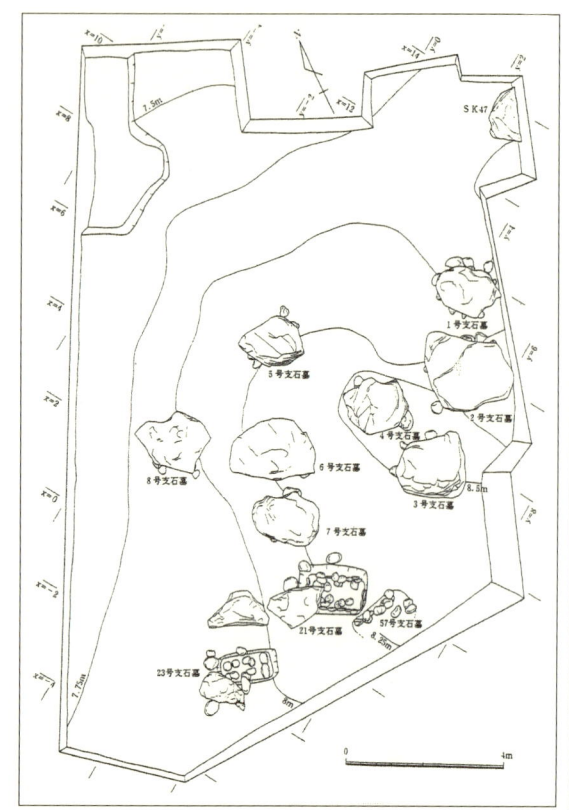

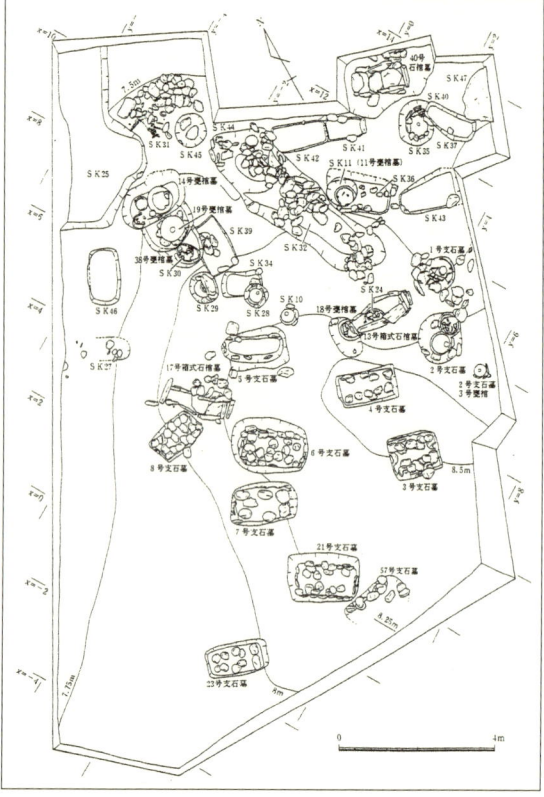

図4　大友（第5・6次）支石墓分布図　　　　図5　大友（第5・6次）下部遺構分布図

　なお貝輪類等の遺物については意外に少なく、3墓壙（8号支石墓は人骨両腕着装のオオツタノハ製貝輪各5個・2号支石墓の底からタマキガイ科の貝輪2個・31号土壙墓から貝輪3個）から計15個だけであった。

▶大友遺跡の全容

　5・6次調査で、3・4次調査時不明確であった58号・91支石墓が、次のとおり修正された。
　58号支石墓は上石だけの推定であったが、6次の発掘調査で21号支石墓の上石が二つに割れた部分の一つであることがわかった。また91号支石墓は、全遺構の配置状況や下部構造から、箱式石棺墓と判定された。
　したがって大友遺跡の全遺構は、支石墓11基・土壙墓38基・甕棺墓48基・石囲墓17基・敷石墓7基・配石墓37基・箱式石棺墓19基・再葬墓10基、計187基の弥生時代（一部古墳前半期を含む）墓と、古墳時代後半期以降および時期不明の16基を合わせると総数203基余の大集団墓であることがわかった。
　なお6次調査区域の北東部際に、支石墓（47号）の上石と思われるものが半分程露出していて、さらに若干増える可能性もある。
　また墓地形成の時期については、弥生早期（夜臼式期新）にまず支石墓が造営され、その中途から土壙墓・甕棺墓へと漸次変化し、汲田式（弥生中期前半）甕棺段階までが墓地の盛期で、その後

一時中断し、弥生後期後半から古墳時代前半期にかけて箱式石棺墓が形成され、大友墓地は終焉を迎える。その後中近世において僅かながら埋葬地として利用されているという。

支石墓

▶上部構造

　上部構造は、朝鮮半島南海岸部に見られる、上石と支石を伴う碁盤式である。

　上石の大きさは、最大2.4×2.0×0.4メートル、最小は1.16×0.7×0.3メートルと、支石墓の上石としては中型のもので、材質はすべて近くから産する玄武岩の自然石が使われている。

　支石は、4〜11個の他、多数の塊石を使用しているものもある。

▶下部構造

　下部構造は、11基中の9基が底部や側壁に主として扁平石を並べた配石墓（配石土壙）で、2基が下部に甕棺を埋葬していた。しかもその下部構造は、時期が新しくなるにつれて変容し、最後は甕棺埋葬となる変遷過程を示すものであった。

　発掘調査された九州大学宮本教授は、これらの下部構造の変遷を、大友Ⅰ式〜Ⅳ式に分類されている。（図6〜10図）

　即ち、大友Ⅰ式は、大友遺跡での初期（夜臼式新）に営まれた6・7・21号支石墓の下部構造に見受けられるもので、扁平石を用い墓壙の底面に井桁状或は方形状にほぼ全面に敷き詰め、かつまた底部の側面に縦に石を一段並べ巡らす、朝鮮半島の石槨（せっかく）構造に類似した土壙状の下部構造である。

　大友Ⅱ式は、板付Ⅰ式併行期の3・8号支石墓の下部構造で、底部に井桁状あるいは方形状に敷石しているが、底部側面の縁石が認められず、大友Ⅰ式が退化したものである。

　大友Ⅲ式は、板付Ⅰ式併行期であるが、3・8号支石墓よりやや新しくなる4・5・23・57支石墓の下部構造である。大友Ⅱ式の下部構造に較べて底部の敷石がまばらに置かれた状態で、大友Ⅱ式の下部構造よりさらに形骸化したものである。

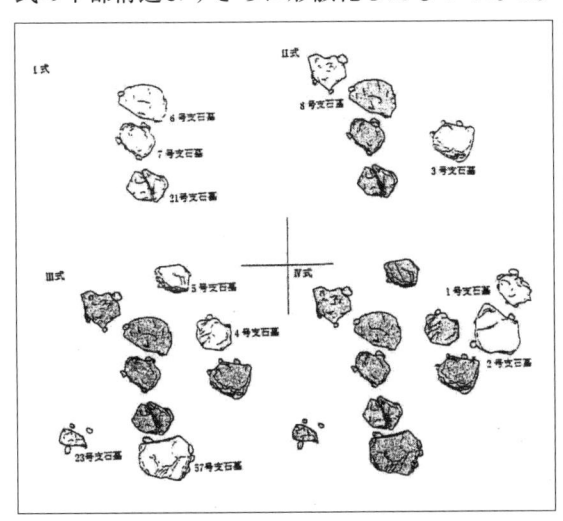

図6　大友支石墓の変遷図（上石） 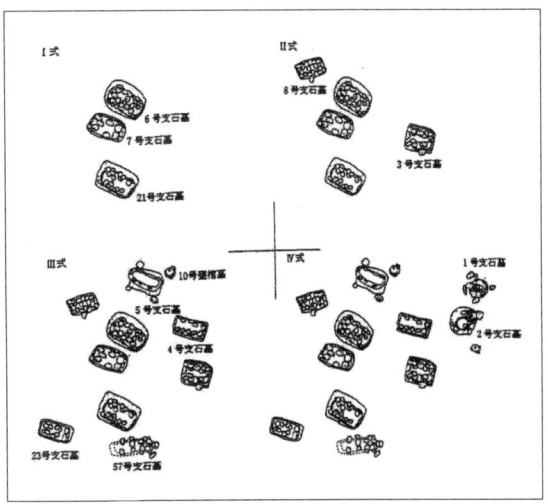　　　　図7　大友支石墓の変遷図（下部）

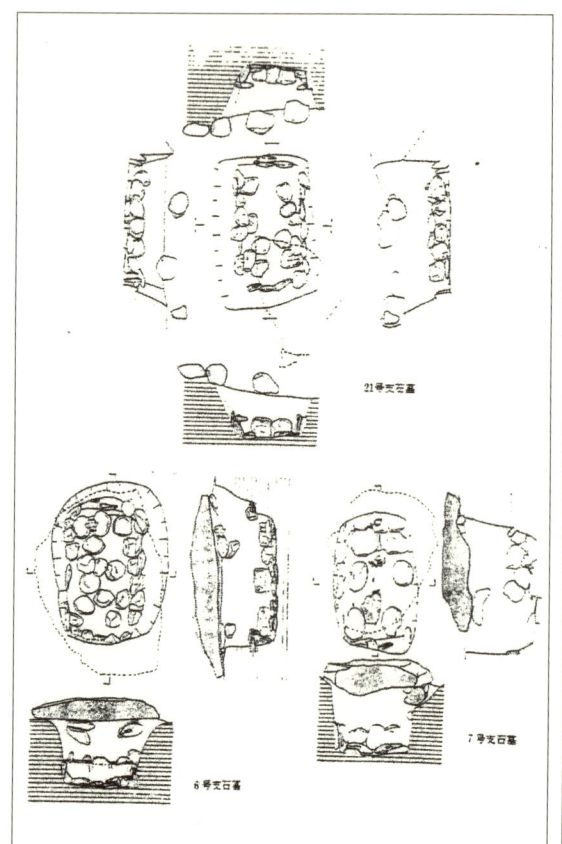

図8 大友（第5・6次）支石墓分布図

大友Ⅳ式は、弥生前期後半（伯玄式・金海式期）の1・2号支石墓の下部構造で、土壙墓から甕棺墓に変化しているものであるという。

図9 大友（第5・6次）支石墓分布図

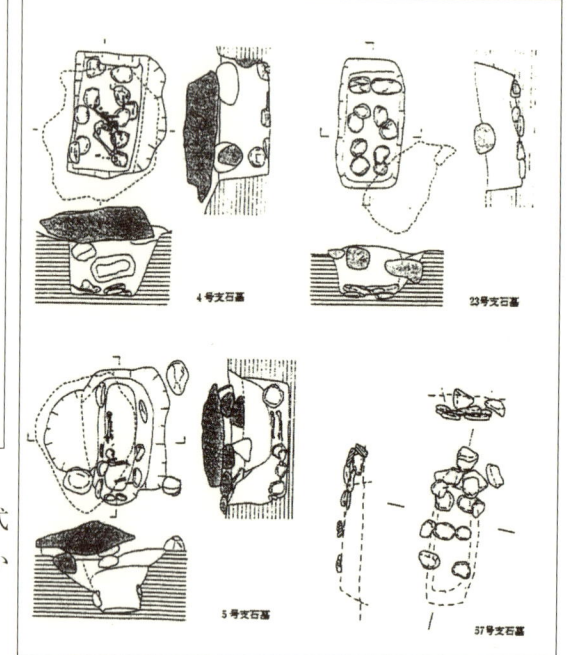

図10 大友（第5・6次）下部遺構分布図

※下部構造の分類について
　宮本教授は大友支石墓Ⅰ～Ⅲ式の下部構造について、「朝鮮半島南部の石槨状構造が退化し、土壙状構造に転化した（中略）土壙状のもの」と表現され、土壙墓の分類の範疇に考えておられるようである。
　しかしながら、大友遺跡に近い糸島地方には、大友支石墓のⅡ・Ⅲ式に類似した支石墓の下部構造について、志登や井田用会の配石墓、三雲加賀石の敷石墓などと分類して報告されている。しかも敷石墓と配石墓の分類基準は、明確ではないようにも思える。
　また、志摩町の新町遺跡で見受けられる、墓壙の側壁が垂直か傾斜度が少なく底面の四隅に石を置く木棺墓（木棺土壙）と思われるものや、墓壙の底部に意識的に石を並べた形跡がない一般的な土壙と分類されているものもある。
　以上の諸点を考察し、敷石墓を含め大友支石墓Ⅰ～Ⅲ式の下部構造についても、底部に石を置かない土壙墓と区別して、これらを一括し配石墓と分類するほうが適切と考えられ、本稿では配石墓として分類することとした。

註
（1）呼子町教育委員会編『大友遺跡』呼子町文化財調査報告書第1集、1981年

(2) 内藤芳篤「大友遺跡 ― 人骨」（唐津湾周辺遺跡調査委員会編『末盧国』六興出版、1982年）
(3) 宮本一夫編『佐賀県大友遺跡』Ⅰ・Ⅱ、九州大学考古学研究室、2001・2003年
※掲載図は、図1・2は『大友遺跡』呼子町文化財調査報告書第1集、図3～5は『佐賀県大友遺跡』Ⅰ（2001年）、図6～10は『佐賀県大友遺跡』Ⅱ（2003年）から転載

別表Ⅰ 大友遺跡内支石墓一覧表

時期	遺跡名	所在地	遺構No.	上部構造 上石寸法(cm)(長×幅×厚)	支石数	下部構造 埋葬主体	規模(cm)(長×幅×深)	内部状況	遺物(供献・副葬小壺)
Ys後半	大友(第5次)	佐賀県唐津市呼子町大友字藤川	6	210×150×30 G	10?	土壙(配石墓)	185×135×?(底140×80)	塊石を底部に井桁状に敷き、側面(一段)に扁平石を並べる	磨研小壺(夜臼式新)熟年男子人骨一部
Ys後半	大友(第5次)		7	160×125×30 G	4	土壙(配石墓)	160×100×85(底125×80)	塊石を底部に方形状に敷き、側面(一段)に扁平石を並べる	磨研小壺(夜臼式新)成人女子人骨一部
Ys後半	大友(第6次)		21	142×81×23 140×95×24(二つに割れていた) G	6	土壙(配石墓)	175×120×85(底140×30)	扁平石を底部に左右5個6個並べ、壁面最下段に並べる	獣骨片1片
Yz前半	大友(第5次)		3	175×175×50 G	8	土壙(配石墓)	115×110×70(底123×94)	底面に扁平石を方形状(2列)に敷く	熟年男子人骨一部
Yz前半	大友(第5次)		8	155×130×25 G	多数	土壙(配石墓)	125×80×65(底120×65)	底面に扁平石を井桁状(2列)に敷く	熟年女子人骨オオツタノハ製貝輪(右腕2個、左腕3個)着用
Yz前半	大友(第5次)		4	150×130×40 G	6	土壙(配石墓)	140×85×60(底120×70)	底面に扁平石を粗雑(2列)に敷く	熟年女子人骨一部
Yz前半	大友(第5次)		5	160×120×40 G	(11)?	土壙(配石墓)	150×100×75(底125×40)	長側壁は3段掘り最下段壁面に扁平石を並べる。底面配石なし	隣接10号小児甕棺は板付Ⅰ式併行期のもの成年男子人骨一部
Yz前半	大友(第6次)		23	116×70×30 G	4	土壙(配石墓)	150×70×30	底面扁平石を左右5ヶ対称に並べる	人骨(大腿骨1)
Yz前半	大友(第4次)		57	210×170×24 G	13	土壙(配石墓)	140×60×23	底面に数個の石あり	熟年男性人骨2体。頭部付近に朱痕跡。A人骨の右前腕部に着装。貝輪3個(ゴホウラ2個、タマキガイ1個)
Yz後半	大友(第5次)		1	150×115×25	多数	甕棺4基	①直立合せ甕 ②③小児用合せ甕 ④小児用合せ甕		①(伯玄式)成年男3人骨 ②③は①より新しい ④(古墳前期)乳児人骨
Yz末	大友(第5次)		2	240×200×40 G	12	甕棺3基	①直立合せ甕 ②小児用合せ甕 ③小児用合せ甕 西側壁より夜臼期の土壙墓(熟年男子人骨、貝輪等)		(金海式)熟年男子人骨 幼児人骨一部 乳児歯

(注) Ysは弥生早期（縄文晩期後半）Yzは弥生前期。上石寸法欄中のGは上石の材質が玄武岩を示す。
<参考文献>注3、4、5より

佐賀県（唐津地方）内の支石墓遺跡所在一覧

番号	時期	遺跡名	所在地	概要	主要文献	備考
1	Ys〜Yc前半	葉山尻支石墓	唐津市半田字葉山尻	支石墓6基（下部は土壙、甕棺）他にYs末〜Ycの甕棺墓26基（支石墓の下部を含む）	松尾禎作『北九州支石墓の研究』1957ほか	
2	Ys〜Yc？	岸高支石墓	唐津市半田字岸高	支石墓9基（下部は土壙？）<内6基消滅>、夜臼式甕棺墓数基？夜臼式土器片多数	松尾史「古代―弥生時代」（『唐津市史』1962）ほか	未確認
3	Ys〜Yc？	迫頭遺跡	唐津市宇木字東宇木	支石墓2基（下部は土壙）他に古墳12基（上石転用多数）、Ys〜Yc甕棺墓数基	岡崎敬・松永幸男「迫頭遺跡」（『末盧国』1982）ほか	
4	Ys〜Yz？	瀬戸口支石墓	唐津市宇木字瀬戸口	支石墓14基（下部は土壙、甕棺、箱式石棺）夜臼式及び板付式土器多数	渡辺正気「瀬戸口支石墓」（『末盧国』1982）ほか	
5	Ys〜Yc初頭	森田支石墓	唐津市宇木字森田	支石墓16基（下部調査の3基は土壙2基、石囲い1基、他は未調査）、他にYc初頭甕棺墓1基	伊藤奎二・高倉洋彰「森田遺跡」（『末盧国』1982）、九州大学考古学研「森田支石墓の調査」1997	確認調査
6	Ys〜Yz？	割石遺跡	唐津市柏崎	支石墓6基（下部は土壙？）	松尾禎作『北九州支石墓の研究』1957ほか	未調査
7	Ys〜Yc前半	五反田支石墓	唐津市浜玉町五反田	支石墓4基（下部は土壙）、他に支石墓と思われる土壙1基、塊石1個 夜臼式甕棺、板付Ⅰ式副葬小壺	渡辺正気「五反田遺跡」（『末盧国』1982）ほか	
8	Yc？	徳須恵支石墓	唐津市北波多徳須恵	支石墓10数基（下部は甕棺）<土取りにより消滅>細形銅矛（30.3cm）1本	松尾禎作『北九州支石墓の研究』1957ほか	未確認 参考地
9	Yz〜Yc	宇木汲田遺跡	唐津市宇木字汲田	青銅器副葬の甕棺墓群近くに大石あり。他に支石墓1基（下部は甕棺）	森貞次郎ほか「宇木汲田遺跡」（『末盧国』1983）ほか	
10	？	矢作支石墓	唐津市半田字矢作	支石墓の存在が知られているが、基数その他不明	佐賀県教委『佐賀県遺跡名簿』1986	未調査 参考地
11	Ys後半〜K前半	大友遺跡	唐津市呼子町大友字藤川	支石墓11基（下部は配石土壙、甕棺）、その他Ys〜K前半期の土壙墓38基、甕棺墓48基、石囲墓17基、敷石墓7基、配石墓37基、箱式石棺墓19基、再葬墓10基、人骨181体。貝輪多数	呼子町教委「大友遺跡」1981 宮本一夫（九州大学考古学研究室）『佐賀県大友遺跡Ⅰ・Ⅱ』2001・2003	

（注）Ysは弥生早期、Yzは弥生前期、Ycは弥生中期、Ykは弥生後期、Kは古墳時代

佐賀県Ⅱ（佐賀平野）の支石墓

佐織遺跡　小城市三日月町長神田字佐織

位置

　西部佐賀平野にある嘉瀬川の西側で、平野のなかほどで嘉瀬川に合流する祇園川の中流域にあたり、現在は水田化されていて土地の高低はわからないが、もとは沖積平野の微高地を形成していた所とみられると言う。現在の三日月中学校の北側部分にあたる。

遺跡の概要

　1974（昭和49）年、圃場整備事業の一環として水路掘削中に、甕棺や壺棺が露出し、1975年佐賀県と三日月町の教育委員会で緊急調査が行われた。
　調査記録によれば、現地表下約1メートルのところから甕棺墓13基が確認され、そのうち北グループの5基が発掘調査された。
　また遺跡の中央部で支石墓が圃場整備工事中に掘り起こされ、上石は近くの佐織神社境内に移され石塔の台石に使われていた。上石の大きさは長さ3.4メートル幅1.8メートル厚さ約0.3メートルで、支石墓の正確な原地や下部構造は不明であるという。
　なお、調査された5基の甕棺墓はいずれも夜臼式期のものであったが、板付Ⅰ式併行期のものもあり、かつまた、その甕棺の使用、埋葬方法が、それぞれ異なっていた点が注目される。すなわち、1号墓は斜めに埋められた合せ甕棺で上甕下壺、2号墓は倒置の甕の単棺、3号墓は斜位の甕の単棺、4号墓は直立の合せ甕棺で上壺下壺、5号墓は直立の合せ甕棺で上甕下甕、5基ともその埋葬方法が違っている。如何なる理由によるものであろうか。
　支石墓の時期については、当遺跡から縄文晩期末から弥生中期初頭にかけての遺物が出土している点よりその間のものと考えられるが、細かい時期については確認されていない。

註（1）髙島忠平「三日月町佐織の夜臼式土器」（『新郷土』28巻10号〔通巻319号〕新郷土刊行協会、1975年）

南小路（尼寺）支石墓　佐賀市大和町字尼寺字南小路

位置

　西部佐賀平野の嘉瀬川東岸で、脊振山麓から平野部に移行する海抜約10メートル前後の、南北に

伸びる微高段丘の東端近くにある。現在の国道263号線と県道久留米—小城線の交差点から、約200メートル南の国道東側近くである。

佐賀平野で初めて支石墓が確認されたことで有名で、一部には「尼寺支石墓」として紹介されている。

遺跡の概要

調査記録(1)によれば、1974（昭和49）年、金崎純一氏宅地内で地元民により掘り起こされ、佐賀県教委の木下・石井氏らにより知見調査が行われた。

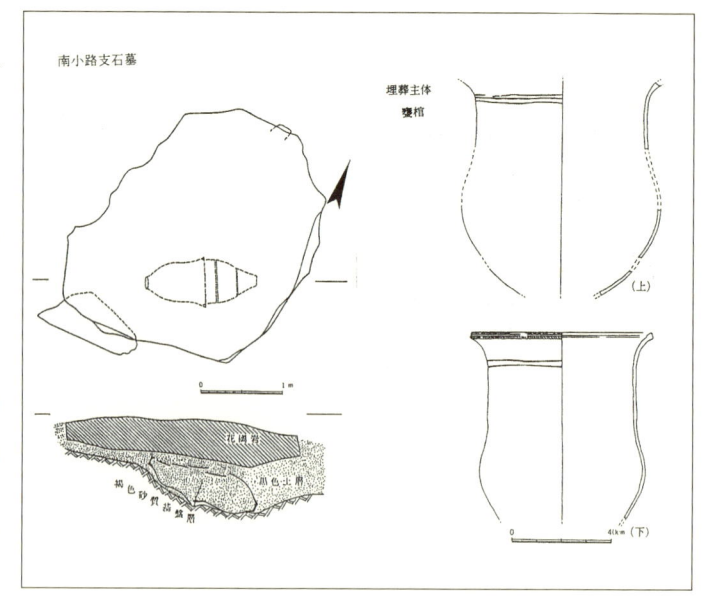

南小路支石墓遺構・出土土器実測図

調査結果、支石墓が1基単独で発見されたが、以前に群集していたものか、また周辺に甕棺墓等の関連遺構が存在していたものか確認されていない。

しかし地元民によれば、過去付近から甕棺が相当数発見されたと言われ、また1919（大正8）年、甕棺から広形銅戈が1本発見されている。

なお、「当時の遺物を再調査したところ、支石墓下部の土器片のほか、城ノ越式や汲田式の土器片も見受けられた」という(2)。

1994（平成6）年3月大和町教委により、当支石墓を含む地域（尼寺一本松遺跡）の調査の際、当支石墓の下部を発掘調査したところ、墓壙上部に貝殻を敷き詰めた下部から、人骨1体・管玉6個が出土した(3)。

支石墓

上石は現地表面と同一レベルにあり、大きさが長さ3.2メートル最大幅2.4メートル厚さ0.3メートルの大型級の楕円形に近い扁平な花崗岩であった。

支石は2個認められ、南西隅の支石は大きさ1.0×0.4メートルの長三角形を呈する大きな花崗岩であるが、北側中央部にある支石は小型の花崗岩の塊石であった。

なお1994年の調査では、支石墓の周囲がかなりかなり撹乱されていて支石と思われた塊石は移動したもので、支石が存在した可能性もあるが明らかでないという。

下部の内部主体は合せ甕棺で、主軸の方向が東北東—南南西、上部を西南西へ約25度の傾斜で埋置されていた。甕棺は上下とも器高80センチ前後の大型のもので、板付Ⅱ式または下伊田式あたりに比定される、弥生前期末ごろのものであると考えられるという。

遺物を再調査された多々良氏も、「金海式よりも古い要素を備えていると考えられる」と述べられている(4)。

南小路支石墓の特色

　当支石墓は個人宅地内の一部から1基のみ発見されたものであり、周辺の調査もなされてなく、墳墓群の存在の有無は不明と言わざるを得ない。しかし地元民によれば、過去周辺から相当数の甕棺が発見された由で、出土遺物のなかに城ノ越式や汲田式の甕棺の土器片が見受けられるところから、弥生前期末から中期にかけての支石墓を含む墳墓群の存在が推定されている。

　また、支石墓の上石が現地表面と同一レベルであり、大型石の存在がわかっていてさらに他に見受けられないということは、甕棺墓群のなかでの1基のみの存在であったとも考えられる。

註
(1) 木下之冶「背振山脈南麓で初めて発見された大和町南小路支石墓」(『新郷土』27巻5号〔通巻301号〕、新郷土刊行協会、1974年)
(2) 多々良友博「佐賀平野における支石墓について」(『久保泉丸山遺跡』佐賀県文化財調査報告書第84集、1986年)
(3) 森田孝志「日本列島の支石墓 ― 佐賀県南小路支石墓」(『東アジアにおける支石墓の総合的研究』九州大学文学部考古学研究室、1997年)
(4) は(2)に同じ
※掲載図は「日本列島の支石墓 ― 佐賀県南小路支石墓」(『東アジアにおける支石墓の総合的研究』)から転載

礫石B遺跡　佐賀市大和町久池井字野口

位置

　西部佐賀平野の中央部、脊振山地の南麓で嘉瀬川の東側にあたり、春日山から南に派生し全体的に東南に向かった緩やかに傾斜する台地上、海抜35～40メートルのところに散在する。

　東北東約2キロには8基の支石墓が発見された黒土原遺跡、さらに東方約1.3キロには118基の大支石墓群で有名な久保泉丸山遺跡がある。

遺跡の概要

　調査報告書によれば、九州横断自動車道建設に伴う佐賀県教委の調査で、礫石のA・B2地区から、弥生早期から弥生前期にかけての墓群が発見された。

　1981(昭和56)年A遺跡の発掘調査で、夜臼式の壺棺墓12基、伯玄社～金海式甕棺墓5基・土壙墓10基が検出された。続いてB遺跡の発掘調査では、弥生早期～弥生前期の支石墓23基・土壙3基、弥生後期の石棺墓9基・甕棺墓2基・土壙1基、古墳時代の古墳5基・土壙墓1基が検出された。

支石墓

　発見された23基の支石墓は、6世紀前半の1基の古墳(ST04号)墳丘の盛り土の下にあったため、上部構造は破壊されてほとんど欠失しているものの、下部構造が比較的に遺存されていた(図1)。各支石墓の概要は表1のとおりである。

図1　礫石遺跡の遺構・支石墓・出土土器実測図（1）

▶上部構造
　①上石　上石が残存していたのは2基（SA29・33）だけで、かつまた、残っていた上石は支石墓通念の大石ではなく、小型の平石であった。これらの平石を数枚蓋石状に並べて上石としていたか、あるいは大型の上石も使用していたかは不明であるという。
　②支石　当支石墓中支石が認められたのは23基中13基で、そのなかには9個の支石を有するものもある。支石の配置状況からして、多数の支石を墓壙の周辺や蓋石の上部に置く形式とも思える。
　また蓋石の上部に多数置かれているものは、蓋石上に置く供献土器を保護するためや、数枚の上石を並べるためとも考えられる。なお、上石、支石とも石質は花崗岩であった。

▶下部構造
　下部構造については、小児用と考えられている合せ甕棺（壺棺）14基、成人用と考えられる石蓋土壙7基、上部が削平された土壙2基であった。
　①蓋石　蓋石は土壙の幅大の、細長い平石の花崗岩を使用している。7基のうち完全に蓋石が残っているものは4基で、使用枚数は4枚が2基、5枚・6枚が各1基であった。また蓋石の隙間やその押さえに、小板石や小塊石が用いられている。
　なお、合せ甕棺の1基（SA23号）には、甕棺の上部に最大長66センチ厚さ13センチの花崗岩の平石があり、支石墓の上石とも考えられるが、東北側にやや離れて支石と思われる花崗岩礫がある点から蓋石と考えられるという。（図1）
　②土壙　墓壙は第1表のとおり、長さ200〜111センチ幅100〜46センチ深さ平均50センチ前後の平面隅丸長方形であり、浅いものは上部が削平によるものと思われる。
　③合せ甕棺（壺棺）　合せ甕棺は上甕・下壺形式で、上甕の代わりに鉢や壺の胴底部を用いたものが各1基あった。
　身である壺は頸胴部が発達し底が平底のもので、最大のものは器高68.5センチ胴径59.8センチ（SA42号）である。丹塗磨研の壺が14基中9基使用されていた。また壺の胴下部に穿孔を施したものが6基認められた。
　上（蓋）甕に用いているものは、夜臼式の刻目突帯文を有する甕や鉢で、胴部外面に煤が付着しているのが認められる点より、これらは日常に使用されたものを転用したと考えられている。
　なお、合せ甕棺として用いる場合、身である壺の口頸部の2分の1ないし3分の1周を打ち欠き、その部分が上向きになるよう壺の口頸部をやや上にして横に埋置し、上（蓋）甕を壺の肩口まで深く被せ、それを塊石で固体していた。（図1・2）

礫石B支石墓の特色

▶支石墓群の構成
　第1図のとおり、下部構造が土壙（成人棺）と合せ甕棺（小児棺）とでは、西北部と東南部に墓域を異にする意図が認められるという。このことは礫石A遺跡でも同様であるという。
▶上部構造
　上部構造は、上石などの遺存するものが少なく、原型を残す支石墓はなかった。支石が蓋石の上

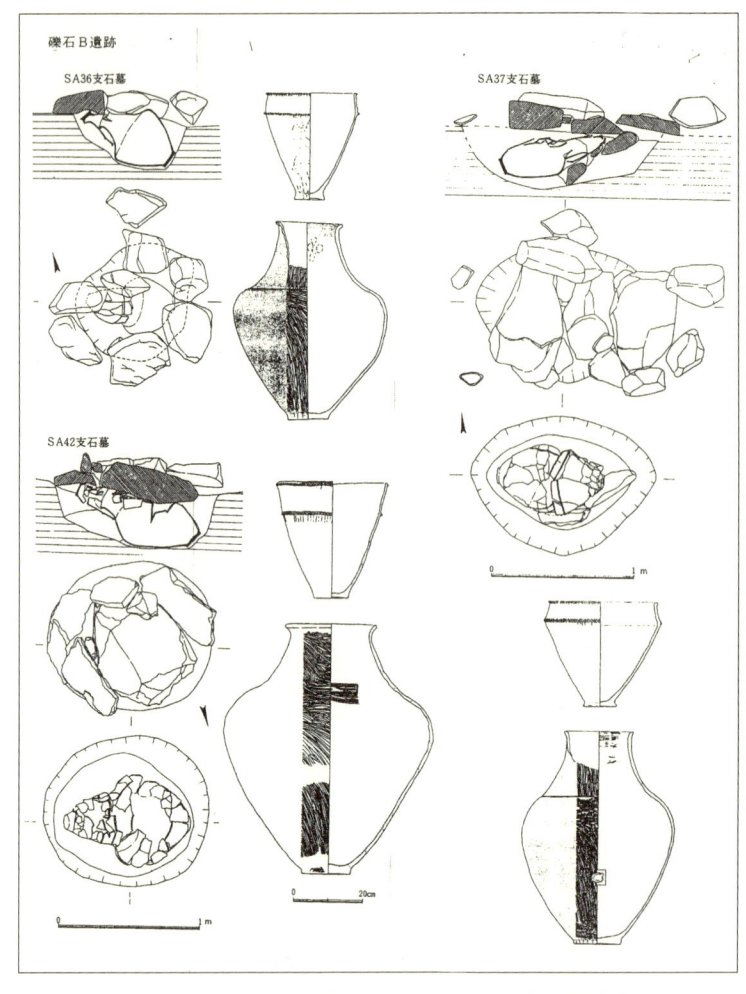

図2　礫石B遺跡の遺構・支石墓・出土土器実測図（2）

にもあり、かつまた9個も残存するものも認められるのは、その上石が1枚石などの大型のものではないことを示していると考えられる。

▶下部構造

当支石墓で注目されるのは、下部構造の合せ甕棺の埋置状況が、ほぼ完全に近い状態で発掘されたことである。特に合せ甕棺（小児棺）の埋葬形式として、丹塗磨研の大型壺を用い、その口頸部を2分の1ないし3分の1打ち欠き、その部分を上向きに置き、甕や鉢を肩口まで被せる方式である。

▶供献・副葬小壺

供献・副葬と思われる小壺が石蓋土壙（成人棺）5基から7個出土し、合せ甕棺（小児棺）2基から2個出土している。その他、当遺跡内より20個体分に近い小型壺片が、埋土中から出土している。古墳の盛り土中からも破壊されたと思われる7個体分の壺棺片も出土しているが、それにしても供献・副葬小壺が多いことに注目される。

なお、小壺が蓋石の上に置かれていたSA26支石墓の墓壙埋土中から、碧玉製管玉が1点出土している。

※当遺構を全部支石墓として考えられるかについて、発掘調査された藤井伸幸氏は相当躊躇されたようである。しかし、「上部構造について問題が多い。支石或は上石の一部を残し、何がしか支石墓の特徴を示しているのは、成人墓のSA26・29・31・33、小児墓SA35・36の6基で、他は上部構造を持たないか、或は在っても墓壙蓋石を残すのみである。ここでは古墳造営期に大部分の上部構造が破壊されたと推測し、墓地全体の状況や久保泉丸山遺跡等の例から、これら23基を本来支石墓であったものとして扱う。例えば、支石墓通例の巨大な上石を残すものはないが、ST04古墳の石室内奥壁に使用されている石材の一つは、片側が窪んだ亀甲形を呈し、まさに支石墓の上石にうってつけで、恐らく転用されたものであろう」（「礫石B遺跡」1989年）として、23基全部を支石墓として報告されている。

註（1）佐賀県教育委員会編「礫石B遺跡」佐賀県文化財調査報告書第1集、1989年
※表1は「礫石B遺跡」（1989年）から、図1・2は森田孝志「日本列島の支石墓・佐賀県礫石B遺跡」（『東アジアにおける支石墓の総合的研究』九州大学文学部考古学研究室、1997年）から転載

表1　礫石Ｂ遺跡支石墓一覧表

遺構番号	下部構造 種別	下部構造 形態	下部構造 墓壙（長・幅・深）cm	上部構造	副葬・供献品	備　考
SA22	壺棺	壺＋甕	88×44×20			敷石3
SA23	壺棺＋石蓋	壺＋甕	82×56×33	支石2		石蓋1
SA24	壺棺	壺＋（甕）	76×66×15			
SA25	壺棺	壺＋鉢	160×94×36	支石3		
SA26	石蓋土壙	隅丸長方形	153×58×48	支石4	小壺1 管玉1	
SA27	壺棺	壺＋甕	96×72×50	支石9	小壺1	
SA29	石蓋土壙	隅丸長方形	124×47×22	上石1 支石6	小壺2	
SA30	壺棺	壺＋壺	103×103×30	支石4	小壺1	
SA31	石蓋土壙	隅丸長方形	158×55×20	支石5		
SA32	石蓋土壙	隅丸長方形	186×85×27		小壺1	石蓋一部残存
SA33	石蓋土壙	隅丸長方形	170×82×26	上石2 支石4	小壺2 鉢1	
SA34	石蓋土壙	隅丸長方形	151×61 x 16			石蓋一部残存
SA35	壺棺	壺＋甕	70×56×26	支石7		
SA36	壺棺	壺＋甕	75×85×38	支石8		
SA37	壺棺	壺＋甕	130×96×42	支石4		石蓋3 敷石5
SA38	壺棺	壺＋甕	116×71×35	支石1	敷石4	
SA39	壺棺	壺＋（甕）				上部削平
SA40	壺棺	壺＋（甕）				上部削平
SA41	壺棺	壺＋甕	160×91×37			
SA42	壺棺	壺＋甕	104×117×40			石蓋7
SA43	石蓋土壙	長方形	111×62×28	支石3	壺1	石蓋一部残存
SA44	土壙	隅丸長方形	152×72×38			上部削平
SA45	土壙	隅丸長方形	151×46×12			上部削平

黒土原遺跡　佐賀市金立町金立字五本黒木

位置

　佐賀平野西部の山麓、嘉瀬川と巨勢川に挟まれて、脊振山地から南に派出する舌状台地の、巨勢川よりの海抜34〜40メートルの狭い丘陵上にある。
　大支石墓群で有名な久保泉丸山遺跡（原位置）は東方約1.3キロのところにあり、西南西約2キロのところには礫石B支石墓群がある。

遺跡の概要

　1985（昭和60）年、私立学校（弘学館）建設に伴い、佐賀市教委によりA〜D 4地区の部分的な発掘調査が行われた。
　調査報告書によれば、A地区で支石墓1基・甕棺墓1基・古墳8基・祭祀遺構2基を、B地区では支石墓7基・土壙墓2基・甕棺墓6基・古墳3基を発掘調査し、C地区では古墳2基（1基のみ調査）、D地区では古墳2基が確認された。

支石墓

　各支石墓は古墳の墳丘下およびその周辺から発見されたが、古墳の築造や果樹園などの開墾で、いずれも上部構造が破壊されて上石・支石も見あたらず、下部構造だけの石蓋土壙または土壙の状態で検出されている。
　調査された福田義彦氏は躊躇されたようであるが、共伴土器やその年代器種が、近くの久保泉丸山遺跡および礫石B遺跡の支石墓群と共通しているので、支石墓として取り扱っている。

▶1号（SA 001）
　2個の花崗岩質の蓋石が残存し、墓壙は長さ148センチ幅66センチ深さ60センチの隅丸長方形で内部北壁部に長さ130センチ幅60センチ厚さ4センチの板石が検出された。

▶2号（SA 002）
　5枚の蓋石（花崗岩質2・緑泥片岩質3）と、その下部に2枚の小ぶりの板石で土壙を覆っている。墓壙は東西126センチ南北53センチ深さ30センチの隅丸長方形である。

▶3号（SA 003）
　土壙上部が削平撹乱され、蓋石3個と支石と思われるものが土壙上部や内部から検出された。墓壙は東西158センチ南北68センチ深さ50〜60センチの長楕円形を呈する。

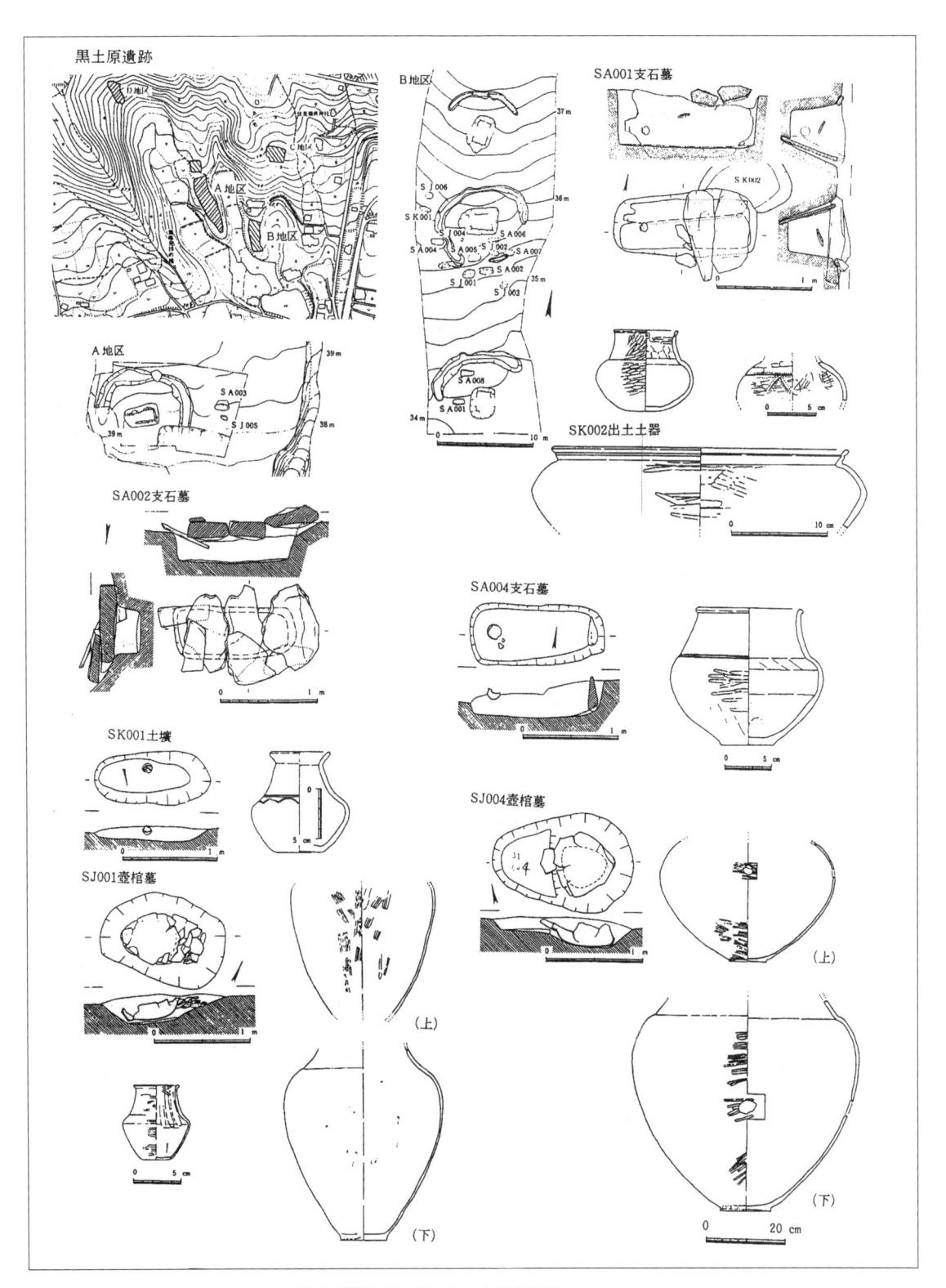

黒土原遺跡支石墓・出土土器実測図

▶4号（SA 004）
　土壙の西側小口上部も削平されて蓋石もなく、東側の小口に1枚石が検出された。墓壙は東西139センチ南北60センチ深さ40センチの隅丸長方形である。

▶その他
　蓋石・側石等も全くなく、墓壙の大きさは長さ122～145センチ幅53～78センチ深さ21～54センチの隅丸長方形であった。

土壙墓

　1号は、長さ122センチ幅52センチ深さ40センチの楕円形。2号は、長さ100センチ程度、幅70センチ深さ20センチの楕円形であるが、1号支石墓に切り取られ、かつまた上部は削平されている。
　なお土壙墓は、支石墓の可能性もあるという。

甕棺墓

　いずれも鉢形土器および中型の壺を用いた覆口式の合せ甕棺で、小児用と考えられている。

遺物

　1・4号支石墓、1号土壙墓、1号甕棺墓から夜臼式あるいは板付Ⅰ式期の副葬小壺が、2号土壙墓から鉢形土器片、8号支石墓から蛇紋岩製と思われる管玉1個が出土している。
　以上支石墓・土壙墓・甕棺墓共、主軸の方位はいずれもほぼ東西を示している。遺物などからこれらの時期は、弥生早期から前期にかけて同時期に営まれたと推定されるが、甕棺墓についてはやや下り前期前半を中心としたものと見られている。

黒土原支石墓の特色

　上石と支石が見あたらず支石墓と言い難い面もあるが、石蓋土壙を主とする支石墓と考えられる。しかし蓋石がないものもあることを否定できないのではないだろうか。
　墓壙の大きさは長さ158～122センチの中型で、形状は隅丸長方形と長楕円形である。また方位も東西軸を主とするなど、久保泉丸山支石墓群と同様な形態である。ただし当支石墓群は、久保泉丸山支石墓群より始期はやや遅れるものと思われるという。
　注目されるのは、墓壙内に側板石が残存するものについては、下部構造は箱式石棺の可能性が考えられることである。

註（1）佐賀市教育委員会編『黒土原遺跡』佐賀市文化財調査報告書第19集、1987年
※掲載図は、森田孝志「日本列島の支石墓：佐賀県佐賀地域・黒土原遺跡」（『東アジアにおける支石墓の総合的研究』九州大学文学部考古学研究室、1997年）から転載

友貞（10区）遺跡　佐賀市金立町千布字友貞

位置

　友貞遺跡は、佐賀市の北部で、背振山系から延びる舌状丘陵の南端部分にあたる現在の海抜5.5～6メートルの微高地に位置している。

遺跡の概要

　1994（平成6）年、圃場整備に伴う佐賀市教委の発掘調査で、友貞遺跡10区の弥生時代の甕棺墓群中から、支石墓の上石と思われる板石が発見された。

　調査報告書(1)によれば、友貞遺跡10区内からは、弥生時代中期の甕棺墓5基、古墳時代の土壙1基、中世の土壙10基などが検出されている。

　なお、同区内の東側にあたる部分の表土剝ぎ段階で板石が検出された。板石は長さ2.5メートル最大幅1.72メートル最大厚さ0.5メートルの背振山系に多い花崗岩であった（図参照）。

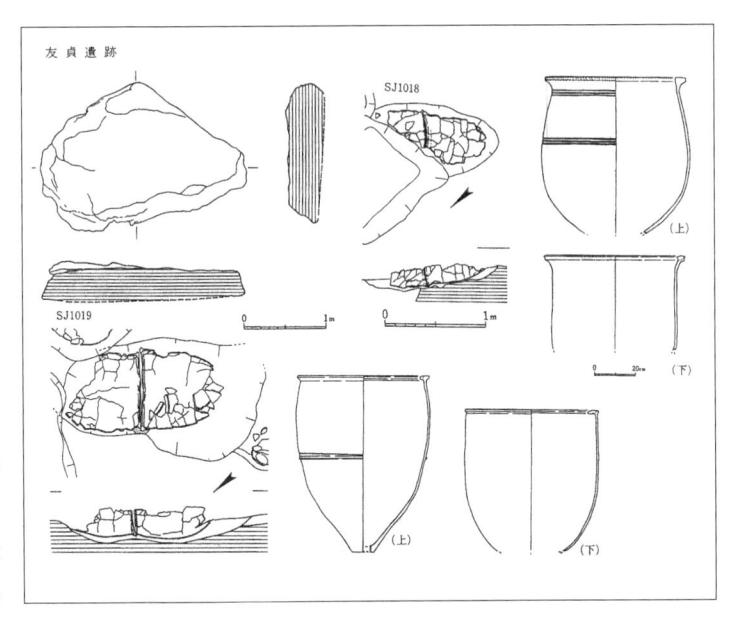

友貞支石墓・出土土器実測図

　発掘された佐賀市教委の三代俊幸氏は、「付近に甕棺墓が検出されたため支石墓の掌石（上石）の可能性も考えられるが、少なくとも前期の甕棺墓に支石が伴うという状況は見られなかった。残念ながらこの板石の性格は確認できない」と報告されている。

　しかしこれについて、佐賀県教委の森田孝志氏は、「上石が調査の表土剝ぎの際に原位置を失っており、埋葬主体の甕棺墓が特定できない。弥生前期末のSJ1019甕棺墓か中期前半のSJ1021甕棺墓が埋葬主体であった可能性が強い」(2)として、未確認ながらも支石墓の存在を考えられている。

註
（1）佐賀市教育委員会編「西千布・友貞遺跡」佐賀市文化財調査報告書70集、1996年
（2）森田孝志「日本列島の支石墓：佐賀県佐賀地域・友貞遺跡」（『東アジアにおける支石墓の総合的研究』九州大学文学部考古学研究室、1997年）
※掲載図は「日本列島の支石墓：佐賀県佐賀地域・友貞遺跡」（『東アジアにおける支石墓の総合的研究』）から転載

久保泉丸山遺跡　佐賀市久保泉町川久保

位置

　西部佐賀平野の中央部分に、佐賀平野最大の河川嘉瀬川が脊振山地から南流している。その東側には同じように、脊振山地から南流する巨勢川がある。この両河川に挟まれた巨勢川寄りの山地南麓に、金立山より南に突出する舌状の小丘陵がある。

　久保泉丸山遺跡は、舌状小丘陵の海抜35〜40メートルの段丘上で、東西50メートル南北35メートルの台地上にあった。周辺の水田面からは10メートルの比高があるという。

　現在は、遺跡区域が九州横断自動車道の道路敷きにかかるため、その一部が西方約500メートルの金立サービスエリアの北側にある佐賀市北部山麓自然公園内に移設・復元されているが、その他は調査後は消滅した。

遺跡の概要

　1976〜77（昭和51〜52）年、九州横断自動車道建設に伴い、佐賀県教委により発掘調査が行われた。

　調査報告書[1]によれば、縄文晩期後半（山ノ寺式期）から弥生前期（板付Ⅱ式期）の支石墓118

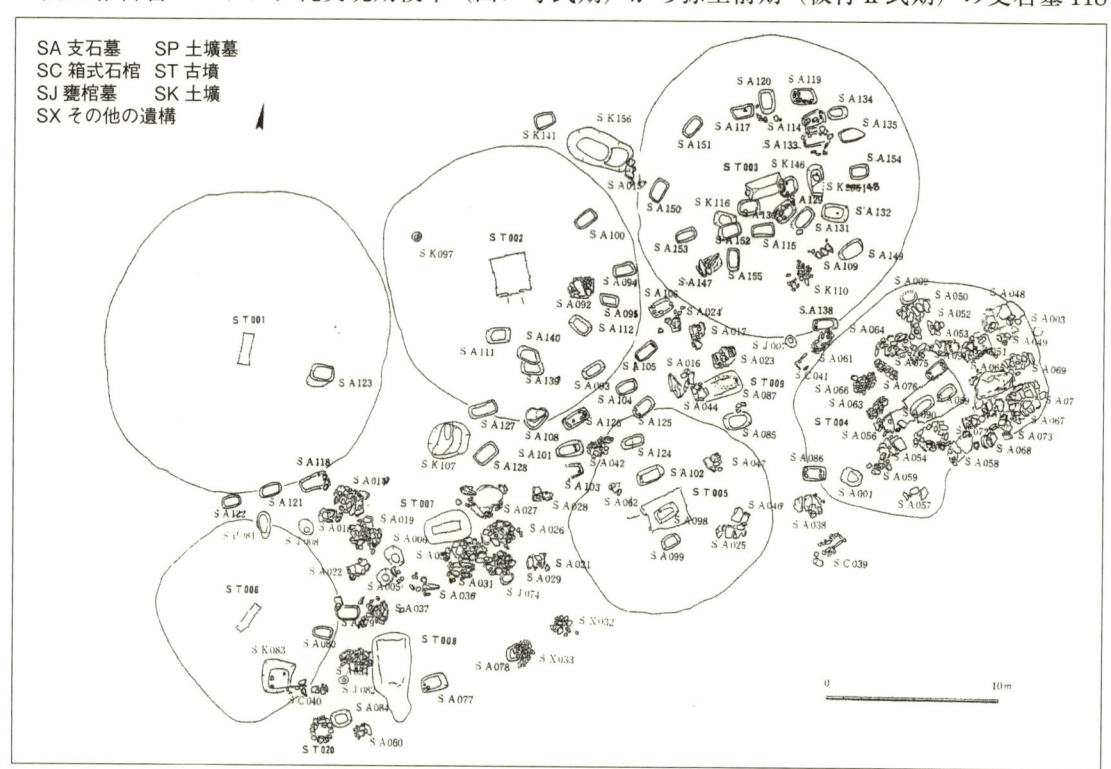

図1　久保泉丸山遺跡遺構配置図

基・甕棺墓4基（内2基は黒川式期）・箱式石棺墓3基と、それに重複して5世紀前半から6世紀にかけての古墳12基（2基は支石墓の墓域の東側）が確認された。（図1）

支石墓

　支石墓群は、台地上東西50メートル、南北は西側が約2メートル東側が約28メートルの墓域内にあり、かつまた5～6世紀に築造された古墳の墳丘下や溝およびその周辺から検出されている。

　したがって支石墓の上部構造がほとんど破壊され、上石が遺存していたのは僅か2基だけで、支石が確認できたものも52基に過ぎなかった。

　しかしながら、古墳の石室や墳丘裾部の縁石などに、支石墓の上石や支石と思われる石材が利用されている点からも、上部構造の破壊は古墳築造時の損壊が最大原因で、さらに後世の削平なども考えられることなどから、若干の疑義もあるが、118基の遺構については全部支石墓であったと推定されている。

　なお、各支石墓の概要は、表1（95頁参照）の支石墓一覧表のとおりである。

▶上部構造

　①上石　118基中上石が遺存していたのは、ＳＡ027・065の2基の支石墓である（図2・3）。上石の大きさは前者が1.6×1.4×0.05～0.2メートルの平面不整四角形で重さが800キロ、後者が2.45×1.4×0.45（最大厚）メートルの亀甲形で重量が1,500キロ、両者とも花崗岩であった。

　その他の支石墓については、支石の残存状況から見て、築造時は上石があったものと推定されるという。しかし、石蓋上や周囲に数多くの支石があるものもある点から、近くの礫石Ｓ遺跡の支石墓に見受けられるように、上石に数個の板石を使用していた可能性も十分考えられるという。

　②支石　118基中52基（44％パーセント）に支石が残っていた。このうちプライマリーに近い状態であったのは、上石が残っていた

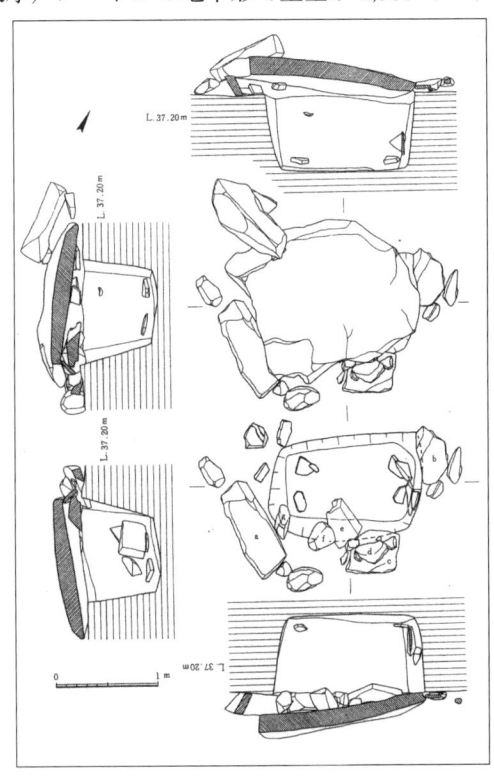

図2　SA027支石墓実測図 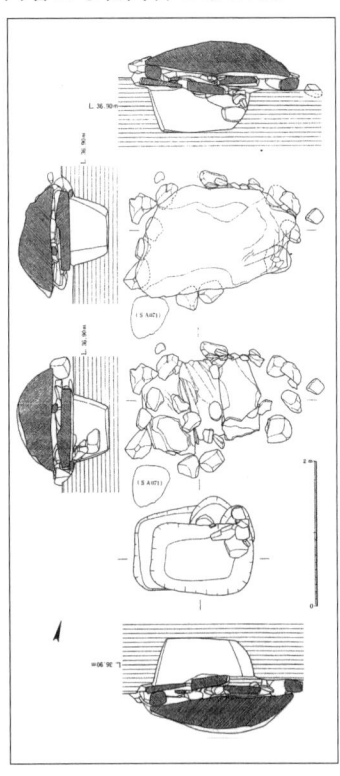　　　　図3　SA065支石墓実測図

2基とＳＡ026・ＳＡ055支石墓の2基、計4基だけである。この4基の支石の配置状況を見ると、上石だけでなく下部構造の状況や、供献土器の位置なども十分考慮して支石を配置していることがわかるという。

支石の石材は殆んどが花崗岩の塊石であるが、緑泥片岩が補助的に用いられている。

なお支石がないものについては、下部構造の破壊度が高い。下部構造が良好な状態で遺存しているものには支石が存在しないものはなく、そうでないものには支石がないものが多い例から見て、当遺構については支石がないものについても、支石とともに上石も存在した支石墓と推定されるという。

▶下部構造

下部構造の内部主体は、表2（99頁参照）のとおり、合せ甕棺（壺棺）6基・粗製箱式石棺1基・土壙111基であった。土壙の内には、蓋石が残存していたもの47基・蓋石を用いたと推定されるもの53基・蓋石がないもの8基・不明のもの3基と考えられている。

かつまた、土壙内部には敷石や壁石が残存していたものが多数あり、その内訳は表2のとおりである。なお、敷石が壙底の四隅に配置されているものは、木棺埋葬の可能性も考えられるという。（図4）

①**蓋石**　蓋石は、基本的には細長い平石を、数枚土壙の長軸に直交するように架構し、その隙間を比較的小さい石で詰め、土壙を被覆している。例外として一枚石（140×120×10センチ）を使用しているもの（SA055）もある。材質は緑泥片岩が多用されている。

しかし上石が残っていた2基の支石墓については、蓋石を有するもの（ＳＡ065）と有しないもの（SA027）の2通りにわかれている点も注目すべきであると思われる。

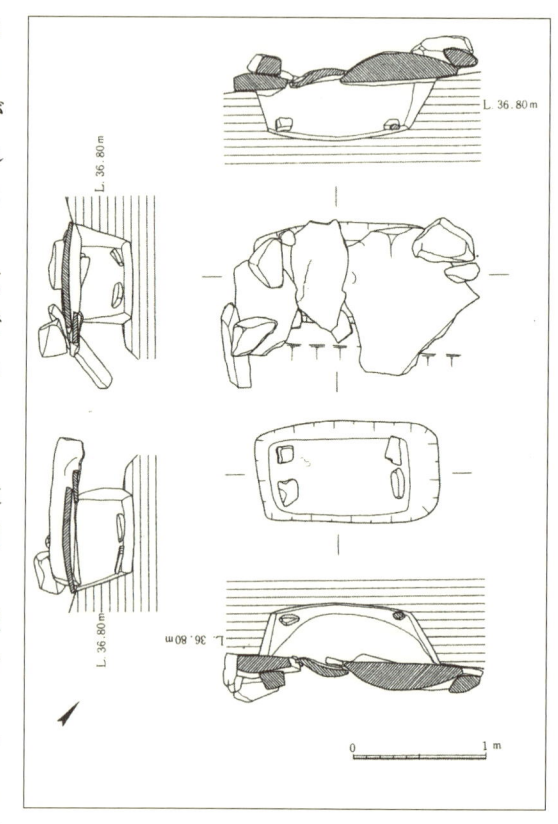

図4　SA058支石墓実測図

②**土壙**　土壙の平面形は、数基ほど楕円形に近いものが認められるが、ほとんどが隅丸長方形である。大きさは、長さ113センチが最小で最大のものは180センチを超えるものもあり、平均すると長さ130〜150センチ・幅70〜100センチ程である。

深さは40センチの浅いものもあるが、90センチを超す深いものもあり、平均的には60〜80センチ程のものが多く、他の遺跡の支石墓に較べるとやや深い。

また表2のとおり、土壙内に敷石や小口石があるものが3分の1程あり、木棺の支えとも考えら

③合せ甕棺　支石墓の合せ甕棺6基は、上下とも大型の壺を用いたものであり、小児用と考えられている。注目されるのは、支石墓群内に発見された甕棺墓4基については壺を使用せず鉢や甕を使用していて、支石墓の埋葬主体と意識的に区別していると見受けられる点である。時期は、6基のうち2基は山ノ寺式・4基は夜臼式・板付Ⅰ式併行期のものとみられている。

　④粗製箱式石棺　SA034支石墓1基だけである。石棺の両小口に石がなく、側石も南壁では3個の石を縦に、北壁では2個の石を縦に3個の石を横に置くなど、「粗製」の箱式石棺であるという。大きさは壙底内寸で127×40×60センチと素掘りの土壙と同じで、蓋石も他の支石墓と同様に多数の石で覆っている。遺物がなく時期は不明であるが、山ノ寺式のグループのなかにあるので、古い時期が考えられるという。

甕棺墓

　当支石墓群中に4基検出された。このうち2基（SJ008・082）は、粗製の深鉢を倒置して埋葬した単棺で、支石墓群より先行する黒川式期のものと見られている。その他の1基（SJ007）は突帯文を有する単棺の甕棺で、他の1基（SJ074）は突帯文の甕を用いた合せ甕棺であった。後者の2基は、支石墓群と同時期のものであるという。

箱式石棺墓

　当支石墓群が集中する縁辺から3基発見されたが、粗製の箱式石棺である。支石墓の下部構造ではないかと精査したが、位置や石棺の構造などに差異があり、その可能性は皆無という。遺物がなく時期不明であるが、支石墓との切り込みがない点より、支石墓の存在を意識した新しい時期のものと考えられている。

供献・副葬土器

　表1に見られるとおり、供献または副葬の土器（小壺・鉢・小型甕・高坏）が、41基の支石墓から多数出土している。なかには1基からセットで出土するものもある。なお、ほとんどが蓋石上に置かれたものと考えられ、墓壙内に副葬されたと考えられるものは数個であった。

　また大量に出土した供献・副葬小壺については、これを分析し、Ⅰ～Ⅳ期に分類されている。その時期を、Ⅰ期は山ノ寺式土器に併行する時期、Ⅱ期は菜畑Ⅲ式（8下層土器）・夜臼Ⅰ・Ⅱa式に対応するもの、Ⅲ期は板付Ⅰ式期と対応するもの、Ⅳ期は板付Ⅱ式と対応するものと考えられている。

久保泉丸山支石墓の特色

▶支石墓群の構成

　久保泉丸山支石墓群は、118基に及ぶ我が国最大の支石墓群であり、東西50メートル南北22～28メートルの狭い墓域に密集している。これらの支石墓群は、配置や出土した土器などにより、5つのグループ（A～E群）に分けられるという。（図5）

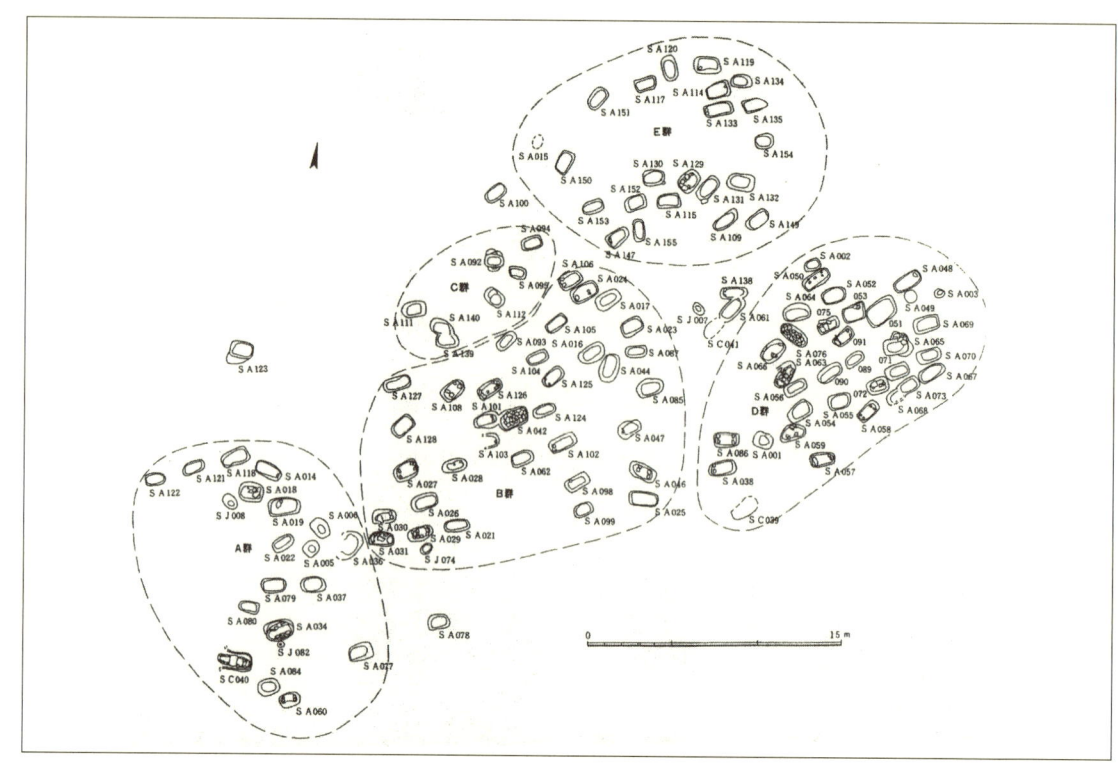

図5　久保泉丸山遺跡遺構群別分布図

　しかも、最も西側にあるA群が山ノ寺式期、その東側にあるB群が夜臼式期、その北側にあるC群は山ノ寺式期、B群の東側にあるD群が夜臼（Ⅱ）式～板付Ⅰ式期、D群の北側にあるE群が板付Ⅱ式期と、順次西側より東側へ墓地が造営されていることがわかった。また、B群やD群は、さらに数グループの小集団に分けることができそうであるという。各グループ毎の基数は、表3（100頁参照）のとおりである。

　さらにこれらの支石墓群は、各支石墓相互に切り合いが少ないことから、ある特定集団の共同墓地として、当初から連続的に造営されたことが推定されるという。なお各支石墓の主軸の方位は、舌状台地の長軸方向とほぼ平行関係にあり、E郡を除きある程度規則性が見受けられるという。（図6）

▶支石墓の構造

　久保泉丸山支石墓の典型的な例として、佐賀県教委の高島忠平氏は、「遺体を埋葬する壙は、長さ1.5メートル横約1メートル深さ約1メートルの平面形が不整の長方形のもので、遺体を埋葬した後、数枚の板石で蓋をし、その周囲に人頭大の支石を5～6個配置し、その上に上石を載せている。壙の蓋石と上石との空間に、供献・副葬の土器類を配置する。壙の蓋石は、ほとんどが壙内に落ち込んだ状況で検出される。あるいは壙内に、さらに木棺様の施設があったかもしれない[2]」と述べられている。

　即ち、本支石墓の特徴は、石蓋土壙が主体で、墓壙の深さが一般的に深く、かつまた約4分の1

94　資料編

については木棺埋納の可能性も考えられることである。

▶供献・副葬土器のグループ別出土比較

支石墓を含む各遺構に供献・副葬された土器について、各グループ別に見ると、その差異が見受けられる。

A群は20基中4個、B群は35基中16個、C群は7基中1個、D群は34基中17個、E群は22基中3個、所属不明の7基は0、合計125基中41個（約3分の1）であった。すなわちB群とD群が供献・副葬土器が多いことは、この時期（夜臼式期～板付Ⅰ式期）が、最盛期であったことを示すともいえる。

註
（1）佐賀県教育委員会編『久保泉丸山遺跡』佐賀県文化財調査報告書第84集、九州横断自動車道関係文化財調査報告（5）、1986年
（2）高島忠平「佐賀県久保泉丸山遺跡」（佐原真編『探訪弥生の遺跡　西日本編』有斐閣、1987年）
※掲載図表は『久保泉丸山遺跡』（1986年）から転載

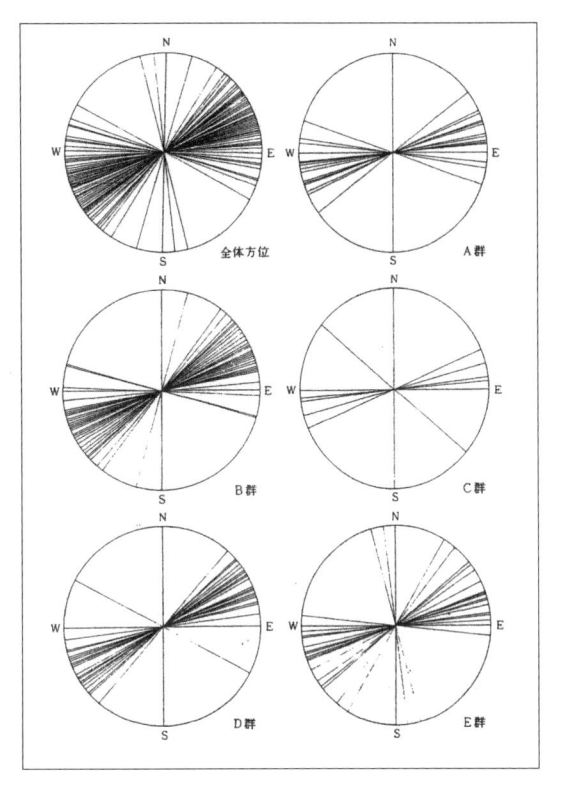

図6　久保泉丸山支石墓方位図

表1　久保泉丸山支石墓一覧表

遺構No.	遺構名	下部構造 埋葬主体	規　模 (cm)	方位	上石	支石残存	遺　物	備考	群構成	旧遺構名
1	SA001	複式甕棺	（壺＋壺）	S 88° W					D	1
2	SA002	複式甕棺	（壺＋壺）	N 67° E		1			D	2
3	SA003	複式甕棺	（壺＋壺）	N 85° W		3			D	3
4	SA005	複式甕棺	（壺＋壺）	S 56° W		7～8			A	5
5	SA006	複式甕棺	（壺＋壺）	S 55° W		5			A	6
6	SA049	複式甕棺	（壺＋壺）	S 46° W		5	土製紡錘車1		D	107
7	SA014	石蓋土壙	163×80×65	N 71° W		8		東小口壁に2個の板石	A	14
8	SA015	不明							E	15
9	SA016	石蓋土壙	163×104×93	N 55° E		1	壺・甕・鉢・浅鉢の4点	甕、鉢は小型、浅鉢は副葬か	B	16
10	SA017	石蓋土壙	154×94×67	N60° E			壺2	モミ痕の付着している壺	B	17
11	SA018	石蓋土壙	149×110×60	N 84° W					A	18

遺構No.	遺構名	下部構造 埋葬主体	下部構造 規模(cm)	下部構造 方位	上石	支石残存	遺物	備考	群構成	旧遺構名
12	SA019	石蓋土壙	180×105×94	N 85° E		9	壺		A	19
13	SA021	石蓋土壙	150×70×72	N 70° E			壺、浅鉢		B	21
14	SA022	石蓋土壙	132×80×64	N 53° E		1	浅鉢、高杯、甕		A	22
15	SA023	石蓋土壙	135×94×105	N 64° E		1	菅玉1		B	23
16	SA024	石蓋土壙	166×98×54	N 51° E		1	壺、甕	3個の敷石、浅い土壙	B	24
17	SA025	石蓋土壙	172×83×45	N 74° W		1	壺	浅い土壙	B	25
18	SA026	石蓋土壙	176×116×90	N 67° E		8	壺3、高坏1		B	26
19	SA027	土壙	147×100×74	N 63° E	残存	7	壺	上石、壙底に4個の敷石、東小口に3個の板石	B	27
20	SA028	石蓋土壙	143×74×68	N 76° E			浅鉢		B	28
21	SA029	石蓋土壙	145×85×57	N 68° E		5		壙底に11個の敷石	B	29
22	SA030	石蓋土壙	136×83×80	N 78° E		1	壺、高坏	壙底に3個の敷石	B	30
23	SA031	石蓋土壙	146×71×75	N 87° W		1	壺、浅鉢底部	5個の敷石と3個の側壁状の石	B	31
24	SA034	粗製箱式石棺	155×(110)×84	N 65° E		3		石棺内法(壙底)127×40×60	A	34
25	SA036	不明	(150×110×105)	(N 17° E)			(壺、甕、土製菅玉2)	モミ痕の付着している土器片あり	A	36
26	SA037	石蓋土壙	142×94×80	N 83° E		4		プラン楕円形にちかい	A	37
27	SA038	石蓋土壙	148×82×70	N 76° E		2		2個の敷石	D	38
28	SA042	不明	178×115×65	N 76° E			甕	土壙内に多数の石群、壙底には21個の敷石	B	42
29	SA044	石蓋土壙	155×105×62	N15° E					B	102
30	SA046	石蓋土壙	164×77×60	N75° W			壺	4個の敷石	B	104
31	SA047	石蓋土壙	145×99×97	N41° E				プラン楕円形に近い	B	105
32	SA048	石蓋土壙	176×85×65	N54° E		5	壺	西小口に壙底から5cm上方に板石あり	D	106
33	SA050	石蓋土壙	167×83×53	N59° E		3		浅い土壙、5個の敷石	D	108
34	SA051	石蓋土壙	194×122×84	N52° E		2	壺底部		D	109
35	SA052	石蓋土壙	141×94×60	N71° E		4	壺2	プラン楕円形に近い	D	110
36	SA053	石蓋土壙	142×92×75	N69° E			甕	壙底壁面付近に立石あり	D	111
37	SA054	石蓋土壙	154×100×80	N49° E		1			D	112
38	SA055	石蓋土壙	132×89×83	N69° E		12	浅鉢	蓋石は1個で140×120×10cmの巨石	D	113

遺構No.	遺構名	下部構造 埋葬主体	規模（cm）	方位	上石	支石残存	遺物	備考	群構成	旧遺構名
39	SA056	石蓋土壙	137×66×63	N62°E					D	114
40	SA057	石蓋土壙	144×70×50	N83°E				3個の敷石と裏小口に1個の敷石を立てる。浅い土壙	D	115
41	SA058	石蓋土壙	137×75×45	N48°E		4		4個の敷石、浅い土壙	D	116
42	SA059	石蓋土壙	156×92×53	N70°E			壺底部	3個の敷石と北側壁に1個の立石	D	117
43	SA060	石蓋土壙	126×78×60	N71°E		2	壺	4個の敷石	A	118
44	SA061	土壙？	172×91×49	N42°E				5個の敷石と壁面に貼り石あり		119
45	SA062	石蓋土壙	(145)×87×70	N71°E		1		西小口に2個の立石、プラン楕円形にちかい	B	120
46	SA063	土壙？	164×75×30	N41°E				敷石と壁面に貼り石あり、中に大量の石群あり	D	121
47	SA064	石蓋土壙	166×99×50	N77°E		4	壺		D	122
48	SA065	石蓋土壙	148×94×60	N73°E	残存	15	壺、土製円盤	上石245×140×45cm、1500kg、亀甲形	D	123
49	SA066	土壙？	156×106×60	N41°E		2	壺	壁面に貼り石、中に大量の石群あり	D	124
50	SA067	石蓋土壙	170×78×50	N54°E		2	壺	浅い土壙	D	125
51	SA068	石蓋土壙	(120)×72×78	N57°E		1	壺	SA073支石墓の土壙を切る	D	126
52	SA069	石蓋土壙	158×89×68	N72°E		2	壺	SA065支石墓より後出	D	127
53	SA070	石蓋土壙	148×77×60	N73°E		3	壺	SA067支石墓より後出	D	128
54	SA071	石蓋土壙	143×84×94	N72°E		2	壺2		D	129
55	SA072	石蓋土壙	133×94×76	N68°E			高坏、甕	4個の敷石	D	130
56	SA073	石蓋土壙	(125)×75×65	N56°E			壺		D	131
57	SA075	石蓋土壙	130×76×44	N60°E		2	底部	2個の敷石、土壙の深さは最も浅い	D	133
58	SA076	土壙？	175×81×50	N62°E				敷石と中に大量の石群あり	D	134
59	SA077	（石蓋）土壙	144×93×67	N73°E					A	135
60	SA078	（石蓋）土壙	120×78×80	N70°E						136
61	SA079	（石蓋）土壙	(140)×73×44	N84°E					A	137
62	SA080	（石蓋）土壙	121×72×50	N81°W					A	138
63	SA084	（石蓋）土壙	132×95×62	N81°N					A	142
64	SA085	（石蓋）土壙	(190)×104×64	N73°E			壺1		B	143
65	SA086	（石蓋）土壙	139×82×56	N90°E				4個の敷石	D	144

佐賀県 97

遺構No.	遺構名	下部構造 埋葬主体	下部構造 規模(cm)	下部構造 方位	上石	支石残存	遺物	備考	群構成	旧遺構名
66	SA087	(石蓋)土壙	129×68×42	N85° E					B	145
67	SA089	(石蓋)土壙	120×68×(36)	N56° E					D	147
68	SA090	(石蓋)土壙	156×77×(55)	N52° E					D	148
69	SA091	(石蓋)土壙	130×68×(26)	N49° E				4～5個の敷石	D	149
70	SA092	石蓋土壙	113×65×46	N90° E		2	壺	壺は土壙内副葬品	C	150
71	SA093	(石蓋)土壙	133×67×(40)	N53° E					B	151
72	SA094	(石蓋)土壙	125×72×72	N75° E					C	152
73	SA095	(石蓋)土壙	110×67×84	N83° W					C	153
74	SA098	(石蓋)土壙	144×74×(57)	N58° E					B	156
75	SA099	(石蓋)土壙	110×73×(50)	N69° E					B	157
76	SA100	(石蓋)土壙	132×76×(25)	N53° E						158
77	SA101	(石蓋)土壙	154×94×81	N79° E			甕	東小口に2個の敷石	B	159
78	SA102	(石蓋)土壙	164×85×70	N71° E				西小口に2個の敷石	B	160
79	SA103	(石蓋)土壙	□×82×51	N74° E					B	161
80	SA104	(石蓋)土壙	132×77×58	N68° E					B	162
81	SA105	(石蓋)土壙	136×71×50	N48° E			甕	両小口に立石あり	B	163
82	SA106	(石蓋)土壙	132×81×39	N46° E			浅鉢	西小口に2個の敷石	B	164
83	SA108	(石蓋)土壙	147×94×53	N37° E				4個の敷石	B	166
84	SA109	石蓋土壙	158×72×36	N51° E			壺	浅い土壙	E	167
85	SA111	(石蓋)土壙	137×83×77	N83° E					C	169
86	SA112	(石蓋)土壙	130×84×68	N50° W					C	170
87	SA114	土壙	153×88×60	N78° E		2	壺3		E	172
88	SA115	(石蓋)土壙	136×78×40	N83° E					E	173
89	SA117	(石蓋)土壙	131×77×44	N70° E					E	175
90	SA118	石蓋土壙	170×97×85	N67° E				壙底北西コーナーに板石1個	A	176
91	SA119	土壙	150×91×35	N83° E		2		南壁面に9個の石	E	177
92	SA120	(石蓋)土壙	135×89×60	N15° W		3			E	178
93	SA121	(石蓋)土壙	134×69×50	N72° E				東小口に立石あり	A	179
94	SA122	(石蓋)土壙	116×70×(21)	N79° E					A	180
95	SA123	(石蓋)土壙	142×96×59	N83° W						181
96	SA124	(石蓋)土壙	139×64×45	N77° E					B	182
97	SA125	(石蓋)土壙	138×78×36	N49° E				西小口に2個の敷石	B	183
98	SA126	(石蓋)土壙	156×73×38	N62° E				7個の敷石	B	184
99	SA127	(石蓋)土壙	158×75×35	N70° E					B	185
100	SA128	(石蓋)土壙	144×88×43	N41° E					B	186

遺構No.	遺構名	下部構造 埋葬主体	下部構造 規模（cm）	下部構造 方位	上石	支石残存	遺物	備考	群構成	旧遺構名
101	SA129	土壙	136×94×52	N31° E		2		8個の敷石	E	184
102	SA130	（石蓋）土壙	133×86×42	N87° E			壺、鉢、土製円盤		E	188
103	SA131	（石蓋）土壙	152×82×64	N39° E					E	189
104	SA132	（石蓋）土壙	155×95×70	N84° W					E	190
105	SA133	（石蓋）土壙	160×80×30	N74° E				西小口に立石あり	E	191
106	SA134	（石蓋）土壙	121×75×30	N75° E					E	192
107	SA135	（石蓋）土壙	146×72×22	N72° E					E	193
108	SA138	（石蓋）土壙	144×68×42	N71° E				西小口に2個の敷石		196
109	SA139	（石蓋）土壙	125×83×45	N67° E				SA140と切り合う、先後関係不明	C	197
110	SA140	（石蓋）土壙	140×79×50	N85° E					C	198
111	SA147	石蓋土壙	141×80×41	N53° E				西小口に3個の敷石	E	205
112	SA149	（石蓋）土壙	145×□×38	N64° E					E	207
113	SA150	（石蓋）土壙	127×80×50	N31° E					E	208
114	SA151	（石蓋）土壙	138×77×44	N57° E					E	209
115	SA152	（石蓋）土壙	130×80×66	N71° E					E	210
116	SA153	（石蓋）土壙	132×75×41	N70° E					E	211
117	SA154	（石蓋）土壙	(130)×83×61	N84° E					E	212
118	SA155	（石蓋）土壙	129×69×33	N7° W					E	213

□=『久保泉丸山遺跡』（1986年）に空白として記載

表2　下部構造別支石墓分類一覧表

下部構造	基数			内訳
壺　棺	6基			SA001～003・005・006・049
粗製箱式石棺	1基			SA034
壙を主体とするもの	111基	素掘り土壙	76基	
		敷石有	22基	SA024・029・130・038・046・050・058・059・060・072・075・086・091・101・102・106・108・125・126・129・138・147
		小口石有	4基	SA014・062・105・133
		壁石有	1基	SA119
		敷石〜小口石	2基	SA027・055
		敷石＋壁石	1基	SA031
		中に大量の石が入り他と様相を異にする	5基	SA042・061・066 SA063・076

表3　A〜E群の遺構別一覧表

群	支石墓	甕棺墓	箱式石棺墓	計	備　考
A群	17	2	1	20	甕棺墓2基は支石墓に先行、支石墓のうち2基は下部構造か壺棺1基は粗製箱式石棺
B群	34	1	0	35	支石墓の埋葬遺構はいずれも「壙」を主体とする
C群	7	0	0	7	支石墓の埋葬遺構はいずれも「壙」を主体とする
D群	33	0	1	34	支石墓のうち4基は下部構造が壺棺
E群	22	0	0	22	いずれも「壙」を主体とする下部構造
所属不明	5	1	1	7	
計	118	4	3	125	

村徳永遺跡　佐賀市久保泉町上和泉字村徳永

「水田中の大石を除去したところ、一組の合せ甕棺があったという」〈『佐賀市史　第1巻』1977年より〉

四本黒木遺跡　神崎市神埼町城原字四本谷

位置

佐賀平野中央部の山麓から平野部へ移行する地帯で、脊振山地から南流する城原川中流域の西岸の、海抜約20メートルの低台地裾部にある。

遺跡の概要

1976（昭和51）年、県道改良工事に伴い、神埼町教委により発掘調査（第1次）が行われ、さらに第2次として1979（昭和54）年、第1次調査の北側部分が調査された。

調査結果[1]によれば、弥生前期末から中期中頃までの甕棺墓を主体とする墳墓群で、その遺構の内訳は下表のとおりであった。

遺構一覧表

	第1次 第1群	第2次 第1群	第2群	第3群	第4群	計	合計
土壙墓	15	7		2		9	24
甕棺墓	55	24	10	6	12	52	107
石棺墓	4	3				3	7
支石墓		1				1	1
祭祀遺構		2				2	2
方形竪穴状遺構				1		1	1
溝状遺構		1				1	1
合　計	74	38	10	9	12	69	143

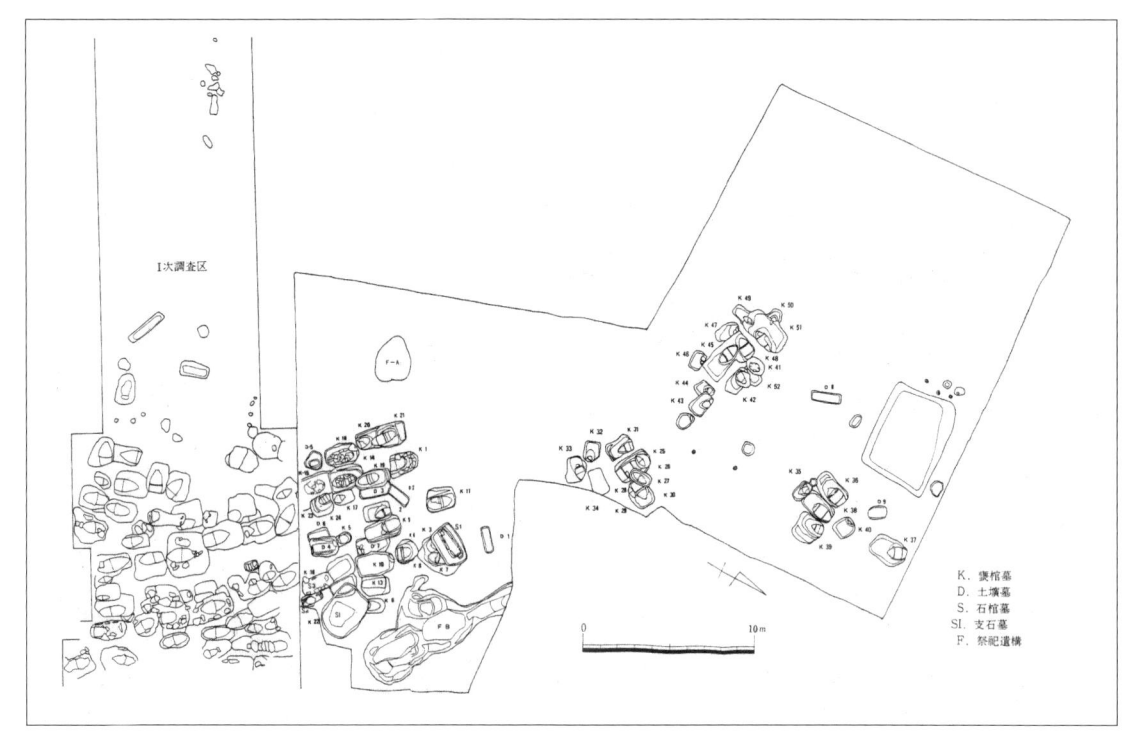

図1　四本黒木遺跡遺構配置図

　即ち第1次・第2次調査分を合計すれば、約800平方メートル弱の調査区域から、甕棺墓107基を主体として支石墓1基を含む143基の遺構が検出されている。（図1）

　時期的には、第1次調査分と第2次調査の第1群が弥生前期末から中期初頭を主体としていて、第2～4群は弥生中期中頃のものであるという。

支石墓

　第2次調査第1墳墓群の東南部で、支石墓が1基発見された。（図2）

　上石は墓壙の中央部にあり、大きさは1.52×1.25×0.4メートル、墓壙の大きさ（上面3.15×2.3メートル）に較べると小型である。支石は認められなかったが、上石の南西と北西端の下に数十枚の小配石があり、その一部には赤色顔料塗布痕が認められた。なお、墓壙の上部が大きく破壊され、上石は墓壙中心からずれているので、二次的移動が考えられるという。

　墓壙は隅丸方形をなしていて浅い。内部主体は甕棺であるが上部を大きく破壊されていて、下甕の一部を残すのみであった。なお、墓壙が弥生中期初頭の甕棺墓2基を破壊して掘り込まれている点から、支石墓は

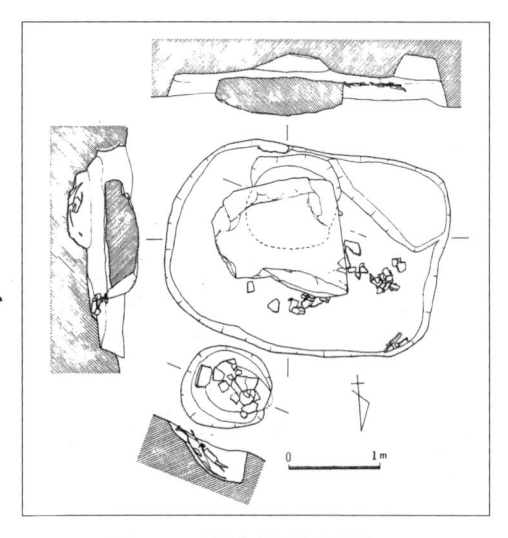

図2　四本黒木支石墓実測図

この甕棺墓から後出のものと考えられている。

四本黒木支石墓の特色

　当遺跡は約800平方メートルの狭い区域に、弥生前期末から中期初頭を主とし中期中頃までの短期間に、143基に及ぶ墳墓群等が営まれており、そのなかの1基のみが支石墓であった。
　しかしながら、支石墓の上石が下部墓壙に較べて小型であり、支石もない点から、標石とも考えられる。さらに、上石下の赤色顔料を塗布した小配石とともに、注目される点である。

註（1）神埼町教育委員会編「四本黒木遺跡」神埼町文化財調査報告書第6集、1980年
※掲載図は「四本黒木遺跡」（1980年）から転載

熊谷（二子山崎）遺跡　神崎市神埼町城原

　1972（昭和47）年刊行の『神埼町史』[(1)]によれば、「二子山崎の二子山南斜面―新県道路面の辺りから、甕棺、箱式棺と斜面を利用して造られている。特に道路面になったところにあった卓石と立石を持っていた合口甕棺には、鉄戈の副葬が知られている」とし、図のとおり、その復元想像図が掲載されている。
　また佐賀県教委の多々良氏は、「二子山崎遺跡の鉄戈を副葬している合せ口甕棺の真上に卓石と立石があったことで、上石の大きさや支石の有無は不明であるが、甕棺は中期後半に比定され、出土した鉄戈は長鋒形式である」[(2)]という。もしこの復元想像図の形式であれば、同時期の福岡県春日市の須玖（岡本）遺跡に類するものと考えられる。

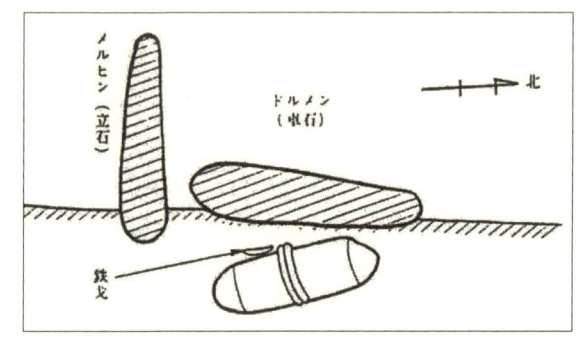

熊谷（二子山崎）遺跡復元想像図

註
（1）神埼町史編さん委員会編・刊『神埼町史』1972年
（2）多々良友博「佐賀平野における支石墓について」（『久保泉丸山遺跡』佐賀県文化財調査報告書第84集、九州横断自動車道関係埋蔵文化財調査報告5、1986年）
※掲載図は『神埼町史』から転載

伏部大石遺跡　神崎市神埼町竹

　支石墓の上石と思われる巨石があり、周辺から弥生前期末～中期前半頃の土器が多数出土しているという。[(1)]（内部主体は不明）
　なお、森田孝志氏によれば、「1982年（昭和52年）圃場整備に伴い発掘調査された。弥生時代の

102　資　料　編

甕棺墓群中から、支石墓の上石が1基確認されている。上石は後世移動しているようで埋葬主体の特定はできないが、周辺に弥生前期末の甕棺墓群が存在することから、埋葬主体が甕棺墓の支石墓であったことは間違いないであろう。 上石は花崗岩で、長さ2.08メートル幅0.96メートル厚さ0.46メートル。発掘調査終了後に上石は近くの神社に移されている」(2)という。

註
（1） 佐賀県教委委員会編『佐賀県遺跡地図（三神地区）』佐賀県文化財調査報告書第47集、1979年
（2） 森田孝志「日本列島の支石墓：佐賀県・伏部大石遺跡」(『東アジアにおける支石墓の総合的研究』九州大学文学部考古学研究室、1997年）

枝町（馬郡）遺跡　神崎市神埼町鶴字馬郡

支石墓の上石と思われる巨石があるという。

参考文献
佐賀市史編さん委員会編『佐賀市史・第1巻』佐賀市、1977年
佐賀県教委委員会『佐賀県遺跡地図（三神地区）』佐賀県文化財調査報告書第47集、1979年

日吉神社の大石＊　神崎市神埼町志波屋

吉野ヶ里遺跡北墳丘墓の西側に低丘陵の森があり、その中央部に日吉神社がある。その東側からの参道中ほどに、支石墓の上石と思われる板石が立て掛けられており、周辺のいずれからか移されたものと思われるという。

参考文献　七田忠昭ほか『吉野ヶ里』佐賀県文化財調査報告書第113集、1992年

戦場ヶ谷遺跡（戦場古墳群6区）
神崎郡吉野ヶ里町三津

位置

戦場ヶ谷遺跡は、脊振山系から南方に延びる吉野ヶ里段丘の付け根部分にあたり、海抜50メートル前後の中位段丘の東斜面に位置し、有名な吉野ヶ里遺跡の北方約2.5キロの地点にある。

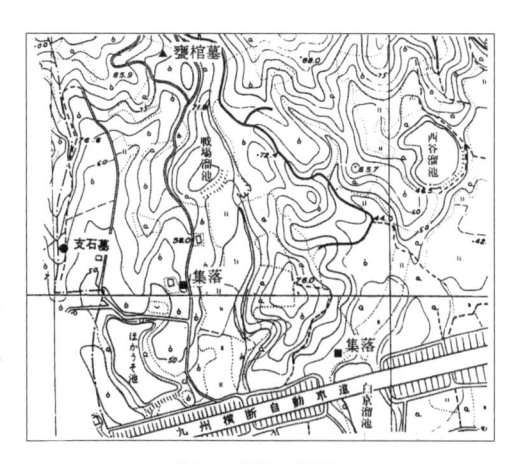

戦場ヶ谷遺跡位置図

佐賀県　103

遺跡の概要

1995（平成7）年、佐賀県教委による三津工業団地造成工事の予備調査で、この地域内の南西部に当たる戦場古墳群6区から、弥生前期前半の支石墓1基が発見された。

正式の調査報告書は未刊であるが、森田孝志氏[1]、市川浩文氏[2]によれば次のとおりである。

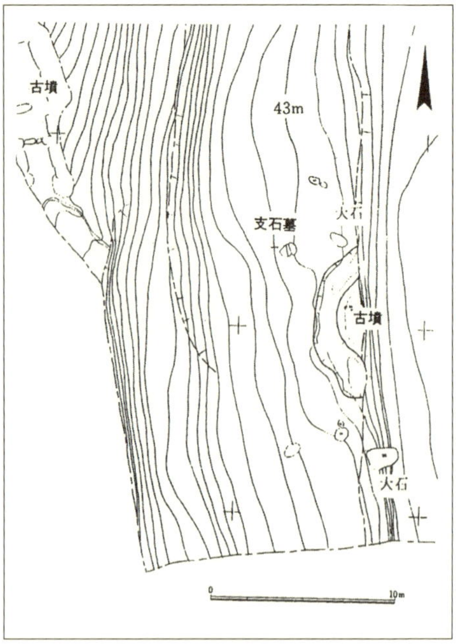

支石墓

調査の結果、遺構として支石と埋葬主体が確認され、支石墓の上石と思われる大石（長さ2メートル幅1メートルほどの花崗岩）が土壙の東側約2メートルの位置に移動していた。支石（大きさ20～30センチの礫）は5～6個残っていた。

埋葬主体は石蓋土壙で、蓋石は粘板岩の板石2枚と花崗岩の板石1枚の計3枚、土壙は平面楕円形で長さ110センチ幅90センチ深さ40センチであった。

周辺から供献土器と思われる高坏（基部片）が出土し弥生前期前半のものと推定され、石蓋土壙の形状からも支石墓も同時代のものと推定されている。

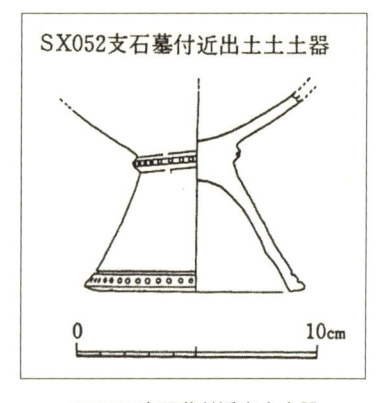

なお、周辺には支石墓の上石と思われる花崗岩の大石が古墳石室の石材として使用されており、古墳群の築造で破壊された支石墓数基の存在が推測されるという。

支石墓位置図

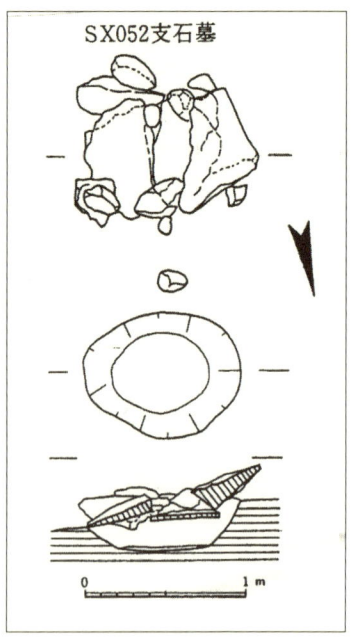

SX052 支石墓

SX052 支石墓付近出土土器

註
（1）森田孝志「日本列島の支石墓：佐賀県・戦場ヶ谷遺跡」（『東アジアにおける支石墓の総合的研究』九州大学文学部考古学研究室、1997年）
（2）市川浩文「戦場ヶ谷遺跡の調査概要」（佐賀考古談話会編・刊『佐賀考古』第3号、1995年）
※掲載図は「日本列島の支石墓：佐賀県・戦場ヶ谷遺跡」（『東アジアにおける支石墓の総合的研究』）から転載

西石動遺跡　神崎郡吉野ヶ里町石動字西二本杉

位置

　佐賀平野の中央部で脊振山系から源を発する田手川が、平野部へと流れを移す辺りの西岸、海抜34メートル程の微高地上にある。

遺跡の概要

　1980・81（昭和55・56）年、九州横断自動車道開設に先立ち、佐賀県教委により発掘調査が行われた。

　その調査概報[1]によれば、弥生前期末から中世にわたる複合遺跡で、主な遺構は支石墓1基・住居跡24軒（内弥生前期末〜中期初頭のもの21軒）・土壙34基・貯蔵穴2基（弥生中期初頭）・甕棺墓46基（弥生前期末〜中期中葉）・土壙墓4基・木棺墓1基・井戸4基・大溝2条を検出したと報告された。

　また支石墓については、中期の所産と思われ、上石が原位置より動いており、内部主体は土壙に河原石を敷き詰めた礫床で、赤色塗料が認められた。主体部より刀子・ガラス小玉が出土したという。

　しかしその後精査の結果、本報告書[2]によれば、遺構は弥生時代の住居跡21軒・土壙21基・土壙墓8基・甕棺墓45基・木棺墓1基・溝1条。その他の遺構6、古墳時代の住居跡5軒・土壙1基・古墳1基・溝1条、奈良時代の土壙1基、鎌倉時代の土壙1基・溝4条・井戸4基からなると報告されている。

　すなわち当初支石墓と考えられたのは、古墳と訂正されている。このことは同古墳（ST112）が、弥生時代の墳墓群の一部を破壊し構築されていて、天井石や側石は支石墓の上石や支石等を転用したと思われるものが多々あり、それ以前には支石墓の存在をうかがわせるものである（図参照）。

　なお、佐賀県教委の森田孝志氏によれば[3]、「しかし、甕棺墓群の中に支石墓の上石と考えられる大石が存在しており、支石墓であったと考えられる。この上石は花崗岩で長さ1.7メートル幅1.3メートル厚さ0.4メートル。後世に移動しているため支石および埋葬主体

西石動ST112古墳実測図

佐賀県　105

は不明であるが、周囲にある弥生前期末～中期初頭の甕棺墓が埋葬主体であった可能性が強い」と述べられ、森田氏らが調査当時現地で確認された大石については発掘調査報告書に記載されていないが、この大石を支石墓の上石と考え支石墓の存在を推測されている。

註
（1）佐賀県教育委員会編「西石動遺跡」（『九州横断自動車道関係埋蔵文化財発掘調査概報』第4集、1981年）
（2）佐賀県教育委員会編「西石動遺跡」（『九州横断自動車道関係埋蔵文化財発掘調査報告』12、1990年）
（3）森田孝志「日本列島の支石墓：佐賀県・西石動遺跡」（『東アジアにおける支石墓の総合的研究』九州大学文学部考古学研究室、1997年）
※掲載図は「日本列島の支石墓：佐賀県・西石動遺跡」（『東アジアにおける支石墓の総合的研究』）から転載

瀬ノ尾（松ノ森）遺跡　神崎郡吉野ヶ里町大字大曲字松ノ森

　1982（昭和57）年刊行の『東脊振村史』[1]によれば、「支石墓の上石と思われる巨石がある」と記載され、写真が掲載されている。
　しかしながら、松ノ森遺跡は1979（昭和54）年、佐賀県教委により確認調査が行なわれ、1980年発掘調査がなされたにもかかわらず、同報告書には支石墓の記載が見あたらないので、未調査と思われる。
　その後、1988（昭和63）年からの東脊振村教委による区画整理に伴う確認調査で、「この巨石の周囲から弥生中期の甕棺墓を主体とする墓地が確認されており、この巨石が支石墓の上石である可能性が強まった。この大石は花崗岩で地上に露出している部分で、長さ2.0メートル幅1.6メートル厚さ0.4メートル。発掘されていないため支石や埋葬主体は不明であるが、周囲にある甕棺墓の状況から弥生中期前半の甕棺が埋葬主体である可能性が強い」[3]という。

註
（1）七田忠昭「原始・古代編」（東背振村史編さん委員会編『東脊振村史』東背振教育委員会、1982年）
（2）東脊振村教育委員会編「丘の村」（東脊振村横田瀬ノ尾土地区画整理事業区内埋蔵文化財発掘査現地見学会　説明資料）
（3）森田孝志「日本列島の支石墓：佐賀県・瀬ノ尾遺跡」『東アジアにおける支石墓の総合的研究』九州大学考文学部古学研究室1997年

船石（北区）遺跡　三養基郡上峰町大字堤字三本杉・二本谷

位置

　佐賀平野の中央部、脊振山地南麓から南流し切通川に合流する船石川の、東側に沿って南へ長く延びた丘陵の舌状台地の先端付近、現在の船石天宮神社境内およびその周辺、海抜21～25メートルのところにある。

遺跡の概要

1982（昭和57）年、上峰町教委の委託を受け、佐賀県教委の七田忠明氏らにより、支石墓の上石と考えられ古来亀石・船石・鼻血石と称されている大石がある船石天宮神社を中心に、南北2地区に分けて調査が行われた。

調査報告書[1]によれば、弥生時代の集落と墓地、古墳時代の古墳群、中世の祭祀跡などの性格を持つ、長期間にわたって形成された遺跡であるという。

弥生時代の遺構としては、南区では中期初頭から中期前半の6軒の竪穴住居跡や貯蔵穴、北区からは前期末から後期にかけての甕棺墓を主体とする墳墓群93基以上と、弥生中期前半の支石墓2基が確認されている。（図1）

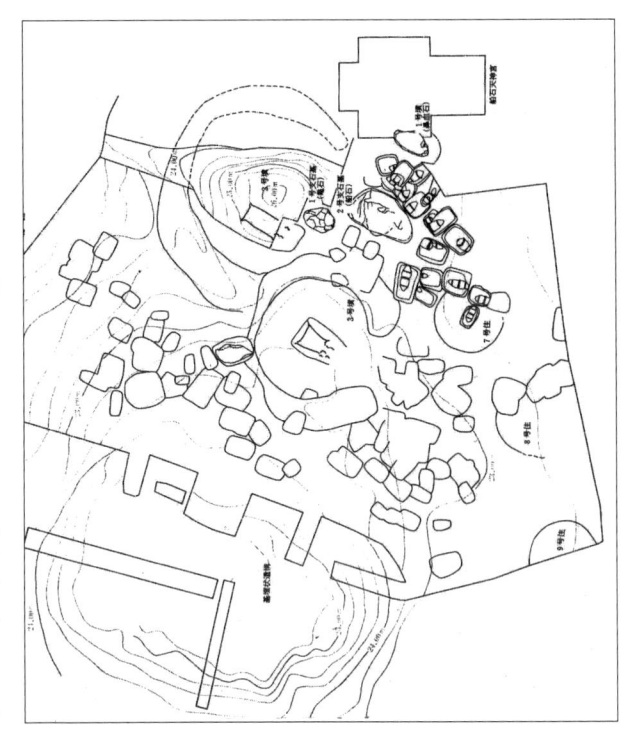

図1　船石遺跡支石墓周辺遺構図

支石墓としては、1号（亀石）・2号（船石）が発掘調査され、さらに未確認ながら北区の中央部分に大石（長さ3.0メートル幅約1.3メートル推定厚さ0.5メートル）があり、これも支石墓の可能性があるという。

なお、松尾禎作氏が1号支石墓と指摘されていた、鼻血石といわれている大石（長さ3.16メートル幅1.68メートル厚さ0.54メートル）は、発掘調査の結果、5世紀中頃の竪穴系横口式石室古墳の天井石であることがわかった。しかし、これも支石墓の上石を転用した可能性があり、2・3号古墳に用いられた側石も同様に考えられている。

支石墓

▶1号

上石は亀石と言われたもので、長さ2.46メートル幅1.82メートル厚さ0.72メートルの亀甲形を呈する花崗岩である。

支石は、墓壙の掘り込みの際に、長さ35～100センチ大の花崗岩の河原石10個が、平面コの字形に配置されていた。

下部は、推定長323センチ推定幅164センチ深さ134センチ、平面楕円形に近い隅丸長方形の墓壙で、壙底の東側に長

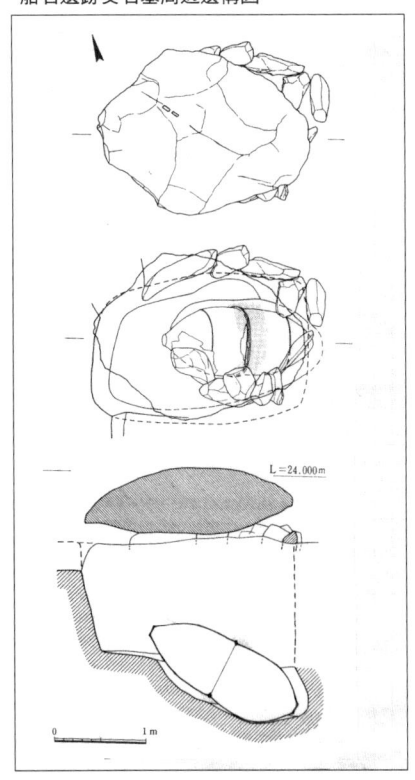

図2　1号支石墓（亀石）実測図

佐賀県　107

さ172センチ幅97センチ深さ66センチ奥行き18センチの横穴を掘り込み、成人用合せ甕棺を埋置していた。合せ甕棺は、上下とも汲田式（中期前半）の大型甕を用いた接口式で、接合部には粘土目張りを施していた。傾斜角度は26度。（図2）

▶2号

上石（船石）は、長さ5.4メートル最大幅3.12メートル最大厚さ1.12メートル、平面は偏楕円形状の花崗岩の巨石である。上面は北西軸先端で反り上がり、底面も軸先側で舟底形となるなど、断面は舟形を呈している。全体的に南に傾いている。（図3・4）

支石は、軸先の下部および南西部・東南部の下部の3箇所に、北東側に開くコの字形に似た位置にある。軸先側の石は長さ113センチ厚さ35センチ高さ66センチ以上、南西部の石は長さ132センチ厚さ46センチ高さ56センチ以上、南東部の石は長さ150センチ厚さ74センチ高さ30センチ以上と、いずれも花崗岩の大石である。支石の下部は未調査であるが、軸先側と南西側の支石は横に立てられている。

下部は土壙であるが巨大な竪穴で、上面は南北220センチ東西189センチの平面円形に近い楕円形で、最下部までの深さは330センチである。深さ230センチ付近で東西に357センチと袋状に最も拡がり、最下部には長さ136センチ幅86センチ深さ20センチの平面隅丸長方形の壙があり、この壙の床面東寄りにはさらに長さ40センチ幅22センチ深さ14センチの平面楕円形の掘り込みがあった。

竪穴の内部には埋め土に混じって、深さ30～25センチの範囲に10センチ大から60センチ大の花崗岩の河原石が約60個あった。さらに埋め土から、弥生前期末（板付Ⅱ式）から中期中頃（須玖式）にかけての土器片や扁平片刃石斧などが出土し、深さ120センチと210センチの位置からそれぞれ鉄鎌と大型甕棺片が出土している。

また、上石の南東側の下部では、表土を除去したところ径約1.5メートルの範囲内に鎌倉時代の土師器の坏や小皿が約

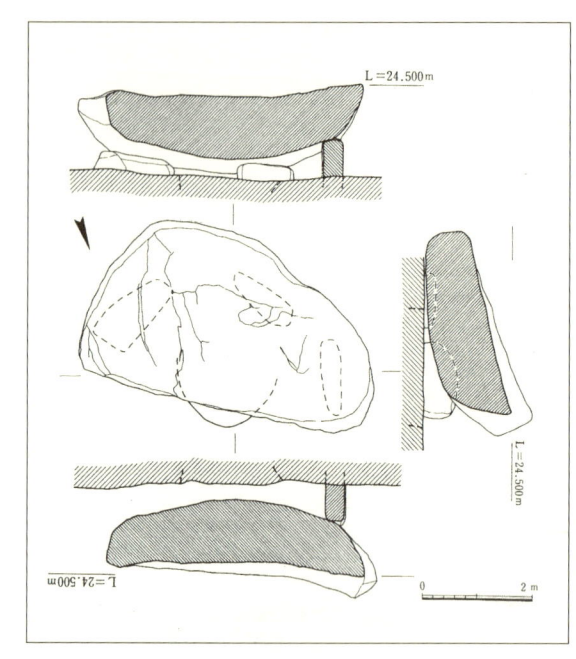

図3　2号支石墓（船石）実測図

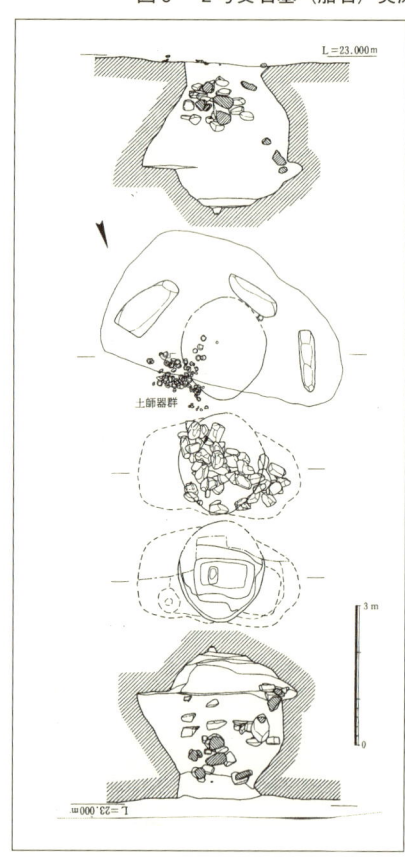

図4　2号支石墓下部竪穴実測図

千点散乱していた。これは上石と地表との空間に置かれた、巨石を信仰の対象とした祭祀行為の痕跡と考えられている。

甕棺墓

　支石墓との関連を調査するため、支石墓周辺の甕棺墓19基が発掘調査された。甕棺墓1基（成人用の石蓋・単管）を除き、いずれも上甕（又は鉢）下甕の合せ甕棺で、成人用12基・小児用6基であった。甕棺の埋置方法については、壙底をさらに横や斜めに横穴を掘り込み、甕棺の一部をそこに埋め込む方式で、弥生中期中頃前後まではほぼ水平に、中期後半になると傾斜が強くなるという。また、出土した19基の甕棺は、弥生中期前半の汲田式のものが主で、一部は中期後半の須玖式・立岩式のものと考えられている。

船石支石墓の特色

▶甕棺墓群中に数基の支石墓の存在

　弥生中期を中心とする前期末から後期にかけて、甕棺墓を主体とする多数の墳墓群の中に、支石墓が数基存在している。これは時期的にも佐賀平野の南小路・四本黒木・唐津地方の葉山尻、筑後地方の羽山台の各遺跡に似た現象であると言える。

▶巨石の支石墓とその内部構造

　2号支石墓の上石は、長さ5.14メートル幅3.12メートル厚さ約1メートルの巨石で、我が国の支石墓の上石としては最大のものである。しかも支石も長さ1.3〜1.5メートルの大石を用い、地上に横に立てた配置で、上石とも注目される支石墓である。

　なお、下部構造の土壙が径2メートル前後、深さ3.3メートルの巨大な竪穴で、内部には埋葬施設の痕跡がなく、弥生前期末から中期中頃までの土器片などの遺物が出土している。したがって、発掘担当者もこれが墓壙であったか疑問視され、かつまた上部の巨石は墳墓群の標石的存在ではなかったかとも考えられるという。

　しかしながら、1993（平成5）年、韓国慶尚南道昌原郡徳川里遺跡で、三段掘りの地下4.5メートルの墓壙内に、石槨木棺埋葬の支石墓（1号）が発見され、その内部の埋葬施設の上部には、ほぼ地上面まで板石と塊石を交互に二段に積み重ねており、上石も方形塊状の重さ30トンもある巨石が用いられていた。[2]

　したがって船石2号支石墓は、盗掘によって荒らされたと思われ、内部構造は不明であるが、地下3.3メートルという深い墓壙を有する支石墓の存在も考えられるのではないだろうか。

註
（1）佐賀県上峰町教育委員会編『船石遺跡』上峰町文化財調査報告書、1983年
（2）李相吉「韓国・昌原徳川里遺跡発掘調査概要」（『古文化談叢』第32集、九州古文化研究会、1994年）
※掲載図は『船石遺跡』（1983年）から転載

香田遺跡 　三養基郡みやき町大字蓑原字香田

位置

　佐賀平野東部の北方山麓地で、脊振山地から南流する寒水川が、平野部にかかる流域の東岸で、なだらかな舌状台地の平坦部から西斜面にかけての、海抜60〜70メートルのところにある。

遺跡の概要

　1979・80（昭和54・55）年、佐賀県教委により発掘調査が行われた。調査報告書によれば、確認された遺構は、縄文早期の集石遺構9基、弥生早期の支石墓1基・甕棺墓1基、弥生中期の土器溜1基、古墳時代の竪穴住居跡3軒・石棺墓1基・土壙墓1基・古墳5基、中世の掘立柱建物跡1軒・土壙2基・集石遺構1基の計26件であった。なお弥生早期の支石墓（SX010）および甕棺墓（壺棺）（SJ011）は、A地区4区の中央部わから検出されている（図参照）。

支石墓

　上石は取り去られていたが、支石墓の南4メートルのところに、地中に4分の1ほど埋めて立てられた大石があり、この立石が上石と考えられるという。大きさは地上高2.5メートル幅1.8メートル厚さ0.7メートルで板状をなしている。

　支石は、下部の石蓋土壙の周囲に、40センチ前後の塊石5個と1.5メートルほどの棒状石が1個配置されていた。なお、下記の蓋石を含め、上石・支石とも花崗岩を用いている。

　下部構造は石蓋土壙で、棺部の土壙は平面不整長方形をなし、大きさは長さ145センチ幅121センチ深さ西側で45センチ東側の最深部で64センチであった。壙底の南寄りには、20センチ程の角礫1個と小穴があるが、性格は不明であるという。

　蓋石は、4枚の板石と隙間を埋める塊石からなり、その両側には20センチ大の石が数個ずつあり、蓋石を固定するものと考えられている。

　蓋石上から夜臼式の小壺2個体分が、また壙内埋め土から不明土製品が2点出土している。また、近くの同時期の甕棺墓との中間位置から、赤色顔料を塗布した壺が出土しており、いずれかの副葬土器の可能性が強いという。

香田支石墓の特色

　当遺跡は、縄文時代早期から中世（鎌倉・室町時代）にかけて、長期間に断続的に営まれた遺跡で、遺構数から見て中心になるのは、縄文早期と古墳時代後期である。弥生時代は遺物が数点出土しているものの、空白の期間であるという。そのなかで縄文晩期（弥生早期）の遺構が支石墓・壺棺各1基のみの検出であるが、これは西側部分の崩壊と部分的な発掘のせいかも知れない。

註（1）佐賀県教育委員会編「香田遺跡」佐賀県文化財調査報告書第57集、1981年

SJ011甕棺墓

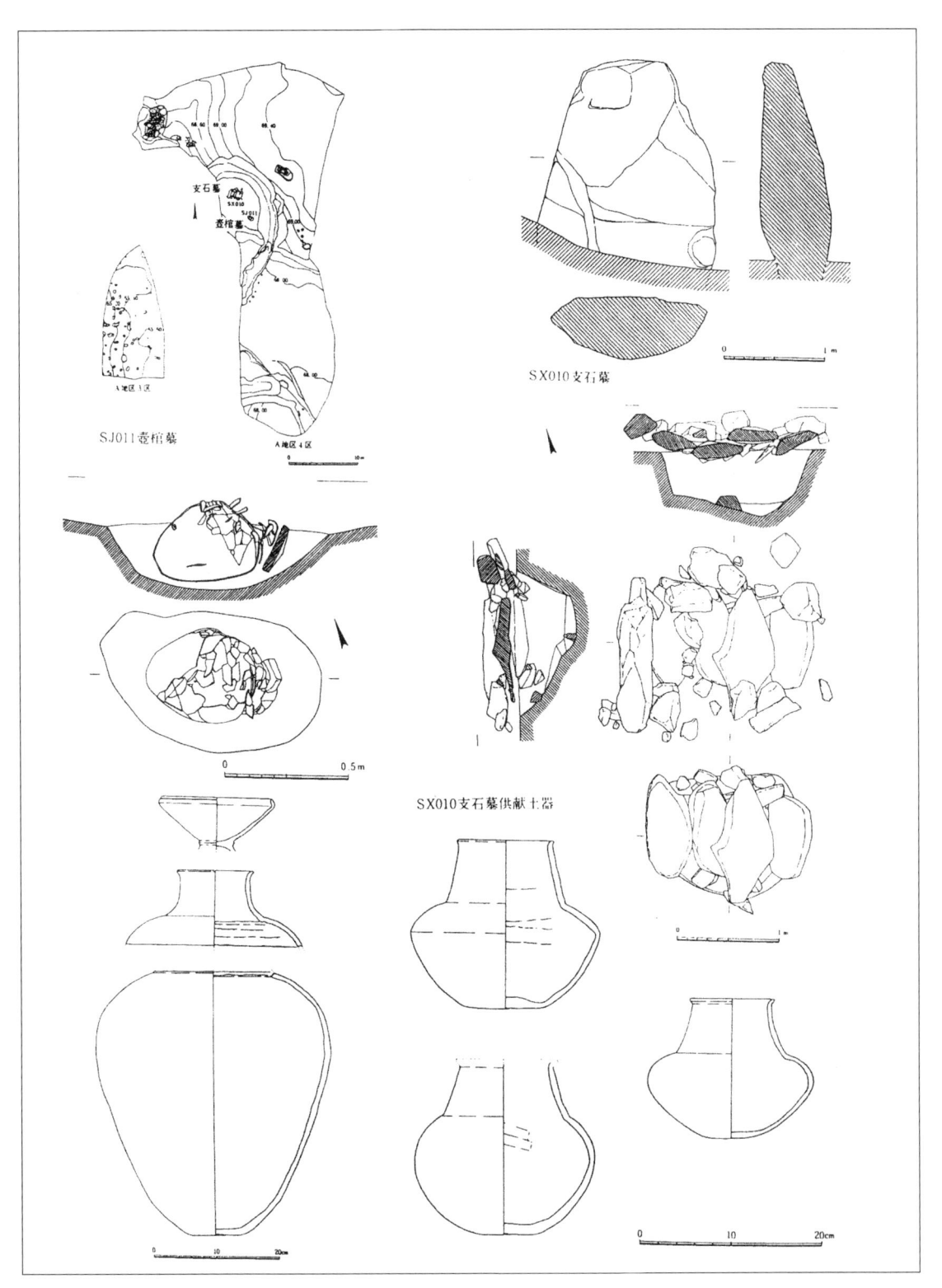

SX010支石墓

SX010支石墓供献土器

香田遺跡支石墓・出土土器実測図

佐 賀 県 111

※掲載図は、森田孝志「日本列島の支石墓：佐賀県佐賀地域・香田遺跡」（『東アジアにおける支石墓の総合的研究』九州大学文学部考古学研究室、1997年）から転載

山田遺跡　鳥栖市立石町大字山田

位置

脊振山地の東部九千部山の南麓で、雲野尾峠付近より南流する沼川の上流域、海抜70メートル前後の台地上にある。西へ1キロほどの山麓台地には、縄文早期の集石遺構や弥生早期の支石墓（1基）などが発見された香田遺跡がある。

遺跡の概要

1991年（平成3年）2月、圃場整備作業中に水田下から、縄文早期から晩期にかけての遺物が発見され、鳥栖市教委により調査が行われた。

調査報告書は未刊で、発掘担当者によれば、「水田下に平石（大きさ1.0×0.8×0.4～0.5メートル）があり、その下部に土壙（大きさ不明）と見られる内部から、板石（幅30センチ程度）や塊石（大きさ20～30センチ）など7～8個が石囲い状で検出された。支石と確定できるものはなかった。

また周辺にも、上石はないが石囲いらしい下部遺構が数カ所見受けられた。支石墓様遺構と考えられる。なお時期は、内部から遺物は発見できなかったが、周辺の包含層から黒川式や夜臼式土器片が見受けられるところから、夜臼式期のものではないだろうか。現在整理中」との由。

※1993年4月、鳥栖市教委の石橋新次氏のご教示による。

佐賀県（佐賀平野）内の支石墓遺跡所在地一覧

番号	時期	遺跡名	所在地	概　　　要	主　要　文　献	備　考
1	Ys～Yz前半	佐織遺跡	小城市三日月町長神田字佐織	支石墓1基（下部は甕棺？）他に夜臼式期の甕棺墓5、時期不明甕棺墓8(基)	高島忠平「三日月町佐織の夜臼式土器」『新郷土』319号 1975	未確認参考地
2	Yz末	南小路（尼寺）支石墓	佐賀市大和町尼寺字南小路	支石墓1基（下部は合せ甕棺）人骨1体、管玉6個 周辺から甕棺多数出土	木下之治「大和町南小路支石墓」『新郷土』301、1974 大和町教委1994再調査	
3	Ys～Yz	礫石B遺跡	佐賀市大和町久池井字野口	支石墓23基（下部は壺棺・石蓋土壙）他に 土壙墓3、弥生後期の石棺墓9・甕棺墓2・土壙1、古墳5(基)	佐賀県教委「礫石B遺跡」『九州横断自動車道関係埋蔵文化財発掘調査報告（9）』1989	古墳の下部から
4	Ys～Yz	黒土原遺跡	佐賀市金立町金立字五本黒木	支石墓8基（下部は石蓋土壙・土壙）他に 土壙墓2・甕棺墓7、古墳15基、祭祀遺構2(基)	佐賀市教委『黒土原遺跡』1987	古墳の下部・周辺から
5	Yc？	友貞（10区）遺跡	佐賀市金立町千布字友貞	支石墓1基（下部は甕棺？）他に 甕棺墓5、古墳時代の土壙1、中世の土壙10(基)	佐賀市教委「西千布・友貞遺跡」1996	未確認参考地
6	Ys～Yz	久保泉丸山遺跡	佐賀市久保泉町川久保	支石墓118基（下部は土壙・石蓋土壙・壺棺・粗製箱式石棺）他に 甕棺墓4、箱式石棺墓3、古墳12(基)	佐賀県教委「久保泉丸山遺跡」『九州横断自動車道関係埋蔵文化財発掘調査報告（5）』1986	古墳の下部・周辺から
7	Yc？	村徳永遺跡	佐賀市久保泉町上和泉字村徳永	水田中の大石の下から、合せ甕棺1基	木下之治『佐賀市史』第1巻1977ほか	未確認参考地
8	Yc前半	四本黒木遺跡	神崎市神崎町城原字四本谷	小形支石墓1基（下部は土壙）他に Yz末～Yc中頃の土壙墓・石棺墓・甕棺墓など計142基	神崎町教委『四本黒木遺跡』1980	
9	Yc後半	熊谷（二子山崎）遺跡	神崎市神崎町城原	卓石と立石あり（下部は合せ甕棺）鉄戈1本出土	七田忠昭『神崎町史』「原始時代」1972	未確認参考地
10	Yz後半～Yc前半	伏部大石遺跡	神崎市神崎町竹	支石墓の上石と思われる巨石あり。周辺からYz末～Yc前半の甕棺墓出土	『佐賀県遺跡地図』1979 神崎町教委1982調査	未確認参考地
11	？	枝町遺跡（馬郡）	神崎市神崎町鶴字馬郡	支石墓の上石と思われる巨石あり	『佐賀県遺跡地図』1979	未調査参考地
12	Yz後半	日吉神社の大石	神崎市神崎町志波屋	支石墓の上石と思われる巨石あり	七田忠昭他『吉野ヶ里』1992	未確認参考地
13	Yc前半Yz前半	戦場ヶ谷遺跡（戦場古墳群6区）	神崎郡吉野ヶ里町三津	支石墓1基（下部は石蓋土壙）高坏（基部片）出土	佐賀県教委1995調査（報告書未刊）『佐賀考古』3号、1995	未確認参考地
14	Yz末～Yc初頭	西石動遺跡	神崎郡吉野ヶ里町石動	調査概報では支石墓と報告されたが、本報告で古墳に訂正（支石墓の上石転用？）他に上石と思われる大石1ヶ	佐賀県教委「西石動遺跡」『九州横断自動車道関係埋蔵文化財発掘調査報告（12）』1990	参考地
15	Yc前半？	瀬ノ尾遺跡（松ノ森）	神崎郡吉野ヶ里町大曲字松ノ森	支石墓の上石と思われる巨石1基（下部未調査）周囲からYcの甕棺墓多数	七田忠昭「原始・古代」『東脊振村史』1982 東脊振村教委1988確認調査	未調査参考地
16	Yc前半	船石（北区）遺跡	三養基郡上峰町大字堤三本杉・二本谷	支石墓2基（下部は甕棺・土壙）支石墓？（未発掘）1基、他にYcの甕棺墓を主とする墳墓93基以上、古墳3基ほか	上峰町教委『船石遺跡』1983	
17	Ys	香田遺跡	三養基郡みやき町蓑原字香田	支石墓1基（下部は石蓋土壙）他に壺棺墓1基、縄文早期の集石遺構9基、Ycの土器溜り1基ほか	佐賀県教委『香田遺跡』1981	
18	Ys？	山田遺跡	鳥栖市立石町大字山田	支石墓様遺構1基（下部は土壙？）石囲い遺構数ヶ所あり	鳥栖市教委1991調査（報告書未刊）	

（注）Ysは弥生早期、Yzは弥生前期、Ycは弥生中期

長崎県の支石墓

宇久松原遺跡　佐世保市宇久町平字松原

位置

宇久松原遺跡は、九州西北部にある五島列島最北の宇久島（町）の中心地、宇久平港内の南向きの入江に形成された弓状の砂丘上で、部落の中心部分にある神島神社の境内およびその周辺にある。（図１）

遺跡の概要

1872（明治５）年、畑地から支石墓１基が発見されたが、埋め戻された。(1)

1968（昭和43）年、長崎県および宇久町教委と長崎・別府両大学による発掘調査で、再埋葬した支石墓（１号）を含め２基の支石墓と、甕（壺）棺墓７基・箱式石棺墓２基・土壙墓１基の計12基の墳墓が確認された。(2)

1977（昭和52）年、神島神社の社殿建て替えに伴う長崎県教委による発掘調査では、甕（壺）棺墓20基・箱式石棺墓３基・土壙墓２基・石蓋土壙墓２基の計27基を確認。なお人骨が、成人11体・幼・小児12体の計23体が検出された。(3)

また、1982（昭和57）年、町道工事の際、巨石２個が発見され埋め戻されたが、知見によれば下部構造が土壙である支石墓の可能性が強いという。

1995（平成７）年、長崎県教委が、火災により焼失した旧公民館（神島神社北）北側の民家下を確認調査し、支石墓２基を発見（下部未確認）、夜臼式土器が出土した。(4)

1996（平成８）年、宇久町が主体となり、長崎県教委が95年調査の地域を本格的再調査し、前年度発見したのも加え、支石墓６基・土壙墓４基・甕（壺）棺墓２基が確認された。(5)（図２）

また人骨も、支石墓３基および土壙墓４基から、小児１体・成人（男性１体・女性５体）６体、計７体が検出された。

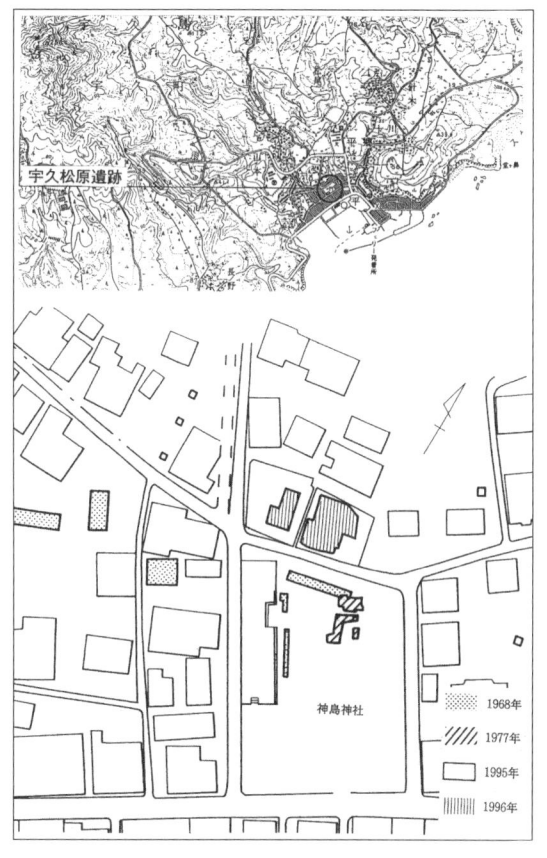

図１　宇久松原遺跡位置・調査区配置図

上記の調査結果を総合すれば、神島神社一帯の墳墓群（宇久松原遺跡）の規模は、支石墓10基（内未確認2基）・甕（壺）棺墓29基・土壙墓7基・石棺墓5基・石蓋土壙墓2基、合計53基程度になる。さらに周辺調査で、支石墓の上石と思われる大石が数カ所散在しているという。

支石墓

支石墓の時期について、当初小田富士雄氏は板付Ⅰ式期頃と考えられていた。またその後の調査で、石棺墓から板付Ⅰ式の副葬小壺が出土し、壺・甕棺は板付Ⅱ式から城ノ越式および後期に属するものもある点などから、当墳墓群は弥生初期から後期にかけて営まれたものと推定されていた。

しかし95・96年の発掘調査で、支石墓から夜臼式土器が共伴したことから、宇久松原遺跡は弥生早期の段階から墳墓が営まれたことが判明した。

1968年に調査された2基の支石墓は、次のとおり報告されている。

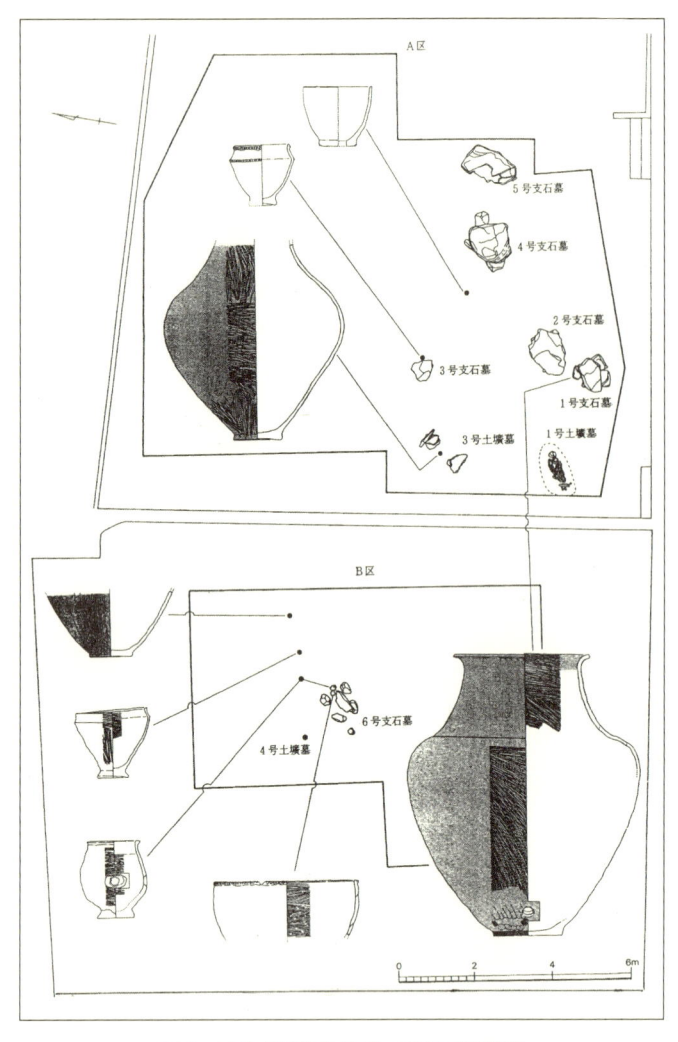

図2　宇久松原遺跡位置・調査区配置図

▶1号

1827年に発見されたが埋め戻され、上石だけ畑の一隅に立てられ祀られているという。当時の記録によれば、「畑の下50センチ程から大きさ一畳ほどの平石1枚を掘り起こし、その下には4個の石塊がほぼ矩形状に置かれ、その下をさらに掘ると伸展された人骨と剣が現れた」と記されている。[6]

1968年再調査の結果、成人女性の人骨とオオツタノハ貝輪2個・イモガイ製垂飾品1個が確認された。

▶2号

上石は長さ1.6メートル幅1.45メートルの扁平石で、支石はなく、下部構造は1号と同様に土壙であった。壮年男子の人骨が仰臥屈葬で埋地され、右足首に66個の貝製臼玉が着装されていた。

1996年の発掘調査は、宇久町教委が主体となり長崎県教委で実施された。その調査報告書[7]によれ

ば、次のとおりである。

遺構概要

　神島神社境内の北北東側に道路を隔てた住宅地Ａ区から、支石墓5基・土壙墓3基・甕（壺）棺墓1基が、狭い範囲内に切り合うことなく密集して発見され、夜臼式期の供献小形土器やアワビ貝なども出土した。（図1・2）また、支石墓・土壙墓内から壮・熟年の女性人骨が5体検出され、抜歯の痕跡も見受けられるという。

　Ａ区の西側のＢ区からは、支石墓1基・甕（壺）棺墓1基・土壙墓1基が発見され、支石墓からは壮年男子、土壙墓からは小児の人骨が検出された。なおＢ区からも、夜臼式期の小壺や土器が出土した。

　なお当調査地域は、過去の調査地域の北側のやや高地にあたり、ＡＢ区とも弥生早期（夜臼式期）の墓地であると想定されている。また出土した人骨については、比較的保存状態がよかった女性人骨が、長崎大学医学部（解剖学第二教室）で調査計測され、いずれも縄文人および西北九州弥生人に属すると判断された。

　ちなみに、1号土壙墓から出土した熟年女性は、推定身長147.7センチと低身長で、上顎犬歯と下顎切歯および犬歯のすべてに抜歯が見受けられ、縄文的風習を強く残しているという（他の人骨は保存状態が悪く、身長計測ができなかった）。さらにこの熟年女性の両腕には、それぞれオオツタノハの貝輪が2個計4個着装していた。

支石墓

▶1号

　上石は約0.92メートル×0.56メートル厚さ0.12メートルと小さく、支石は下部のほぼ四隅に大小異なった礫石4個が認められた。

　下部構造は砂中に甕（壺）棺が埋められており、内外部とも遺物はなく、墓壙の大きさはサラサラした砂地のため不明。壺棺は夜臼式期の丹塗磨研の平底大型壺（器高57.9センチ）、口唇部を欠くがほぼ完形で、垂直に埋葬されていた。（図3）

▶2号

　きちんと四隅に支石を備えた碁盤式支石墓である。上石の大きさは約1.25メートル×0.9メートル厚さ0.13メートルで、不整形の五角形をした安山岩であった。支石は礫石3個と安山岩の板石1個を使っていた。下部構造は土壙と考えられるが、遺物は検出されず、砂層のため墓壙の規模不明。（図3）

▶3号

　支石を持たない支石墓（蓋石式）で、上石の大きさは0.59メートル×0.55メートル厚さ0.1メートルと小型である。下部構造の墓壙の大きさが不明であるため支石墓として躊躇されたが、上石の下に二条の刻目突帯文がある供献小壺（器高12.3センチ）が検出され、支石墓と判断されている。な

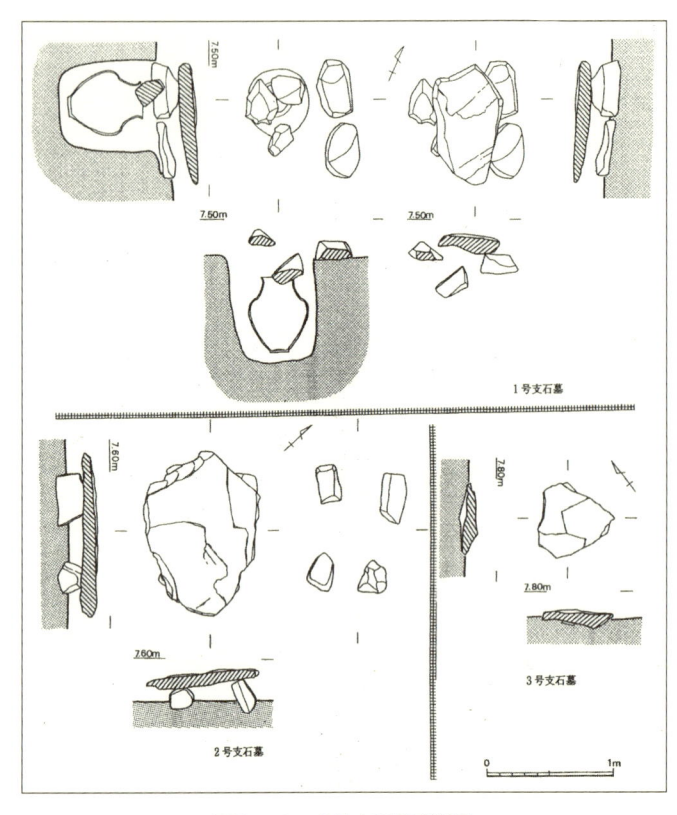

図3　1〜3号支石墓実測図

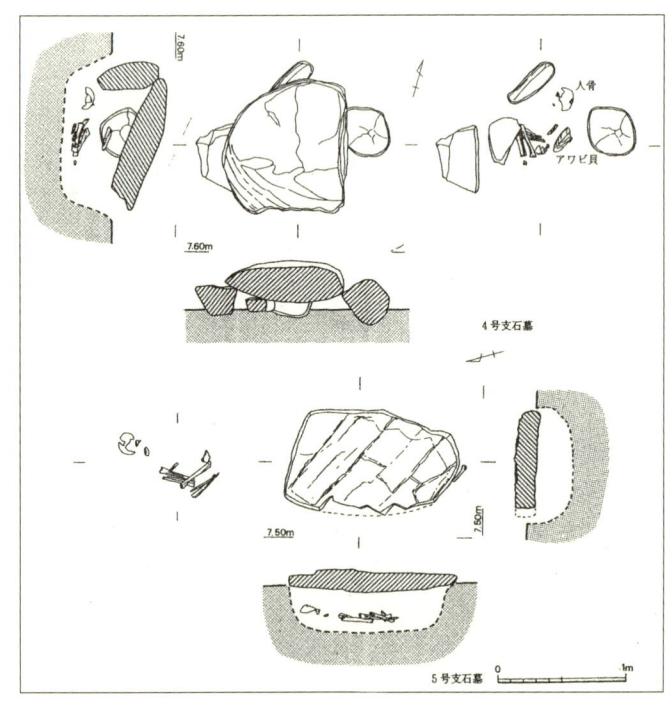

図4　4・5支石墓実測図

お、この小壺の口頸部に籾圧痕が認められた。（図3）

▶4号

　上石の大きさ1.0メートル×1.0メートル厚さは最厚部が0.25メートル程度で、方形に一辺が弧を描き、総体的に丸みを帯びている。支石は下部に4個認められたが、1個だけ内部にずれていた。

　下部の砂層内から壮年の女性人骨（頭蓋骨片と体肢骨）が検出され、墓壙の大きさは不明であるが、おおよそ100センチ×70センチ深さ30センチ程度の規模が考えられるという。

　支石間のほぼ中央部分から、供献されたと思われるアワビ貝が出土した。また、上石の西側約90センチの位置から小型の粗製甕が出土していて、4号支石墓の供献土器と考えられている。（図4）

▶5号

　上石は約1.35メートル×0.8メートル厚さ0.16メートル程度の長方形の砂岩と思われる平石であるが、風化で崩れかけていた。支石は認められなかった。

　下部構造の墓壙は不明であったが、上石の下約20センチのところに屈葬された女性人骨の頭蓋片と体肢骨が埋葬されていた。その他の遺物は認められなかった。（図4）

▶6号

　1基だけ離れて、本遺跡では最も海抜が高いB区で発見された支石墓である。旧家屋の床面から浅い位置にあっ

たため上石は欠失していたが、支石4個がほぼ四隅にバランスよく配置されていた。

下部構造は土壙であるが、支石間の中央部分に蓋石と思われる板石があり、墓壙の大きさは砂地のため不明であった。上石の下から約70センチのところから壮年男子の頭蓋骨が出土したが、保存状態が悪く抜歯なども不明であった。（図5）

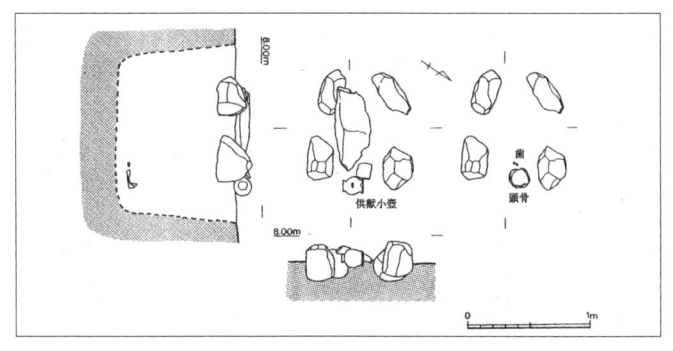

図5　6号支石墓実測図

支石間から供献された夜臼式期の丹塗磨研小壺と一条刻目突帯文の甕形土器片が出土した。なおこの供献小壺は、朝鮮半島の無文土器の影響を受けた在地製の土器と考えられている。

註
（1）宇久町郷土誌編纂委員会編『宇久町郷土誌』宇久町役場、1967年
（2）小田富士雄『五島列島の弥生文化 ― 総説篇』人類学考古学研究報告第2号別冊、1970年
（3）長崎県教育委員会編『長崎県埋蔵文化財調査集報』Ⅵ、1983年
（4）長崎県教育委員会編『県内主要遺跡範囲確認調査報告書』Ⅳ、1996年
（5）宇久町教育委員会編『宇久松原遺跡』宇久町文化財調査報告書第4集、1997年
（6）は（1）に同じ
（7）は（5）に同じ
※掲載図は『宇久松原遺跡』から転載

神ノ崎遺跡　北松浦郡小値賀町黒島郷庭ノ畑

位置

九州の北西海上に点在する五島列島の上五島内、小値賀島の南に接する黒島という小島にある（現在は小値賀島と橋で結ばれている）。

神ノ崎は通称で、黒島の北端部から北東に小値賀港を包むように突き出た、最大幅約15メートル最小幅約4メートル全長約60メートル、海抜約8メートルという溶岩台地の小さな岬を言っている。

この神ノ崎（岬）の基部に若宮神社があり、この岬全体が神社域として意識されたようで、かつまた、その南側にある集落の防風・防潮林の役目を果たしていたため、遺跡が現在まで遺存されていたという。

遺跡の概要

1983（昭和58）年、小値賀町教委により、小田富士雄氏（当時北九州考古博物館長）、長崎県教委の指導のもとに、確認調査が行われた。

調査報告書[1]によれば、石棺（石室）31基（内1基は支石墓）と支石墓の上石と見られる大石（下

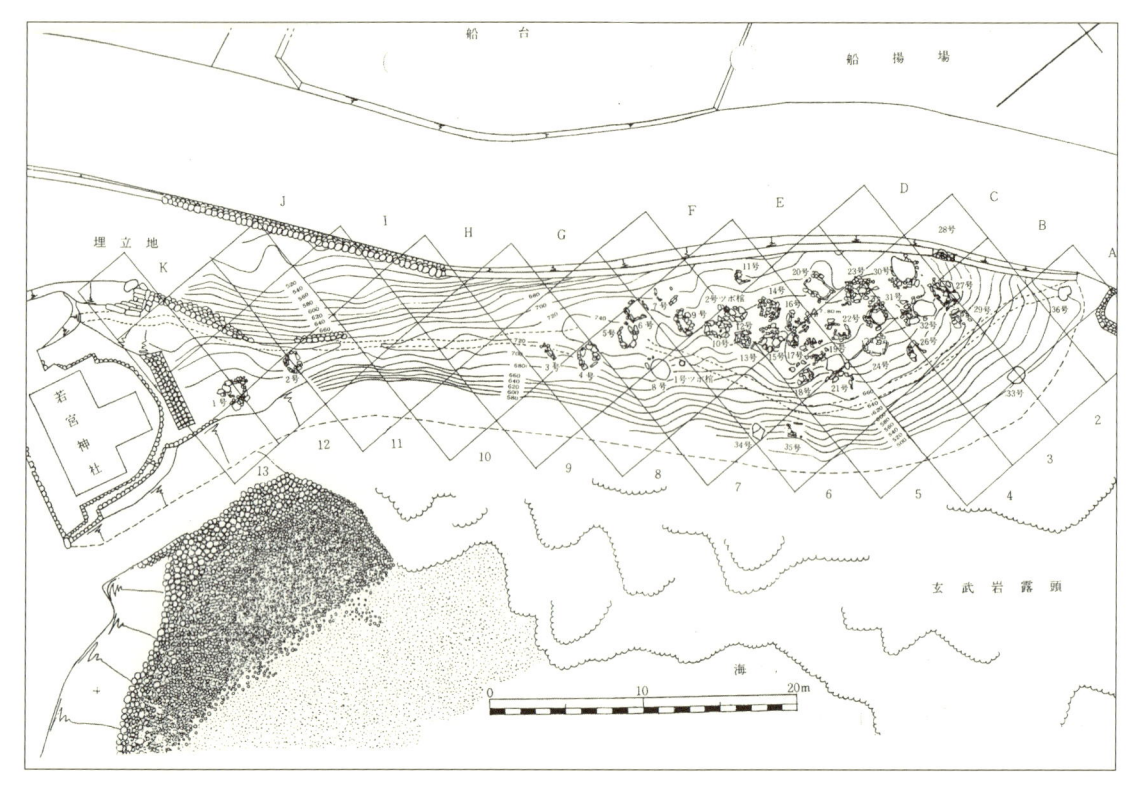

図1　神ノ崎遺跡調査区の地形と遺構の分布図

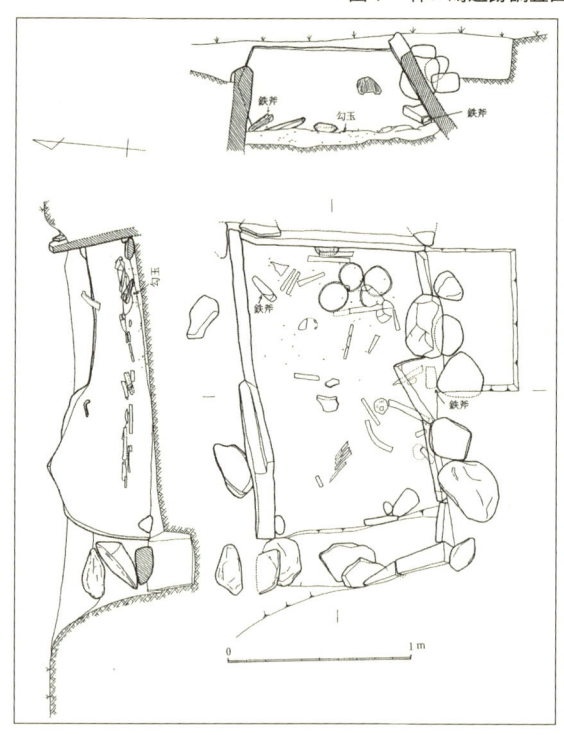

図2　20号石棺墓実測図

部は未調査）4個が発見され、その内支石墓を含めた8基を発掘調査した（図1）。そのほか、甕棺や壺棺の破片も数多く検出された。

その結果、これらの墳墓群は、弥生前期末から古墳時代後期の6世紀中頃まで長期間にわたって営まれ、長年の風波や崩落で上部構造がほとんど破壊されていたが、下部構造は弥生時代の板石積石棺墓（内1基は支石墓）・および古墳時代の地下式板石積石室墓と称される構造であることがわかった。かつまた表層面からは、板付Ⅱb式・城ノ越式・須久Ⅰ式の土器片などが出土した。

主な遺物は、発掘調査した20号・1号石棺から、次のとおり出土している。

▶20号石棺（弥生中期前半）

当石棺墓群中最大のもので、155×106センチの方形状の石棺である（図2）。板状鉄斧（鍛

鉄品）2点・硬玉製（ヒスイ）勾玉（長さ3.45センチ）1点・碧玉製管玉18個・グリーンタフ製管玉19個・須玖Ⅰ式壺破片が出土。

▶1号石棺（6世紀初頭～中頃）

地下式板石積石室墓で、2層式の埋葬構造である。（図3）上層部からは人骨とともに緑玉髄製勾玉（長さ1.76センチ）1点・グリーンタフ製・碧玉製管玉各1個・ガラス製小玉1個・須恵器の坏身（完形）

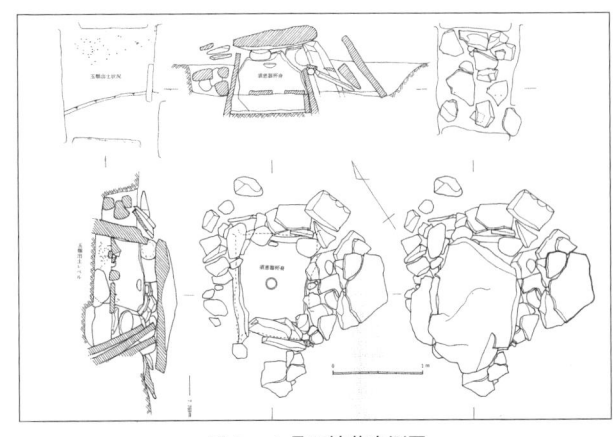

図3　1号石棺墓実測図

が出土し、さらに下層部からは4体分以上の人骨と硬玉製（ヒスイ）勾玉（長さ1.82センチ）1点・碧玉製管玉32個が出土。なお人骨は、保存状態が悪く極く一部分しか計測できなかったという。

支石墓

▶21号

神ノ崎の丘頂中央部の南端にある。上石は大きさ1.18メートル×0.96メートル厚さ0.26メートルの自然石で、下部に最低2個の支石様自然石が見受けられた。下部構造は、傾斜部分にあるため、上石もずれ上部も破壊され、かつまた内部も半壊状態であった（図4）。遺物がなく、時期は不明。

▶8号

南側にずり落ちた状態の自然石があり、大きさは1.3メートル×1.05メートル厚さ0.4メートルである。下部に板状石が5枚見受けられるが、未調査のため下部は不明。

▶30号

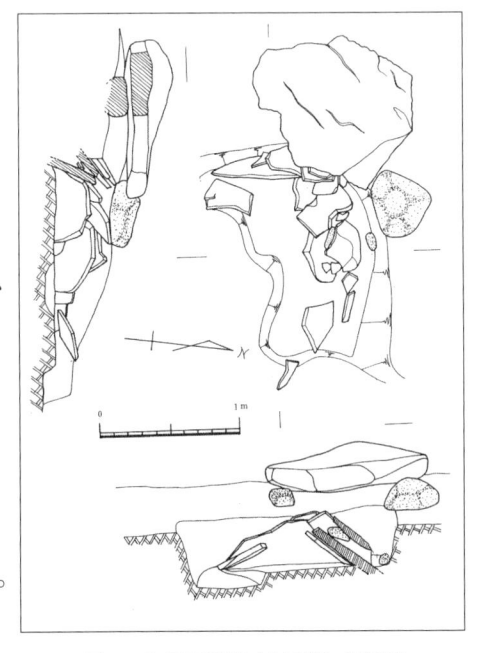

図4　21号石棺墓（支石墓）実測図

神ノ崎の先端部分に32号と並んでいて、約2.0メートル×1.3メートル厚さ0.4メートルの自然石の大石の下に、小型の板状石や拳大から人頭大前後の自然石が密集している。支石と言える石も見受けられるが、未調査であるため下部構造は不明。

▶32号

神ノ崎の先端部分にあり、大きさ1.5メートル×1.2メートル厚さ約0.35メートル程度の大きな自然石である。大石の南側に露出させた棺材の状況から、小さな板状石を多用して石棺を築く手法と思われるという。未調査のため下部は不明。

▶34号

　南側の波打ち際の岩礁上に、上から滑り落ちた状態の大石で、割れている。残存部分の大きさは1.0メートル×0.8メートル厚さ0.3メートル程度であるという。

神ノ崎支石墓の特色

　神ノ崎墳墓群で、確実に支石墓と判断された遺構は1基だけで、他の4個の大石は下部を未調査であるが、自然石の状況から見て支石墓の上石と考えられるものである。

　しかしながら、当遺構群の板石積石棺墓あるいは地下式板石積石室墓の上部が残存するものには蓋石に大石を使用していて、支石墓と見間違うものも見受けられる。(図2・3)

　すなわち、当墳墓群は、支石墓と板石積石棺墓あるいは地下式板石積石室墓との混合構造、もしくは、時期的に支石墓からの移行期の構造形態とも考えられるという。

　神ノ崎遺跡の遺構形態は、当地方の松原遺跡(宇久町)・浜川遺跡(有川町)・大野台遺跡(鹿町町)・佐世保市の宮ノ本遺跡(高島町)などにも見受けられ、さらに西部九州の海岸部から南は鹿児島県長島の明神下岡遺跡などにも及ぶという。

註(1) 小値賀町教育委員会編『神ノ崎遺跡』小値賀町文化財調査報告書、1984年
※掲載図は『神ノ崎遺跡』(1984年)から転載

田助遺跡　平戸市大久保町蜂の久保

位置

　田助遺跡は、平戸島の最北部、田助港を見下ろす海抜50メートルの丘陵縁辺部にある。

遺跡の概要

　長崎県教委の安楽勉氏によれば、「遺跡の発見は昭和3年(1928年)にさかのぼるが、畑の開墾中に石棺が発見され、鏡や玉類が出土している。鏡は径17センチの半肉刻獣帯鏡および内行花文鏡の破片である。1950年(昭和25年)には京都大学学術調査団により、昭和3年発見石棺のすぐ横の石棺が調査されたが副葬品は出土していない。1977年(昭和52年)にはさらに石棺材が確認され、かなりの数の石棺が存在することが予測された。1978年の調査では多くの石棺とともに、すぐ近くの山林に支石墓と考えられる5基の玄武岩製上石が発見されている。

　これまでの調査例を総合すると、調査した石棺5基、その存在が予測できる石棺14基、支石墓と思われるものの計25基となっている」という。

註
(1) 安楽勉「日本列島の支石墓：長崎県・田助遺跡」『東アジアにおける支石墓の総合的研究』九州大学文学部考古学研究室、1997年
※本項は安楽勉氏が資料として挙げた平戸市教育委員会編『田助石棺群発掘調査概要　中山遺跡の研究』遺物

篇2（1979年）が未入手のため、「日本列島の支石墓：長崎県・田助遺跡」（『東アジアにおける支石墓の総合的研究』）の記述を転載した。

里田原遺跡　平戸市田平町里免

位置

九州の西北部で、平戸島東端に接する対岸の平戸口から南東約1キロの地点にある。

『肥前国風土記』に記されている釜田湾に北流して注ぐ釜田川の下流域で、南北と東が低い丘陵に囲まれた「里田原」は、現在は平らな水田地帯であるが、往時はかなり起伏がある低湿盆地で、農耕集落があったと考えられている。

遺跡概要

1972（昭和47）年から78年にかけて、断続的に長崎県教委により調査が行われ、弥生早期から前期・中期初頭にわたる遺構や遺物が検出されている。特に弥生前期後半から中期初頭（城ノ越式期）にかけての遺構から、ドングリ加工用ピット（28基）や、木工具・農工具を始めとする大量の木製品が出土したことで有名である。[1]

なお1992（平成2）年、田平町教委の調査で、弥生早期（紀元前5～4世紀）の水田跡が発見されたという。（1992年12月26日付「西日本新聞」）

支石墓

この水田面の2地点に3基の支石墓が現存しているが、1949年頃までは3群7基の支石墓が存在していたらしいという。これらの支石墓は、盆地の北東隅にある宗像神社の「鎮座石（やすみいし）」として信仰の対象になっていることもあり、下部は未調査である。

しかし、田平町歴史民俗資料館裏手にある1号支石墓については、「上石の下に箱式石棺の上部が露出しているのが見受けられる。長さ1メートル弱の長方形で、蓋石を二重～三重に重ねており、原山遺跡等の例に類似する。正確な時期は不明であるが、形態の特徴や近くから夜臼式土器が出土していて、夜臼式期のものと考えられる」という。[2]

また、未調査のため時期は確定できないが、「3基とも同規模の卓石を有すること。小支群を構成していること。箱式石棺の規模が幾分長めであること。縄文晩期終末、弥生前期後半、同中期初頭の遺跡の包蔵地点が、東方向へ立地を変えている実情にあること。以上を合せ考えれば、三支群がそれぞれ各期に対応する可能性を考慮しておく必要がある」[3]とし、里田原支石墓群の時期は弥生早期末から弥生中期初頭の可能性も示唆されている。

註
(1) 長崎県教育委員会編『里田原遺跡・図録』長崎県文化財調査報告書第14集、1973年
　　長崎県教育委員会編『里田原遺跡略報』長崎県文化財調査報告書第18集、1974年
　　長崎県教育委員会編『里田原遺跡』長崎県文化財調査報告書第21・25・32・38集、1975～78年

（2）岩崎二郎「北部九州における支石墓の出現と展開」（鏡山猛先生古稀記念論文集刊行会編・刊『鏡山猛先生古稀記念古文化論攷』1980年）
（3）正林護「長崎県里田原遺跡」（佐原真編『探訪弥生の遺跡　西日本編』有斐閣、1987年）

大野台遺跡　佐世保市鹿町町新深江

位置

　北松浦半島西部のほぼなかほど、深く湾入した江迎湾（えむかえ）に突き出た台地の、西側から北流して江迎湾に注ぐ鹿町川の河口から約1キロ上流地点にある。川の右岸海抜53メートル～64メートルの緩傾斜の扇状地、東西約250メートル南北200メートルの範囲内の5地区（A～E地点）に分布している。
　なお、この台地を挟んで同じ江迎湾に東から注ぐ江迎川の右岸で、河口から約2キロの地点（大野台遺跡から東へ直線距離約2キロ）には、小川内支石墓群があった。

遺跡の概要

　1966（昭和41）年、長崎県および鹿町町教委並びに長崎大学（医学部解剖学第2教室）の共催で、C・D地点の発掘調査とA・B地点の知見調査が実施された[1]。
　1982・83年（昭和57・58年）長崎県および鹿町町教委により、A・B地点の発掘調査並びにE地点の確認調査（上石が遺存する14号支石墓のみ発掘調査）が行われた[2]。
　これらの調査報告書によれば、大野台遺跡の墳墓群の遺構（支石墓群）は次のとおりと推定されている。

```
A地点　旧状20基（箱式石棺20）
　　　　現存1基
B地点　旧状4基　（箱式石棺4）
　　　　現存0基
C地点　旧状9基　（箱式石棺8・甕棺1）
　　　　現存9基
E地点　旧状38基
　　　　（箱式石棺32・土壙墓1・積石墓1・不
　　　　　明3・祭祀遺構1）
　　　　現存37基
　　計　旧状　71基　　現存　47基
```

　D地点は、水田下より土器・石器など多数発見されたが、下部には遺構は検出されず、生活跡ではないかと考えられている。

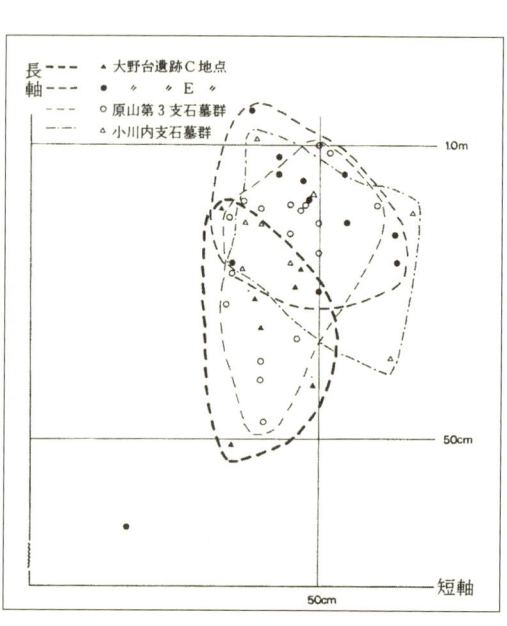

図1　石棺法量（長・短軸）計測図

124　資　料　編

表1　大野台A・C地点遺構一覧表

遺構番号	上部構造 撑石	上部構造 支石	上部構造 石材	下部構造 形状	下部構造 長軸・短軸cm	下部構造 長軸方向	下部構造 石材	遺物	備考
A 1	—	—	—	石棺	？・33	N 82°N	玄武岩	—	水田畔に本号のみ遺存

遺構番号	上部構造 撑石	上部構造 支石	上部構造 石材	下部構造 形状	下部構造 長さ：幅東西：深さ	下部構造 長軸方向	下部構造 石材	遺物	備考
C 1	ナシ	ナシ	—	石材	58：50・49：46	W28°S	玄武岩		
2	ナシ	ナシ	—	石材	69：50・30：47	W29°N	玄武岩		
3	ナシ	ナシ	—	石材	49：32・38：45	W7°S	玄武岩		
4	ナシ	ナシ	—	石材	74：39・38：38-45	W20°N	玄武岩		
5	ナシ	ナシ	—	石材	78：44・50：45-52	N20°N	玄武岩		
6	ナシ	ナシ	—	石材	89：35・28：42-43	N74°W	玄武岩	夜臼式土器(棺内)	
7	ナシ	ナシ	—	石材	76：48・45：44-62	E17°S	玄武岩		
8	ナシ	ナシ	—	石材	96：46・49：39	E2°S	玄武岩		
9	ナシ	ナシ	—	単甕	推定高45 推定口径35cm	W2°S	玄武岩		報告書ではNo.は付されていない

※本地点の近くに、撑石と思われる巨石があるが、本表にあげていない
※小田富士雄「大野台遺跡 ― 縄文晩期墳墓群の調査」（大野台調査団、1974年）より作成

なお2次にわたる調査の結果、消滅していたB地区を除く各遺構（支石墓群）の概要は表1・2・3のとおりである。また、同報告書には、図1・2・表3のとおり、遺構（箱式石棺）の形状・方位等が、近隣の原山（第3支群）・小川内支石墓群と比較検討されている。

遺構（支石墓群）の時期については、時間的には4群がほぼ平行して営まれたが、C・B地点がより古く（夜臼式期）、A・E地点はやや後出の遺構群とみられている。しかしE地点の祭祀遺構は弥生後期のものと見受けられるので、E地点は同時期まで継続していたことが考えられるという。

※本遺構の支石墓群は、上部を減失したものが多く、A・B地点などは消滅していて知見によるものもあり、E地点については1基を除き下部調査を行っていないので、全遺構が支石墓であるとは確定できない面もあり、報告書も「遺構」として慎重を期している。

大野台遺構（支石墓）の特色

▶遺構（支石墓群）の構成

遺構（支石墓群）は、A（20基）・B（4基）・C（9基）・E（37基）地点の4群にわかれているが、E地点についてはさらに3支群が考えられ、これらの小墳墓群は少数のまとまりをもった血縁集団の墓地であった可能性があるという。

またC地点については、夜臼式の古い土

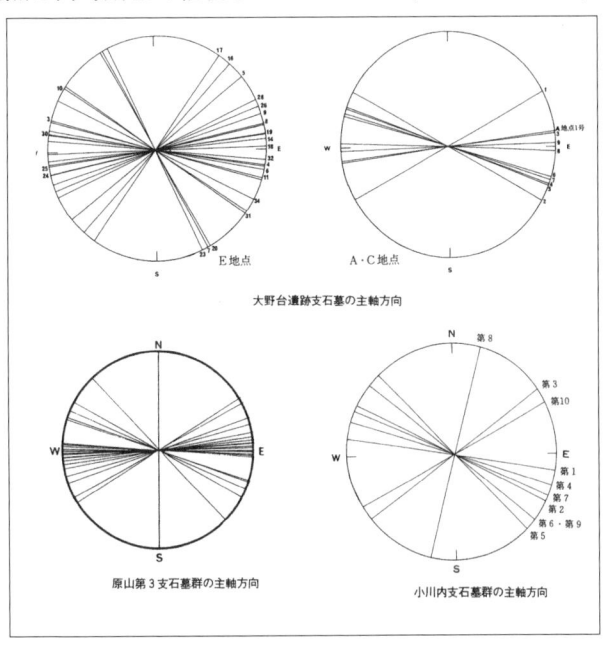

図2　大野台支石墓他主軸方向図

長崎県　125

表2 大野台E地点遺構一覧表

遺構No.	上部構造 撐石	上部構造 支石	上部構造 石材	下部構造 形状	下部構造 長軸・短軸(cm)	下部構造 長軸方向	下部構造 石材	遺物	備考
1	ナシ	ナシ	—	石棺	78・42	不明	玄武岩		遺跡発見時に損壊
2	平面観三角形 224×139×55	5+a	玄武岩	石棺	78・42	不明	玄武岩		未発掘
3	ナシ	ナシ	—	石棺	75・50	N74°W	玄武岩		内部未発掘
4	ナシ	6	玄武岩	石棺(6角形?)	?	N81°W	玄武岩		内部未発掘
5	ナシ	ナシ	—	石棺	106・38	N52°E	玄武岩		内部未発掘
6	ナシ	ナシ	玄武岩	石棺(6角形?)	?・53	N79°W	玄武岩		内部未発掘
7	ナシ	ナシ	玄武岩	石棺	91・48	N28°W	玄武岩		内部未発掘
8	ナシ	ナシ	玄武岩	石棺	80・?	N77°E	玄武岩		内部未発掘
9	ナシ	ナシ	玄武岩	石棺	?	W17°S	玄武岩		内部未発掘
10	ナシ	1	玄武岩	石棺	95・43	N56°W	玄武岩	土器片黒曜石(流れこみか)	内部未発掘
11	ナシ	ナシ	—	石棺	85・63	S74°E	玄武岩		内部未発掘
12	楕円形 152×132×28	6	玄武岩	不明	不明	不明	玄武岩		内部未発掘
13	円形 135×125×30	3+a	玄武岩	不明	不明	不明	不明		未発掘29号(石棺)の撐石か
14	楕円形 167×115×15	5	玄武岩	土壙	70・65・深さ48	N85°E	—	黒曜石剝片 土器小片(土壙内)	土壙底に径10cm程度の礫群あり。撐石二つに割れている
15	円形 径147	不明	玄武岩	28号石棺の撐石か	不明	不明	玄武岩		未発掘28号(石棺)の撐石か
16	ナシ	ナシ	玄武岩	石棺	不明	N43°E	玄武岩		内部未発掘
17	ナシ	1	玄武岩	石棺	?・33	N36°E	玄武岩		内部未発掘
18	ナシ	ナシ	—	石棺	?・34	N89°E	玄武岩		内部未発掘
19	ナシ	ナシ	—	石棺	98・43	W7°S	玄武岩		内部未発掘
20	ナシ	1?	玄武岩	石棺	94・47	N29°W	玄武岩	チャート原礫1(棺内)	内部未発掘
21	ナシ	2	玄武岩	石棺	不明	不明	玄武岩		内部未発掘
22	ナシ	2	玄武岩	石棺	不明	不明	玄武岩	カメ形土器が棺材の上にあった	内部未発掘
23	ナシ	ナシ	—	石棺	?・50	N25°W	玄武岩		内部未発掘
24	ナシ	ナシ	—	石棺	87・54	N78°E	玄武岩		内部未発掘
25	ナシ	ナシ	—	石棺	?・57	N83°E	玄武岩		内部未発掘
26	ナシ	ナシ	—	石棺	?・49	N69°E	玄武岩		内部未発掘
27	ナシ	ナシ	—	石棺	大部分が樹の根の下に入っていて不明		玄武岩		内部未発掘
28	ナシ	ナシ	—	石棺	95・54	N65°E	玄武岩		15号(撐石)の下部遺構か。内部未発掘
29	ナシ	ナシ	—	石棺	樹の根の下にあり細部不明		玄武岩		内部未発掘。13号(撐石)の下部構造か
30	ナシ	ナシ	—	石棺	不明	N81°W	玄武岩		内部未発掘
31	ナシ	ナシ	—	石棺(6角形?)	?・50	N55°W	玄武岩		内部未発掘
32	ナシ	ナシ	—	石棺	35・17	N84°W	玄武岩		内部未発掘
33	ナシ	ナシ	—	積石墓?	—	—	—	石鎚?1 土器底部(積石内)	内部未発掘
34	ナシ	1	—	石棺	80・35	N63°W	玄武岩		内部未発掘
35	ナシ	2	玄武岩	土壙?	80・63	不明	—		内部未発掘
36	祭祀遺跡か		玄武岩	土壙中に土器片および広形銅矛ふくろ部あり					内部未発掘
37	ナシ	ナシ	—	石棺	樹の根の下にあり細部不明		玄武岩		内部未発掘
38	ナシ	ナシ	—	石棺	樹の根の下にあり細部不明		玄武岩		内部未発掘

器に限って出土している点からも、ごく限られた一時期に営まれたと考えられている。その時期と併行して墓域も広いＡ・Ｂ・Ｅ地点も営まれ、特にＥ地点では祭祀遺構と思われる36号遺構および表面採集の遺物などから、弥生後期まで続いていたと推定されている。

▶上部構造

①**上石（撐石）**　上石を有するものはＥ地点の５基だけで、２号の三角形状の上石（長さ2.24メートル）を除いては、いずれも最大長1.5〜1.6メートルの小型の玄武岩である。

②**支石**　上石を有するものには支石も認められるが、その他で支石が残存していたのは、Ｅ地点の７基だけであった。支石数は、５〜６個と多数使用されているようである。

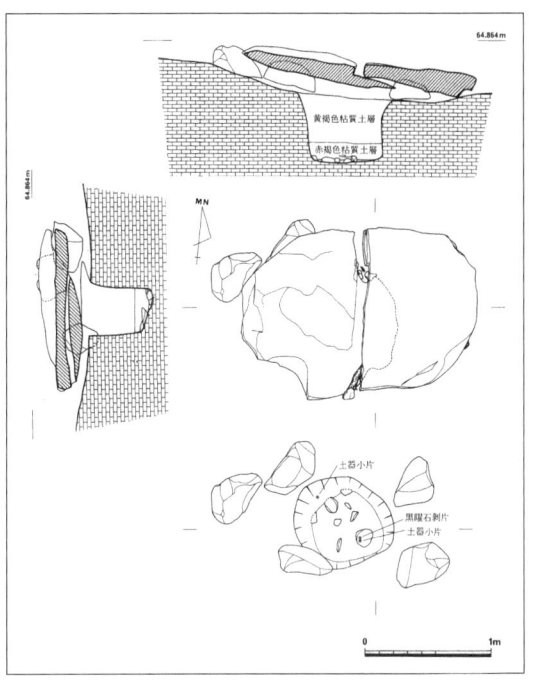

図３　14号支石墓実測図

▶下部構造

①**蓋石**　Ｅ地点で蓋石が確認できたものは16基で、その他は上部が滅失していて不明である。またＡ地点では、知見であるが蓋石があるものが見受けられたという。上石が現存する５基中１基（14号）だけ下部まで発掘調査したところ、土壙で蓋石は見あたらなかった。（図３）

②**内部主体**　甕棺１基・土壙２基・積石１基を除くほかは、粗雑な石組の箱式石棺と推定されている。箱式石棺の大きさは、Ｅ地点の５号（長さ102センチ）を除き、いずれも100センチ以内の小形で、形も方形に近い長方形が多い。

③**六角形の箱式石棺**　Ｅ地点の箱式石棺のうち、六角形と思

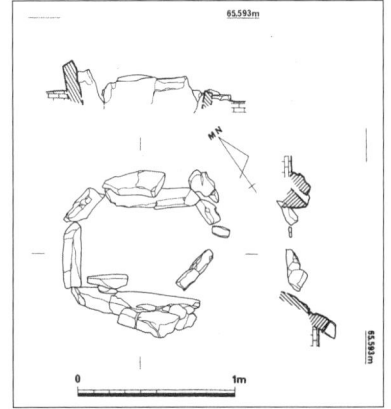

図４　31号支石墓実測図

われる側壁の石組が３基認められる。（表２および図４）この形式は原山支石墓群にも１基見受けられるという。

韓国・済州島には、地上型ではあるが囲石式と言われる多角形の側壁を持つ支石墓が多数発見されている。済州島に近い九州西北部の大野台遺跡での築造が、意図的なものかあるいは偶然的なものかが注目される。

▶遺物

主な遺物は、祭祀遺構と思われるＥ地点36号の、土壙表面から発見された広形銅矛袋部１点と、同周辺から出土した鰹節形大珠（緑色岩製半片・復元長９センチ幅2.2センチ厚さ1.8センチ）があ

る。なお、大野台遺跡の各地点からは、同時代に見受けられる打製・磨製石斧（扁平片刃石斧も含む）・石包丁・石皿・石鏃・剥片・石核などが採集されている。

表3　支石墓・石棺形態分類一覧

類型		形状	大野台遺跡 A地点	大野台遺跡 C地点	大野台遺跡 E地点	原山第3支石墓群	小川内支石墓群
I		▭	17	2.5.6	3.5.10.11.16.17. 19.28.32.34	104.101.43.40. 37.29.20.57	5.7
II	a	▭		1	20	9.6	3
	b	▭			7	30	
III	a	▭		3.4.7		41?.31.24.25.21. 19	2.6
	b	▭				39	
IV	a	⬡			4.6.3.1	106	
	b	⬠			24.25		

注：大野台遺跡E地点については、蓋石が失われていて、構造が判明しているもののみについてあげた

註
（1）小田富士雄「大野台遺跡―縄文晩期墳墓群の調査」（『古文化談叢』第1集、九州古文化研究会、1974年）
（2）長崎県鹿町町教育委員会編『大野台遺跡―重要遺跡範囲確認調査報告』長崎県鹿町町文化財調査報告書、
　　第1集、1983年
※掲載図表は『大野台遺跡―重要遺跡範囲確認調査報告』（1983）より転載

小川内支石墓　佐世保市江迎町小川内字走落
（おがわち）

位置

　北松浦半島の西部中ほど、細長く湾入した江迎湾に注ぐ江迎川の下流域、河口より約2キロほど遡る東岸に面した、舌状丘陵の先端海抜25～26メートルのところにあった。西方約2キロの同じ江迎湾に注ぐ鹿町川に面したところには、大野台支石墓群がある。

遺跡の概要

　1970（昭和45）年、新設農道路線にかかるため、坂田邦洋氏ら長崎大学（医学部解剖学第2教

室）による発掘調査が行われ、調査終了後遺跡は消滅した。

調査報告書[1]によれば、弥生早期（縄文晩期終末期）の10基の支石墓が一カ所に集中していて、その内4基は上石が遺存し、下部構造はすべて箱式石棺であった。（図1）

なお、1～5号支石墓の上石および大型の支石（計11個）は、6～9号支石墓の上石の上に積み上げられ、「牛の神」と呼ばれて民間信仰の対象になっていたという。報告書により筆者が作成した各支石墓の概要は表1（131頁参照）のとおりである。また、箱式石棺の主軸の方位は図2のとおり。

現在（江迎町役場の担当者によれば）、3号支石墓は江迎中学校の校庭に復元展示され、その他の石材の一部が近所に積み上げられて祠ってあるという。

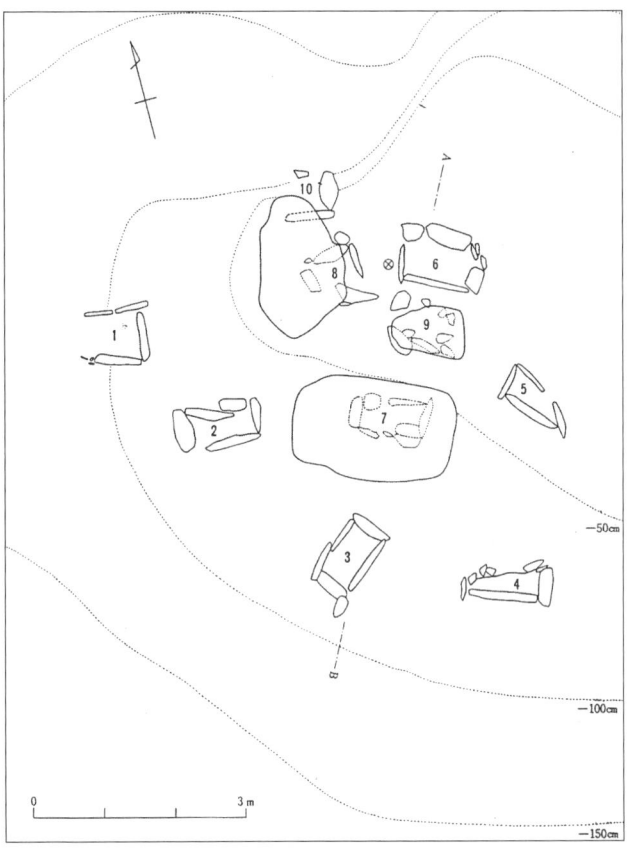

図1　小川内支石墓配置図

▶上部構造

①上石　上石が遺存し確認できるものの大きさは、6号が1.08×0.98×0.12メートル、7号は2.35×1.40×0.22メートル、8号は1.98×1.23×0.32メートル、9号は1.05×0.69×0.10メートルで、支石墓の上石としては中型であるが、比較的薄い扁平長方形の砂岩の板石を使用している。

なお、6号・8号にはさらにその下部に小型の上石があると報告されているが、これは蓋石ではないかとも考えられる。

②支石　支石は、7・9号には各4個、6・8号は1個のみであった。支石が1個のみの支石墓は、側壁が支石を代用していたのではないかと考えられている。上石がないものは、地表面の土砂とともに、支石も除去されたものと思われるという。

▶下部構造

①蓋石　6・8号支石墓には2枚の上石が使用されている。また除去されて6～9号の上石の上に積み上げられた1～5号の上石も、その枚数が多い。あるいはこれらのなかにも、蓋石として使用されたものがあるのではないだろうか。

②墓壙　箱式石棺を築くための墓壙は、それぞれ石棺に応じた広さであるが、深さを採るために地表下30～40センチの粘土層ばかりでなく床面の砂岩の基盤を10～30センチ程度掘り込んでいる。なお基盤の砂岩層に、工具の使用痕が残っていたという。

③**内部主体**　すべて箱式石棺である。側壁は扁平の板石を１枚または２枚用い、長方形プラン（７基）と方形に近い長方形（３基）にわかれ、いずれも小型（最長1.02センチ）であった。石棺の深さは64〜34センチで、床面には大型１枚または小型数枚などの敷石を全面に施しているのが５基ある。石材はすべて砂岩であった。箱式石棺の主軸の方位は、第１表のとおり東南東―西北西が10基中６基である。

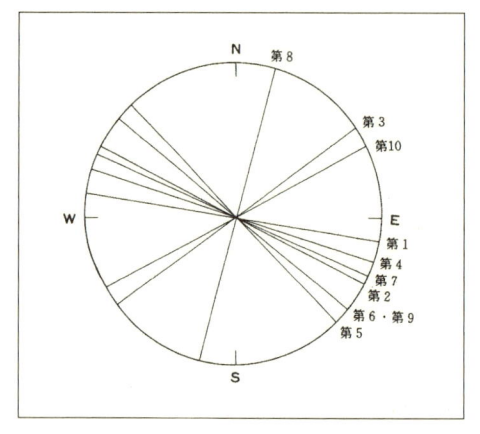

図２　小川内支石墓群の主軸方向

▶**遺物**
　３〜７・９号支石墓の棺内外より、縄文晩期終末期の丹塗の壺形や椀形土器・鉢形土器、腰岳産の黒曜石剥片などが出土している。

小川内支石墓の特色

　当支石墓群は、北部九州において碁盤式支石墓として、我が国でも最も典型的な箱式石棺を有するものであると言える。石材はすべて周辺で入手可能な砂岩を、加工を施したと思われる扁平な板石として、上石・蓋石・側壁・床石にも使用している。
　さらに基盤の砂岩を削るために使用した工具（黒曜石剥片や硬質の石あるいは金属器）の痕が、

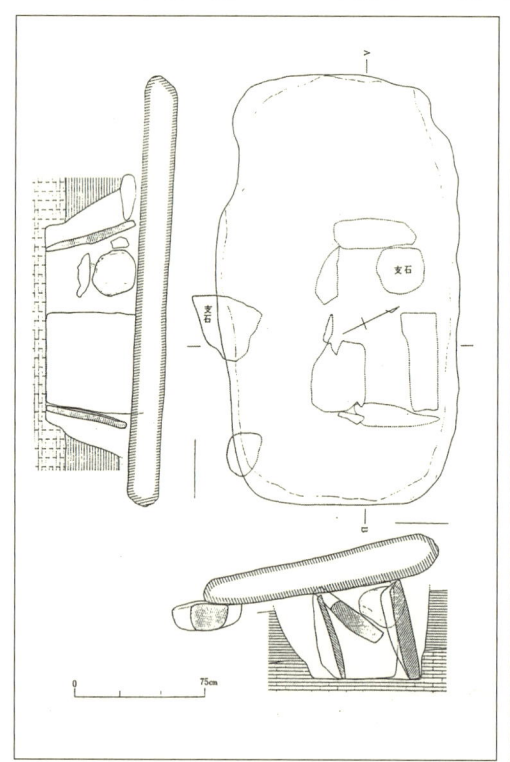

図３　７号支石墓実測図

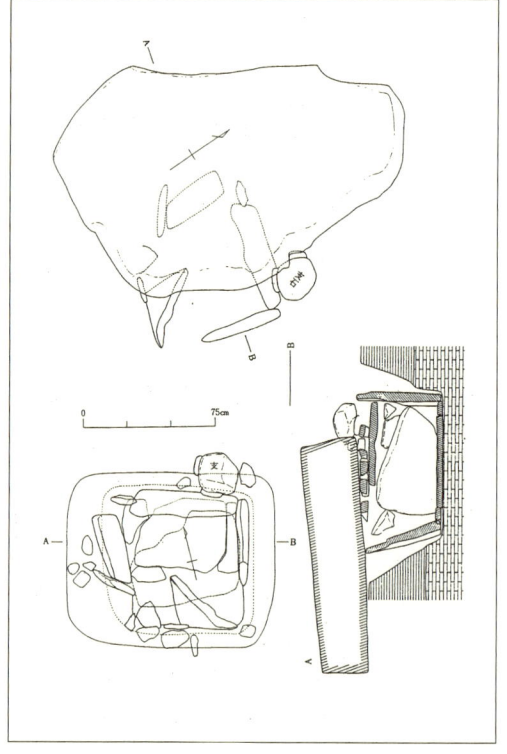

図４　８号支石墓実測図

130　資料編

土塀の下面の砂岩層に残っていたという。

　すなわち、弥生早期（縄文晩期終末期）に当支石墓を造営した人々は、もしや金属器（または金属器のようなもの）を使用するなど、相当高度の技術を有していたのではないかとも推測される。

　さらに、当支石墓群の西方に直線距離で2キロのところに、当支石墓群営時期を含んだ大野台支石墓群が存在している。同時期で近距離の位置に2カ所の支石墓群が存在していた点の疑問について、前者とともに注目される遺跡である。

表1　小川内支石墓一覧

調査番号	時期	上石	支石残存	下部構造				遺物（供献、副葬小壺）	備考
^	^	^	^	埋葬主体	規模（cm）（長×幅×深）	方位	内部状況	^	^
1	Ys	*		箱式石棺	90×72×51（方形）	N81°W	床岩盤掘り込み敷石1枚		＊上石は6.8.9号支石墓の上に積み上げられていた
2	Ys	*		箱式石棺	91×48×64（長方形）	N63°W	床岩盤掘り込み		
3	Ys	*		箱式石棺	84×46×52（長方形）	N54°E	床岩盤掘り込み敷石1枚	土器片（棺外）丹塗椀形土器	
4	Ys	*		箱式石棺	102×46×52（長方形）	N72°W	床岩盤掘り込み小敷石5枚	丹塗壺形土器	
5	Ys	*		箱式石棺	80×37×49（長方形）	N44°W	床岩盤掘り込み	甕形土器片	
6	Ys	2	1	箱式石棺	100×48×55（長方形）	N51°W	床岩盤掘り込み敷石大1小3	鉢形土器	上石の1枚は蓋石か？
7	Ys	1	4	箱式石棺	92×38×55（長方形）	N66°W	床岩盤掘り込み	丹塗土器片	
8	Ys	2	1	箱式石棺	68×65×46（方形）	N15°W	床岩盤掘り込み敷石大1小多数		上石の1枚は蓋石か？
9	Ys	1	4	箱式石棺（粗製）	63×56×34（方形）	N51°	床小川医師敷	深鉢形土器片	壁面の大部分は積み石年度詰め
10	Ys			箱式石棺	77×70×44（現存、長方形）	?N28°W			北東壁は滅失

注：Ｙｓは弥生早期

坂田邦洋「長崎県・小川内支石墓発掘調査報告書」（『古文化談叢』5集、九州古文化研究会、1978年）を元に作成

註
（1）坂田邦洋「長崎県・小川内支石墓発掘調査報告」（『古文化談叢』第5集、九州古文化研究会、1978年）
※掲載図は「長崎県・小川内支石墓発掘調査報告」（『古文化談叢』第5集）から転載

狸山支石墓　北松浦郡佐々町大字松瀬免字松瀬

位置

　佐世保市街の北西約1.1キロ、佐々浦（湾）に注ぐ佐々川の中流域で江里川と合流する地点のやや北側、熊野神社裏手の海抜30メートル（沖積地の水田地帯より比高約15メートル）の丘陵上にある。また、直線距離で小川内支石墓群の南南東約5キロにあり、さらに南南東約6.5キロには四反田支石墓がある。

遺跡の概要

1957（昭和32）年、森貞次郎・石丸太郎氏により調査が行われ、その概要を森貞次郎氏が報告されている。[(1)]その調査結果によれば、丘陵の屋根に沿ってほぼ4メートル間隔で東西に5基あり、その西端に近接して2基、併せて夜臼式期の支石墓が7基存在していたという。その内の2基（5・6号）を発掘調査している。

なお、1958（昭和33）年、県史跡指定を受け、保存されているという。

支石墓

▶1号

東端にあり、すでに破壊されて上石だけが現存していた。里人によれば、数個の支石があり、下部構造は石蓋をした方形に近い粗製箱式石棺で、棺底には小砂利が敷かれていたという。

▶2・7号

1945年頃破壊された由で、方形に近い粗製の箱式石棺だけが露出していた。

▶3・4号

上石の一部が露出していたが、未調査である。

▶5号

上石は北北東の長さ1.3メートル幅約1メートル厚さ約0.2メートルの方形に近い扁平な花崗岩で、下部に8個の支石があった。上石は原位置から20センチ程南方に移動していると見られる。

下部構造は、石蓋式箱式石棺で、蓋石は大きく薄い安山岩の板石を、やや台形状の粗製の箱式石棺も安山岩の板石を用いている。石棺の内寸は、長さ約60センチ幅約40センチ深さ約40センチである。東側の支石間から供献と思われる夜臼式の壺形

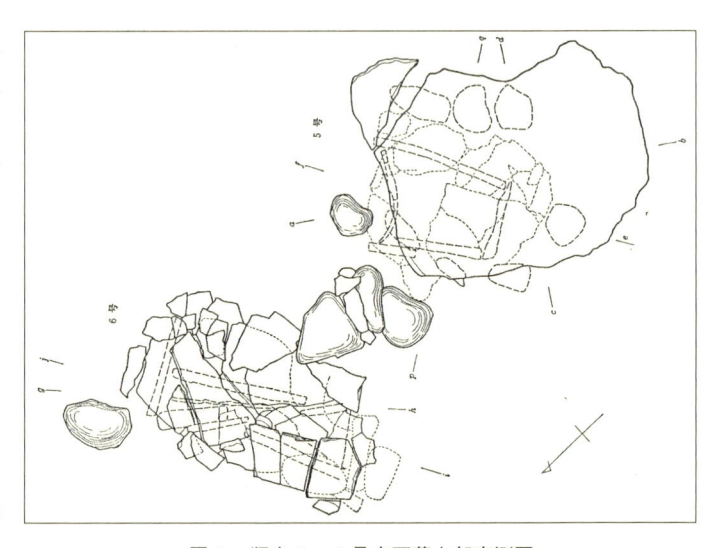

図1　狸山5・6号支石墓上部実測図

図2　狸山5・6号支石墓下部実測図

土器の細片が出土した。（図1・2）
▶6号
　上石はなく、棺の周辺から5個の支石が認められた。
　下部構造は粗製の箱式石棺であるが、その上面の石蓋は多数の安山岩の小板石を三重積にしていた。石棺の内寸は長さ94センチ幅約25～30センチ深さ約40センチで、床面には2枚の板石が敷かれていた（図1・2）。石棺内土中から、夜臼式と見られる粗製土器片が流れ込みの状態で出土した。また棺底から、硬玉製の鰹節型大珠（長さ4.4センチの長崎翡翠と呼ばれる白斑のある淡緑色をした蛇紋岩系の石）が発見された。

狸山支石墓の特色

　当支石墓群は、近くの江迎町にある小川内支石墓群と同じように、一つの血縁集団の墓地と考えられ、かつまた小川内支石墓群と同様に川を見下ろす位置に存在している。
　支石墓の上石は小型の花崗岩を用い、支石は5～8個の小塊石を配している。下部構造は安山岩の板石を用いた蓋石を有する粗製の箱式石棺であり、特に調査した2基とも、上石・蓋石には扁平で薄い板石を使用していることが注目される。箱式石棺の形状は方形と長方形であるが、いずれも長さ1メートル以内の小型である。

註
（1）森貞次郎「長崎狸山支石墓」（『九州考古学』5・6号、九州考古学会、1958年）
　　　森貞次郎「日本における初期の支石墓」（『九州の古代文化』六興出版、1969年）
※掲載図は「日本における初期の支石墓」（『九州の古代文化』）から転載

四反田遺跡　佐世保市下本山町字四反田

位置

　四反田遺跡は、佐世保市の北部で相浦川の下流域、海抜13メートル前後の平地にあり、下本山町四反田地区の国道204号線道路敷き下部およびその周辺から発見された。狸山支石墓の南南東約6.5キロの地点にあり、近くにある東方の丘陵先端部には縄文前期を主体とする下本山岩陰遺跡がある。

遺跡の概要

　1990（平成2）年、国道改修工事中に発見され、佐世保市教委により1990年から93年にかけて3次にわたる調査が行われた。
　調査結果[1]によれば、弥生早期から弥生前期後半にわたる遺構や土器が発見された。弥生の遺構は、竪穴住居跡14棟（内1棟は夜臼式期）・箱式石棺墓1基・支石墓1基・甕棺墓5基・土壙（墓）124基・袋状竪穴2基・水田4面・特殊遺構1・溝2条であった。
　そのうち支石墓が発見されたのは弥生前期後半の楕円形をなす集落の中央部で、周囲を住居跡で

取り囲まれたその中心部の空白地から石棺墓1基・支石墓1基と、周辺部分から小児用甕棺墓1基が発見されている（図1）。この墓地は集落が形成される前の墓地で、弥生前期後半でも最も古い時期のものと考えられるという。

支石墓

支石墓はすでに上石はなく、30センチ前後の6個の河原石を墓壙の縁に配置し支石としている。上石は原水田造成時に除去されたものであろうという。

墓壙は長軸66センチ短軸58センチの隅丸方形で、深さは37センチ程度であった。なかから伯玄式タイプ（板付Ⅱa式期）の甕棺（復元器高47.5センチ・単棺）と板付Ⅱ式の副葬小壺が発見され、甕棺には河原石を枕石や側石として使用していた。なお甕棺は小児用と考えられ、その他の遺物はなかった。（図2）

四反田支石墓の特色

四反田遺跡は、弥生早期（山ノ寺式期タイプから夜臼式期の古い段階、および夜臼Ⅲ式の時期まで）から弥生前期後半の遺跡であるという。発見された遺構は、時期別に次のとおり分類されている。

第1期　弥生早期　　　　　夜臼式期　　　　　　①住居跡
第2期　弥生前期後半前葉　板付Ⅱa式期　②石棺墓・支石墓・住居跡
第3期　弥生前期後半後葉　板付Ⅱb式期前　③甕棺墓・住居跡
第4期　弥生前期後半後葉　板付Ⅱb式期後　④水田

この遺構のうち、支石墓と箱式石棺墓および小児甕棺墓の各1基が、第3期の集落（住居群）が作られる以前に存在し、

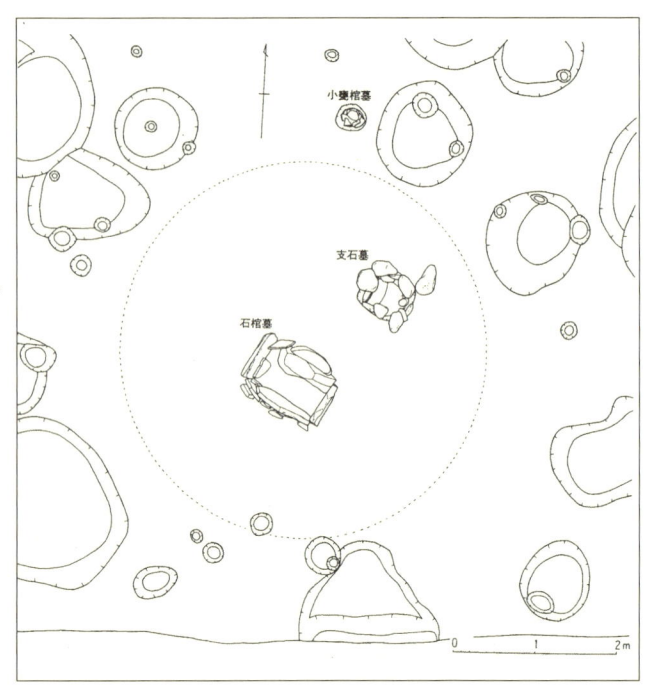

図1　四反田支石墓配置図

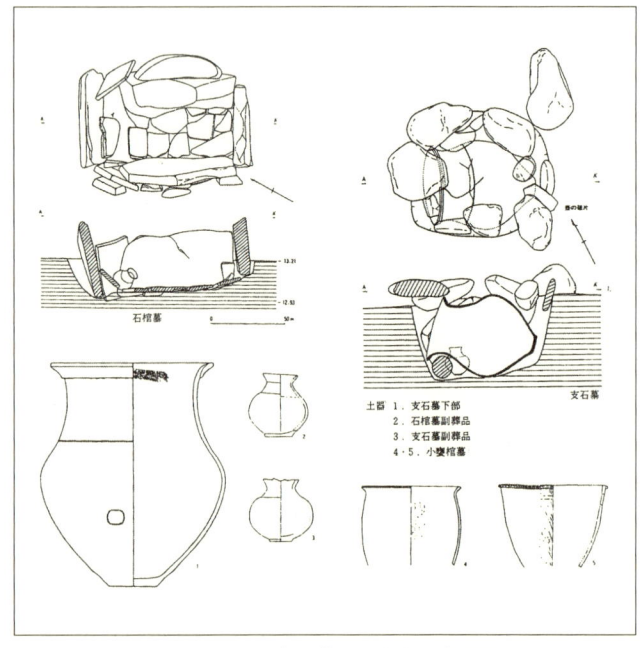

図2　四反田支石墓・出土土器実測図

134　資料編

その後も集落の中心部に一定の空間（墓地）を残している。

このことは、2期から3期への継続性とともに、弥生前期後半の集落形成の一典型とも言えないだろうか。

また当遺跡で注目すべきことは、当地方には数少ない板付式土器の存在と、弥生前期後半には水稲農耕が行われていたことである。

註（1）佐世保市教育委員会編『四反田遺跡』平成5年度佐世保市埋蔵文化財発掘調査報告書、1994年
※掲載図は『四反田遺跡』（1994年）から転載

天久保遺跡　西海市西海町天久保郷字塔尾

位置

天久保遺跡は、西彼杵半島の北端、佐世保湾の入り口に近い西岸で、五島灘に面する面高湾と黒口湾に挟まれた長さ1.5キロ程の小半島の基部にある。遺跡は3カ所に分かれているが、沿岸から600メートル程の比較的緩い傾斜地で、いずれも海抜40〜50メートル前後の丘陵尾根上に存在している。

遺跡の概要

天久保遺跡は以前から弥生の貝塚遺跡として知られていたが、地元から箱式石棺墓や支石墓の存在が指摘され、1992（平成4）年、長崎県教委による重要遺跡の範囲確認調査の結果、支石墓3基・箱式石棺墓6基が確認され、その他天久保集落の北東部にある共同墓地内に、支石墓の上石らしい自然石が4個発見された。[1]

その後1994（平成6）年10月と翌年2月に、九州大学考古学研究室が、「東アジアにおける支石墓の総合的研究」の一環として、上記の支石墓3基および近接した6号箱式石棺墓の発掘調査と共同墓地内の支石墓の測量調査などを行った。その調査結果は次のとおり。[2]

支石墓

▶1号支石墓

1号支石墓の上石は現在本山幸男氏宅地内に置かれているが、下部には遺構は認められず移動したものと思われ、正式には支石墓ではない可能性もあるという。

上石の大きさは長さ約1.7メートル最大幅1.33メートル厚さ約0.3メートル前後の長楕円形の玄武岩で、一部成型加工の痕跡がある。下部から弥生中期の汲田式（新）段階の甕棺片と思われるものが出土した。

▶2号支石墓

2号支石墓には3号支石墓および6号箱式石棺墓が近接していて、独立したグループをなしてい

る。2号支石墓の上石は長さ1.9メートル幅1.5〜1.6メートル最大厚さ0.46メートルの不整多角形の玄武岩で、周囲の平均的な厚さが0.35メートル程の板状を呈している。東北東方向にずれて傾斜しており、また加工痕や上石の下部面に盃状穴がみられるなどから、天地逆になった可能性もあるという。

なお、周囲にある塊石は、支石が上石の移動により動いたものと考えられている。

下部の埋葬主体は箱式石棺であったが、さらにその南西側の側壁石を共有した小形の箱式石棺（2号西石棺）が検出された。（図2）

主体部の箱式石棺の内寸は推定で、長さ85センチ幅40センチ深さ57センチで、後世の撹乱も考えられ、墓壙は矩形に近いが東半部が確認できなかった。なお、蓋石（4枚）の存在が確認されている。墓壙床面から、副葬された黒色磨研の壺ないし浅鉢の底部片が出土した。

西石棺は、墓壙の切りあいから主体部の箱式石棺より後に作られたと推定され、内寸は長さ底面で41センチ幅54〜31センチ深さ51〜31センチ程度、方形に近い箱式石棺であった。蓋石は見あたらなかったが、もともとあったものと考えられている。

▶6号箱式石棺

2号支石墓の南東側に隣接していて、四壁を薄めの板石を用い、平面は50×37センチほどのやや長方形を呈している。内寸は長さ50センチ幅37センチ深さ51センチと推定される。なお、この石棺のすぐ西側にある63×47センチ程のほぼ長方形の板石が、この石棺の蓋石でないかと考えられている。

▶3号支石墓

3号支石墓の上石は、長さ1.94メー

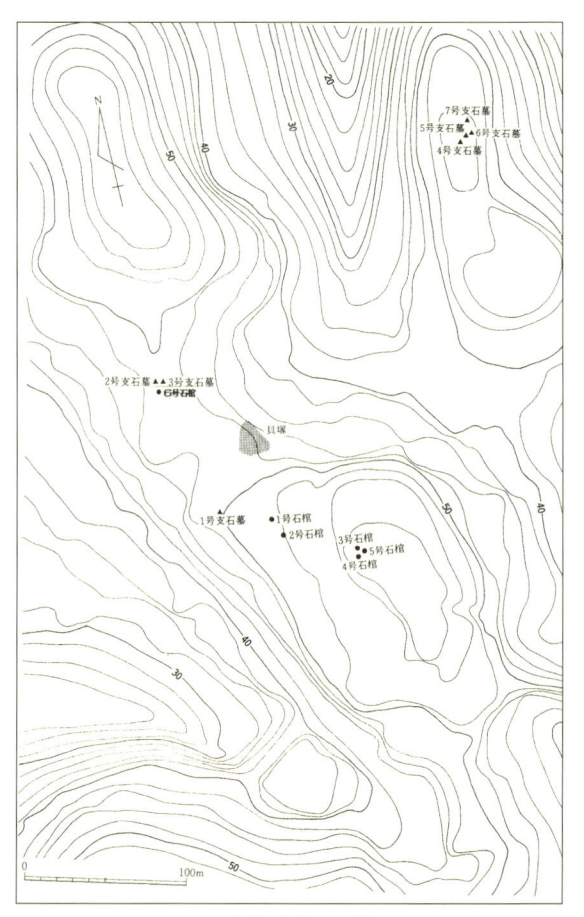

図1　天久保遺跡の遺構配置図

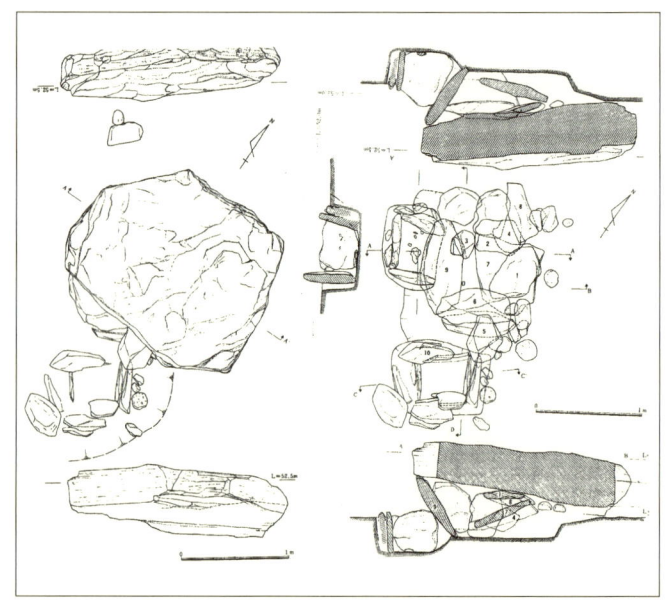

図2　2号支石墓実測図

トル幅1.5メートル厚さ約0.65メートルの厚みがある小判型の玄武岩で、加工の痕跡がある。東斜面にずれて大きく傾いており、下部の箱式石棺も東ないし南東方向に崩れていた。この箱式石棺にも蓋石4枚の存在が考えられ、箱式石棺の内寸は推定で、長さ60センチ幅40〜50センチ深さ45センチ程である。頭部側と思われる石棺内南西隅から、小型の碧玉製管玉15個が出土した。（図3）

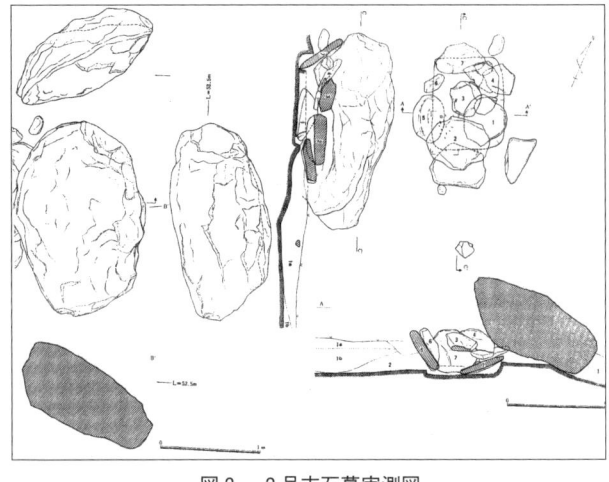

図3　3号支石墓実測図

▶4〜7号支石墓

　4〜7号支石墓の上石は、2・3号支石墓の北東約200メートル程の地点にある共同墓地内から確認されたもので、下部発掘は行わず測量調査にとどまった。調査中に周辺から、黒曜石製石鏃や黒曜石・安山岩の剥片が採集されている。（図4）

①4号支石墓（上石）

　長さ1.52メートル幅1.1メートル厚さ地上面0.36メートルほど。上石の南側端部近くに塊石をかませている。

②5号支石墓（上石）

　長さ1.23メートル幅1.19メートルのほぼ円形で、厚さ地上面0.35メートル。

③6号支石墓（上石）

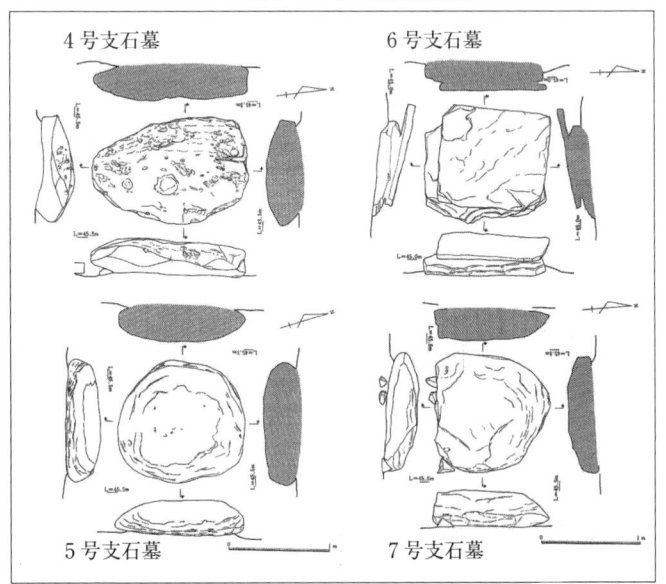

図4　4〜7号支石墓実測図

板石が2枚重なっている。上の石は長さ1.05メートル幅0.95メートル厚さ5〜7センチの薄い方形の結晶片岩製で、後世置かれたものの様である。下の石は長さ1.14メートル幅1.0メートル厚さ0.17メートル程の薄い方形状の板石であり、箱式石棺の蓋石の可能性もあるという。

④7号支石墓（上石）

　長さ1.12メートル幅1.13メートル厚さ地上面0.3メートル程度の不整円形で、南側が直線的で加工調整の可能性がある。南側下部に3個の塊石が見受けられる。

▶支石墓の時期

　各支石墓の周辺から採集された土器片は、弥生早期の刻目突帯文土器〜弥生前期前半と弥生中期を中心とする時期のものであった。なお、2・3号支石墓内から刻目突帯文土器片が出土し、3号

支石墓内に副葬された管玉も刻目突帯文時期の可能性が高く、近接の6号箱式石棺墓からも刻目突帯文土器片が出土している。

1号支石墓の上石周辺からは、弥生中期前半の土器が採集されており、以上の点から、4～7号支石墓の時期については不明であるが、当支石墓群は弥生早期から中期中頃までの時期が考えられるという。

天久保支石墓の特色

支石墓の下部構造が、長崎県地域の一般的な特徴である箱式石棺であり、かつまた内寸が小さく深い。また、1・2・3号支石墓の上石とも、明瞭な加工痕が認められる。

2号支石墓では、主体部の側壁を利用した小児用と思われる小形の石棺が存在し、1個の上石の下に複数の埋葬施設が確認されている。なお、2・3号支石墓の支石の有無について、当時九大助教授の宮本氏は「天久保支石墓は支石を持たない箱式石棺である」と述べられているが[2]、当時九大助手の中園氏は2号支石墓の調査報告のなかで支石存在の可能性を記されている。

いずれを採るべきか疑問があるが、言い換えれば2・3号支石墓がその判断をし難いほど破壊されていたことを示すものと考えられる。

註
（1）長崎県教育委員会編『天久保遺跡』長崎県埋蔵文化財調査報告書114集、1994年
（2）九州大学考古学研究室編「長崎県・天久保支石墓の調査」（『東アジアにおける支石墓の総合的研究』九州大学文学部考古学研究室、1997年）
※掲載図は「長崎県・天久保支石墓の調査」（『東アジアにおける支石墓の総合的研究』）から転載

風観岳支石墓群　諫早市破籠井町、大村市中里町字千部・今村町字高野

位置

大村湾の最深（南）部の東岸で、諫早市と大村市との境にある海抜236メートルの風観岳の南斜面、海抜200メートル前後の斜面や鞍部一帯に散在していた。この鞍部は、近世の長崎街道の峠部分にあたり、また四方に山道が交差する要所であったことが伺える。（図1）

遺跡の概要

1975（昭和50）年、諫早市教委が主体になり、長崎県教委の正林護・田川肇氏らにより遺跡の確認調査が実施された。

図1　風観岳支石墓配置図（A地点）

調査報告書⁽¹⁾によれば、A地点（諫早市と大村市の一部）では33基、B地点（大村市）では2基、計35基の支石墓を主体とする夜臼式期の墳墓群が確認されている。

なお、A地点の中央部分19・20号支石墓付近は、現存するのは5基であるが、この畑を含めた周辺の畑には、畑の周囲・畦・側溝・石垣等に支石墓の石材と考えられるものが多数使用されており、この鞍部だけでも推定40〜50基の支石墓が構築されていたと思われるという。

短期間の確認調査で、発掘調査したA地点の2基（3・8号）以外は、検土杖（けんどじょう）による下部構造の探査調査に留まったため、不明確なものが多い。その結果、支石墓で遺構の概要が確認されたもの20基、支石墓の可能性をもつものが15基であったという。（表1、140頁参照）

調査結果による、当支石墓群の全体的な概要は、次のとおりである。

▶支石墓群の構成

A地点には傾斜面あるいは鞍部などに33基遺存していたが、その位置・群れなどにより、各々10基程度の三つのグループに分けられるという。

▶上石

上石の大きさ2.8メートルに及ぶものもあるが、1.8×1.6メートル程度の楕円形のものが多く、石材はこの付近に産出（露頭）する玄武岩である。

▶支石

支石が明瞭に確認されたのは6基で、支石を用いないものも考えられる。下部まで発掘調査した土壙の、3号では支石が4個確認されたが、8号には支石が見あたらなかった。

▶下部構造

支石墓の下部構造が確認された20基の内部主体は、

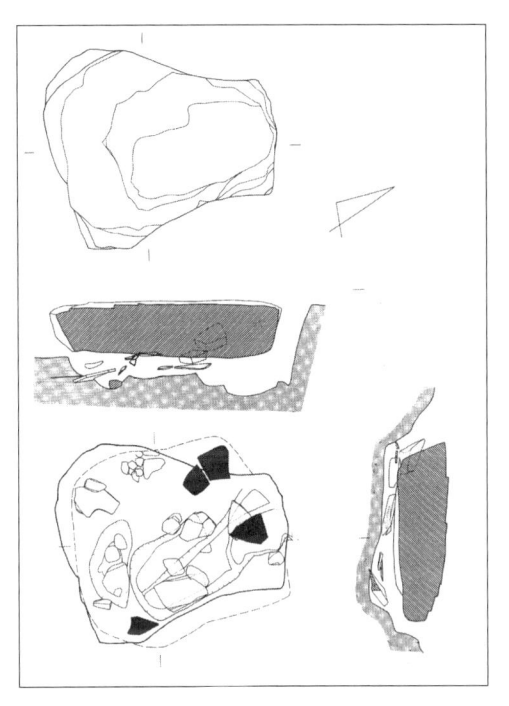

図2　3号支石墓実測図

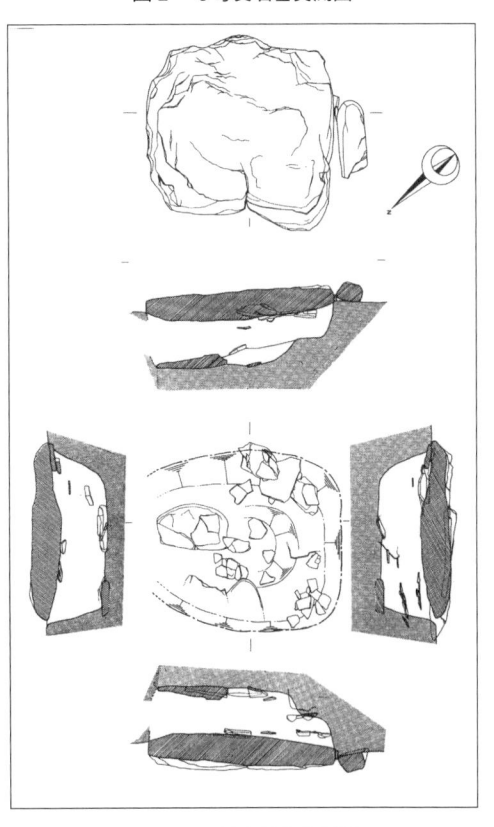

図3　8号支石墓実測図

発掘調査した2基は土壙であったが、箱式石棺が10基、その他は不明。箱式石棺と思われるものに、小板石を石蓋およびさらに重ねて積石としたものが6基認められるが、石棺の寸法、方位等は未調査のため不明である。

調査した3号の土壙は、長さ約140センチ幅30～40センチ深さ20～30センチの長方形である。また8号の土壙は、長さ約185センチ幅150センチ深さ約40センチの楕円形で、底に60×40センチの扁平石がある。なお2基とも、上石の下部、土壙の上辺或は内部に数枚の小板石が見受けられ、一部の側壁石とも思えるが木蓋の押さえ石の可能性もあるという。(図2・3)

▶遺物

遺物は少なく、供献と思われるものは夜臼式の壺形土器の3片(7・9号)で、その他は打製石鏃2個・扁平打製石斧1個のほか黒曜石剥片や夜臼式土器片などが出土している。

註(1) 諫早市教育委員会編「風観岳支石墓群調査報告書」諫早市文化財調査報告書第1集、1976年
※掲載図表は「風観岳支石墓群調査報告書」(1976年)から転載

表1　風観岳支石墓群遺構一覧表

■確定的なもの

No.	撐石の規模(cm)(長×幅×深)	重量(kg)	石質	下部構造	備考
1	125×125×15	672.66	玄武岩	箱式石棺	
2	160×90×40	1653.12	玄武岩	箱式石棺	
3	210×160×30	2892.96	玄武岩	土壙	S.50 発掘
4	推定値 150×120×20	1033.2	玄武岩	箱式石棺	滅失
5	推定値 200×150×30	2583.0	玄武岩	箱式石棺	撐石だけ消失
6	推定値 130×100×22	820.82	玄武岩	箱式石棺	S45. 確認 S49. 滅失
7	190×130×35	2481.12	玄武岩	箱式石棺	
8	160×160×20	1469.44	玄武岩	土壙	
9	210×170×43	4405.74	玄武岩	不明	深さは平均値
10	280×170×28	3825.14	玄武岩	箱式石棺	深さは平均値
11	160×135×50	3099.6	玄武岩	不明	深さは平均値
12	150×140×20	1205.4	玄武岩	不明	
13	200×120×20	1377.6	玄武岩	箱式石棺	
14	ナシ			箱式石棺(?)	
15	200×155×25	2224.25	玄武岩	不明	
16	①110×84×17 ②106×90×20	450.82 547.36	玄武岩	不明	2個
17	202.5×140×22	1790.02	玄武岩	箱式石棺	
18	204×183×59	6321.43	玄武岩	不明	深さは平均値
19	ナシ			不明	
20	180×120×50	3099.6	玄武岩	箱式石棺	

■不確定なもの

No.	撐石の規模(cm)(長×幅×深)	重量(kg)	石質	下部構造	備考
101	141×138×20	1116.89	玄武岩	不明	
102	106×84×33	843.30	玄武岩	不明	
103	ナシ			箱式石棺(?)	
104	95×78×43	914.47	玄武岩	不明	
105	110×68×44	944.57	玄武岩	不明	
106	ナシ			箱式石棺(?)	
107	①162×93×16 ②172.5×130×22	1329.73 1415.91	玄武岩	不明	2個
108	ナシ			箱式石棺(?)	
109					
110	186×103×35	1924.42	玄武岩	不明	メンヒル(?)
111	203×115×20	1340.00	玄武岩	不明	
112	95×83×26	588.38	玄武岩	不明	
113	170×152×80	5932.86	玄武岩	不明	
114	150×116×50	2496.9	玄武岩	不明	深さは平均値
115	178×140×36	2574.73	玄武岩	不明	

井崎支石墓群　諫早市小長井町井崎

位置

　有明海の西部で北高来半島と島原半島に挟まれ、諫早市に深く湾入する諫早湾の入り口部分の北岸、小長井港を見下ろす丘陵上にあった。

遺跡の概要

　1934（昭和9）年、国鉄長崎本線の鉄道工事の際、支石墓（箱式石棺が主と推定される）が発見され、7基あったといわれているが、未調査のまま消滅した。

　現在、同支石墓から出土した板付Ⅱ式の小壺（器高11.7センチ・完形）が、同町藤山達祥氏により保存され、上石と考えられる巨石（大きさ約1.5×1.5メートル）も同氏宅にあるという。[1]

註（1）正林護「小長井町の先史・古代」（小長井町郷土誌編集委員会編『小長井町郷土誌』小長井町役場、1976年）

景華（花）園遺跡　島原市中野町高城元

位置

　島原半島東岸にある島原市の北郊、旧三会町の国道251号線の道路沿いに位置する。

遺跡の概要

　景華（花）園遺跡は、国道251号線の東側に拡がる弥生前期から後期の遺跡で、箱式石棺や甕棺墓も多く確認されている。

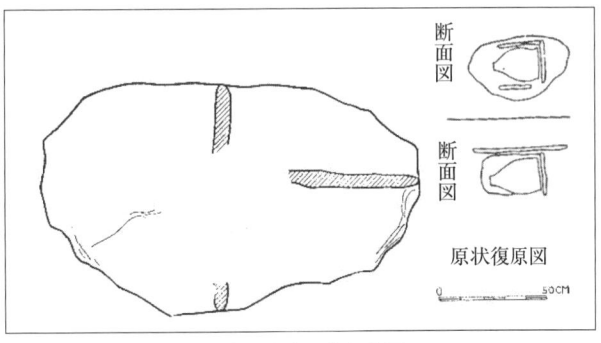

景華園跡支石墓参考図

▶3個の巨石

　「1669年（元禄12年）島原藩別邸景華園築造の際、庭にあった平坦な大石3個の内、最も大きい曝金石といわれていた巨石を動かしたところ、その下から銅剣（現物は中細銅矛 — 長崎県立美術博物館蔵）2本が発見された」[1]という。さらに、「今『曝金石』とみられる景華園の巨石は、3.4メートルに3メートル、厚さ0.5メートル以上のものであるが、このほかの2個は長さ3.2メートル幅1.45メートルのものと、長さ1.32メートル幅1.2メートル厚さ18センチの扁平巨石である。これらが果たして支石墓であったかどうかはわからない」とある。

▶板石囲い甕棺支石墓

　昭和の初め頃、土採り工事の際、平石の下から板石囲いの甕棺が発見された。鏡山九大助教授（当時）が実地踏査と聞き書きにより報告されたものを、松尾禎作氏が引用し、次のとおり述べられている。

「昭和初年甕棺内より勾玉3個・布片若干出土し、小型勾玉2個は長崎県立図書館にあり、大型1個は石田氏所有す。棺外付近より銅剣2口（中型銅鉾か）〈現物は鉄剣型銅剣〉出土したらしいが、この石蓋単棺が扁平巨石下にあって、しかも石蓋の外に甕の両側にも扁平板石があったという。すなわち箱式棺の一方の側石がないような格好の板石囲いのなかに甕棺があって、その上に扁平巨石の石蓋があったわけであるが、その巨石は今島原市三重字寺中、佐仲光次郎氏宅の庭に移されている。長さ1.7メートル幅1メートル厚さ3.5～5センチであるので、復元形を考えると丁度支石墓に近い形式となるわけである」(2)

▶須玖式甕棺から鉄剣型銅剣等出土

　1957（昭和32）年、大水害（諫早大水害）の復旧工事のため、景華園跡地で土採り工事中、弥生中期の須玖式甕棺3基が発見された。そのなかから鉄剣型銅剣2口（2基から各1口）と管玉合計73個（3基から）が出土した。さらにこれと前後して、周辺の除土中からは、細形銅剣の鋒部破片・貝釧・扁平石斧・鉄製鍬先などが採集されたという。

　また、大正5、6年頃、白色緑斑の硬玉製勾玉（全長4センチ厚さ1センチ）1個が採集されている。(3)

　以上の諸点から考えると、弥生中期頃には、数個の支石墓を含む相当大きな箱式石棺や甕棺墓地が形成されていたことが想定される。また、上記の「板石囲い甕棺支石墓」は、同時期の福岡県うきは市朝田支石墓に類似しているようにもみえる。

　現在、支石墓の上石のうち「曝金石」といわれた巨石は、島原城内の天主閣横に移され展示されている。その他の1個は国道脇に残存し、他の1個は不明。

註
（1）渡部政弼「深溝世紀」（松平文庫、島原図書館蔵、1699年）
（2）松尾禎作『北九州支石墓の研究』松尾禎作先生還暦記念事業会、1957年
（3）小田富士雄「島原半島景花園の遺物」（『考古学雑誌』第45巻3号、日本考古学会、1959年）
※掲載図は『北九州支石墓の研究』所収の鏡山猛氏が作成した想像復元図を転載

西鬼塚石棺群　南島原市有家町蒲河

位置

　遺跡は、島原半島の雲仙岳南麓で、蒲河川が開析谷をつくっている海抜60～66メートルの山麓中腹にある。

遺跡の概要

　1974（昭和49）年、古田正隆氏の調査で、箱式石棺の存在が知られていた。その後農地造成工事のため、1992・94（平成4・6）年、有家町教委の事前調査が行われた。
　調査概報(1)によれば、弥生早期と推定される支石墓（下部構造は土壙）1基・箱式石棺墓5基・支石墓様遺構1基が検出されている。
　遺物としては、箱式石棺の側から丹塗磨研壺・甕（いずれも原山式）・十字型石器・黒曜石製石鏃・磨製石斧・安山岩製スクレイパー等が出土した。

支石墓

　遺跡から運ばれ、支石墓の上石と伝えられる大石が、近くの集落内に笠権現様として祀られているという。笠石の大きさは、長さ1.2メートル幅0.7メートル厚さ0.5メートルである。
　なお当遺跡は、調査後消滅したという。

註（1）有家町教育委員会編「西鬼塚石棺群（概報）」（『長崎県埋蔵文化財調査年報Ⅲ』1996年）

原山支石墓群　南島原市北有馬町

位置

　島原半島の西南部で、雲仙岳南麓にある諏訪池の東側、海抜200～250メートルの緩やかな傾斜の丘陵高原地帯に、3群に分かれて散在している。（図1）

遺跡の概要

▶調査の概要

　太平洋戦争後入植者の開拓により、支石墓の存在が知られるようになり、1953（昭和28）年、佐賀県文化財専門委員七田忠志氏らによる第1支石墓群の予備調査、1954年鏡山九大助教授らによる第2支石墓群の実測調査、および1956・57（昭和31・32）年、長崎県文化財専門委員石丸太郎氏・福岡県文化財専門委員森貞次郎氏らにより第2支石墓群の発掘調査が行われ、その際大量の第3支石墓群が発見された。
　1960・61（昭和35・36）年、日本考古学協会西北九州特別委員会と長崎県教委によって、第3支石墓群および第1支石墓群の調査が行われた。その結果、第2・3支石墓群が国史跡として指定され、1979・80（昭和54・55）年、第3支石墓群は長崎県教委・北有馬町教委により再調査とともに史跡公園として整備された。
　上記のごとく、原山遺跡は数次にわたり調査が行われたが、後述のとおりその内容が断片的で、全体としての総合的な正式な調査報告書はできていないという。(1)

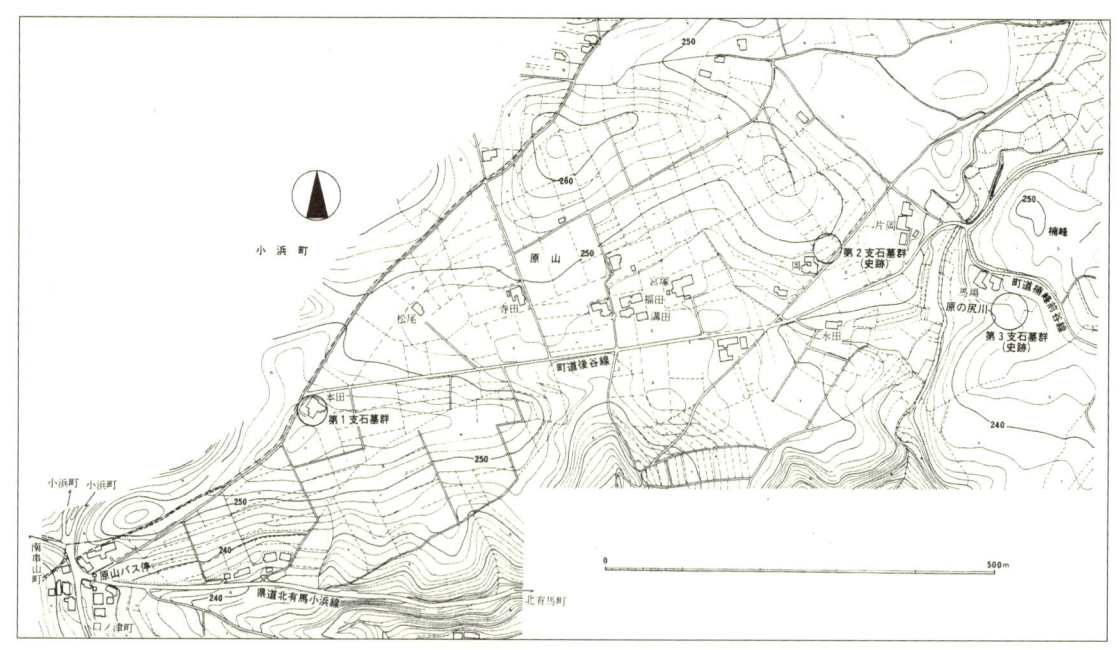

図1　原山支石墓群周辺図

▶全体的な遺跡の概要
　したがって全体的な遺跡の概要は、当遺跡の最終的な報告書などによれば、次のとおりである。
　①第1支石墓群（A地区又はA地点支石墓群：大字坂上下名字原山、本多氏宅周辺）
　旧状は、下部構造に土壙と石棺を持った支石墓群と箱式石棺墓が10数基あったといわれているが、開墾により消滅していた。
　②第2支石墓群（C地区又はC地点支石墓群：大字坂上下名字新田、岡氏宅周辺）
　支石墓と箱式石棺墓の遺構が27基確認されたが、現存するのは6基（支石墓3基・箱式石棺墓3基）であった。現在史跡として整備され、保存されている。
　その他B地区に、13基の支石墓と思われるものが、石丸・森氏の調査で発見されたと記されているが、調査されずに破壊されたという。
　③第3支石墓群（D地区：大字坂上下名字原の川尻、楠峯周辺）
　1960年の調査で40基の遺構が確認され、そのうち支石墓として確実なものは36基であった。（表1）
　1979・80年上記の内20基を下部まで発掘調査し、さらに新たに発見された14基（下部は一部を除き未調査のまま）の遺構と加え、史跡公園として復元し整備された。
　なお、調査された34基の、各支石墓の概要は表2のとおりである。したがって、第3支石墓群の遺構は合計54基とされている。（図2）

▶各支石墓群の内容
　①第1支石墓群
　調査当時に消滅していたと言われているが、松尾禎作氏の記述によれば、1953年当時には（七田

表1　1960年調査原山第3支石墓群遺構一覧表

番号	撐石（○有・×無）	内部構造	副葬遺物	備考	実測担当
1	○	石囲甕棺	土器（壺・甕）	1960年4月森調査(籾痕)	森
2	○	土壙、甕棺	土器（壺2）		小田
3	○	土壙			乙益、岡崎
4	○	箱式棺		1960年4月森調査	森
5	○	箱式棺			賀川
6	○	箱式棺	土器（浅鉢）		小田、上村
7	○	箱式棺			本村
(8)	○原位置を動いている				三島、鶴久
9	○	箱式棺			藤田、都甲
(10)	○	不明			上村、林
11	○	土壙	土器		本村
12	○	土壙			小田、藤田、都甲
13	×	土壙	土器（浅鉢）		藤田、都甲
14	○	箱式棺	土器（浅鉢）		藤田、白石
15	○	箱式棺	土器（丸底壺）		潮見、藤田
16	○	土壙	土器		木下
(17)	○原位置を動いている				三島、鶴久
(18)	○原位置を動いている				三島、鶴久
19	×17の石は或いはこの撐石か	箱式棺	土器		小田
20	○	箱式棺	土器（口辺部破片）		大塚、白石
21	○	箱式棺			大塚、白石
22	大石				森、木下
23	大石				鏡山
24	×	箱式棺			本村
25	○	箱式棺			乙益
(26)	○16の支石	ナシ			木下
27	○	土壙	土器		本村、白石、飛永
28	×	土壙			大塚、白石
29	×	箱式棺	土器		李
30	×8の石がこの撐石か	箱式棺			三島、鶴久
31	×	箱式棺			木下
32	○	土壙	土器（丸底壺）		本村、上村
(33)	○動いている			下に江戸期擂鉢破片あり	三島、鶴久
34	○小型	土壙			林
35	○	土壙			藤田、都甲
36	×	土壙	土器（甕）		林
37	×	箱式棺			大塚、白石
38	×	土壙	土器		林
39	×	箱式棺			岡崎
40	×	箱式棺			上村
41	×	箱式棺		甕棺破片が箱式棺外側にあり	三島、鶴久
42	×	土壙	土器（浅鉢）		鶴久、木下
43	○	箱式棺	土器（甕）		松岡
(44)	×18の石がこれにあったものか	不明		はげ石散乱	―
45	×	土壙、甕棺		1960年4月　森調査	森

注：箱式棺は方形にちかく、屈葬したものと考えられる
（森貞次郎『九州考古学』10号、1960年より）

表2　原山第3支石墓群調査整備一覧表　　　　　　　　　　　　　　　　　　　　　　　　（単位：cm）

遺構番号	撑石	蓋石	支石	長径	短径	深さ	副葬品	長径短径	下部構造	備考
1	有	有	有	130	50	35	有	2.6	石囲み	（合せ甕棺）
5	有	有	有（3）	90	55	30		1.6	箱式棺	
6	有	有	有（5）	63	40	30	浅鉢	1.58	箱式棺	敷石
9	有		有（1）	89	42	23		2.1	箱式棺	
13	無		有（6）	82（80）	50（44）	20	浅鉢	1.64（1.8）	箱式棺	
19	無	有	有（3）	100	50	30		2	箱式棺	深部に敷石
20	有	有	有（4）	87	50	38	土器	1.74	箱式棺	
21	有	有	有（4）	90	37	37		2.4	箱式棺	
24	無		有（1）	53	41	40		1.29	箱式棺	
25	有		有	88	34	30		2.58	箱式棺	
29	無	有		85	45	40	土器	1.77	箱式棺	
30	無			73	34	30		2.14	箱式棺	
31	無	有	有（3）	67	46	34		1.45	箱式棺	
32	有		有（3）	91（80）	80（65）	25	丸底壺	1.13（1.23）	土壙	円形に近い
36	無		有（4）	110（70）	100（70）	30	甕	1.1（1）	土壙	円形
37	無			60	40	27		1.5	箱式棺	敷石
39	無	有？		78	35	35		2.22	箱式棺	
40	無	有		47	37	30		1.27	箱式棺	
41	無	有	有（4）	90	45	47	棺外副葬	2	箱式棺	
43	有		有（2）	98	52	20		1.88	箱式棺	
100	有		有（3）	60（45）	52（35）	25	鉢	1.15（1.28）	土壙	112より新
101	無	有		100	40					
102	無		有（4）						箱式棺	
103	無	有							箱式棺	
104	無			90	48	40		1.87	箱式棺	
105	無		有						箱式棺	
106	無		有（2）	88	40	20		2.2	箱式棺	
107	無		有							
108	無	有							箱式棺	
109	無	有							箱式棺	
110	無		有	90（77）	80（73）	50	鉢	1.12	土壙、甕棺	楕円
111	無		有						箱式棺	
112	無		有（2）						箱式棺	
113	有								箱式棺	

計　34基

氏らの予備調査時）、「現在第1遺跡本多氏宅周辺の最高所の石棺内臓の支石墓3、4基の外に、本多氏宅前から左横にかけてほぼ一直線に土壙内臓の支石墓が5、6基、都合約10基があったが、土壙内臓の分は開墾のため全て破壊されて、上石が諸処に見られるだけである。また、その最高所の

一群3、4基の内部には石棺があるらしいが未掘である」とし、石棺内臓の支石墓は未だ残っていたことが伺える。

さらに、「この第1支石墓群の上石は殆んど同じ種類の板状安山岩で、大きさの一例は楕円形で長径160センチ短径80センチ厚さ15センチであり、大体はこの位の厚さや大きさのものが普通であって、特に巨大なものはなかったようである。

支石は3個ないし4個塊石又は板石を用い、内部の土壙の上部に山ノ寺式の丸底坩(つぼ)、夜臼式の鉢形・壺形、遠賀川式の壺形土器があり、殆んど例外なく木炭があったらしい。(中略)また、内部に山ノ寺式丸底坩、夜臼系の甕および遠賀川式の壺があったらしく壺棺ともとれる」という。

なお、森貞次郎氏によれば、「南方

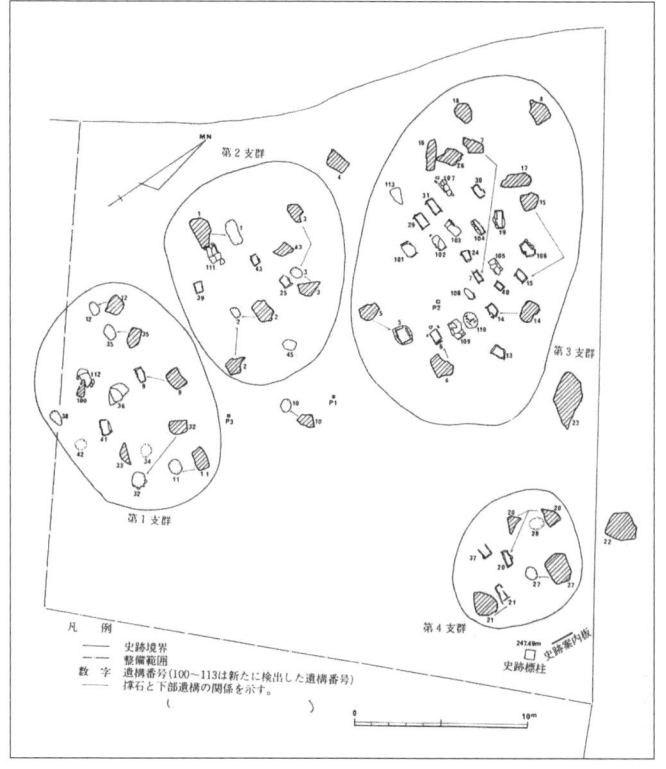

図2　原山第3支石墓群遺構配置図（整備事業前の状態）

のA群の10数基は、調査を経ずして破壊されたが、下部構造は方形に近い箱式石棺および土壙墓であり、小児甕棺あるいは供献土器として上石下に置かれたものは夜臼式土器に属する壺形・甕形・鉢形土器であった」(5)という。

②第2支石墓群

第2支石墓群は、第1支石墓群の東方約500メートル、岡氏宅周辺にある。1956年の調査（石丸・森氏ら）で、支石墓3基・箱式石棺墓3基のほか支石墓或は箱式石棺墓の遺構と思われるもの、計27基が確認されている。

調査された森貞次郎氏は、「C群は27機のうち23基が開拓時に破壊されたが、それらはすべて方形に近い粗製の箱式石棺だったという。この地域から上石は不明であるが、2基以上の夜臼式の壺と甕を組合わせた小児甕棺も発見されている。

1956年に発掘調査した1号支石墓は、小形の方形に近い粗製の箱式石棺であり、棺内から縄文系管玉1個と打製石鏃1個が発見された。

3号の下部構造は楕円形の石囲みに石蓋のあるもので、〈中略〉土壙墓より方形に近い粗製箱式石棺墓への過度的形式と見てよいのではないかと思う。支石がある。6枚の側石で囲ったこの墓壙は、薄い蓋石の上を礫で覆っていた。壙底からは打製石鏃1個と、条痕文土器の細片が発見された。

また上石の周辺から、夜臼式の甕形土器が発見されたが、包含層である耕土から簡略化された頭・手足を欠いた縄文形女性土偶1個と、魚形土製品の残欠が採集された。これらはいずれも縄文文化晩期の系統に属するものと見られている。

長崎県　147

4号は、上石と支石を失った方形に近い粗製箱式石棺で、石蓋があった[6]」と述べられておられる。

しかし松尾氏の記述[7]によれば、1954年の調査（鏡山氏ら）では支石墓5基・石棺4基があったとし、56年調査時に滅失していた第5支石墓について次のとおり報告されている。

「第5支石墓は、第2遺跡（第2支石墓群）の西南隅にあって、〈中略〉昭和29年初めこの上石が動かされ、その下に3箇所下石（支石）が箱式棺の蓋石の上に置かれ、その蓋石4枚をめくると、下に縦80センチ横50センチ深さ55センチの箱式棺があらわれた。副葬品はめぼしいものはなかったが、土器片や木炭はあったようである。

上石の大きさは1.45×1.3メートル、厚さは7～13センチ、側壁石も薄い一枚石が使用され、南側は86×60センチ、北側は77×60余×7センチ、東側は55×60余×6センチ、西側は50×62余×6センチで、西側には17×62余×5センチの副石が立ててあった。

石棺の底部は丸い礫石を敷いて、粘土で固めてあった。

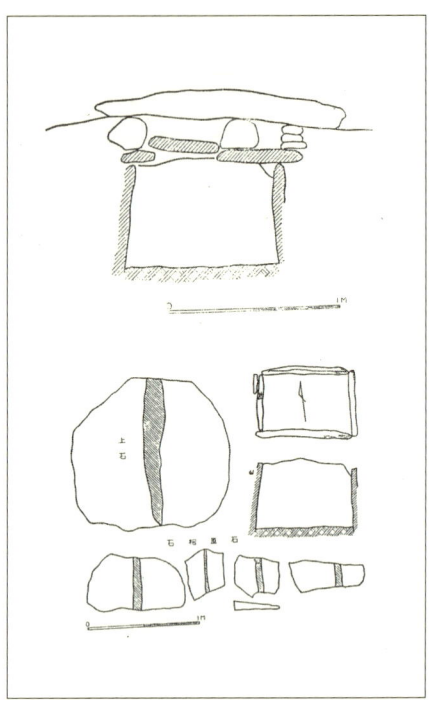

図3　原山台2支石墓群第5号支石墓・石材（鏡山氏の復元図及び石材見取り図）

石棺の長軸線の方向はほぼ東西である」（図3）

すなわち第5支石墓は、小型の上石に3個の支石を有し、下部構造は薄い板石を使用した、典型的な石蓋箱式石棺であるといえる。

さらに57年の調査についても、「3基の支石墓が発掘調査された。第1支石墓は下石（支石）が6個あり、石棺が上石の左方に偏在していて、その中央より北に偏って、淡緑色の管玉1個と石鏃および土器細片が発見された。第2支石墓も下石が2個残り、下の石棺も北辺に偏在していて、中から石鏃と土器細片が発見された。第3支石墓の下部は、下石2個が確かめられただけらしい」という。

③第3支石墓群

第3支石墓群は、前述のとおり1960年の調査で40基の遺構が確認され、1979・80年に史跡公園として整備するために、支石墓として確実視される36基中から20基を選び下部まで発掘調査をした後、さらに新しく発見された14基を加え、復元工事を行った。その34基の調査結果が、表2の一覧表（146頁参照）および図4の箱式石棺の構造比並びに図5の方位図である。

なお第3支石墓群の全体から見ると、60年調査分の40基中不明4基を除く36基の下部構造は、箱式石棺20基・土壙13基・甕棺2基・石囲い甕棺1基である（表1から分類）。また上石が遺存していたものは22基で、その内4基の上石が移動していた。別に2個の大石があり、36基中3分の2に上石があったことになる。

新しく発見された14基の下部構造は、箱式石棺10基・土壙1基・甕棺1基・不明2基である。なお上石があったのは2基のみであった。

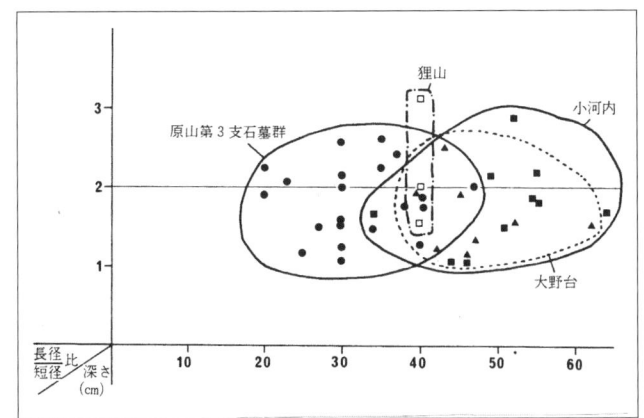

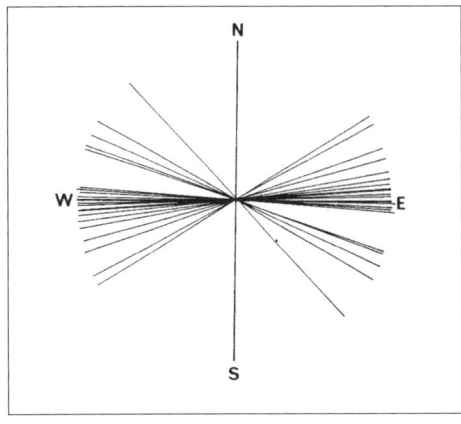

図4　原山他各支石墓群法量計測図　　　　　　　　　　図5　原山支石墓群方位図

　すなわち全遺構54基の下部構造は、箱式石棺30基・土壙14基・甕棺3基・石囲い甕棺1基・不明6基となる。

　これらのうち特に下部構造で注目されるのは、1号及び106号支石墓である。1号支石墓は支石を持たず、土壙内にコの字形に3枚の板石で囲み、そのなかに夜臼式の合せ甕棺（甕＋壺）があった。またその甕形土器片に籾の圧痕が検出されたという[8]。

　さらに106支石墓は、箱式石棺の形状が長めの六角形の平面プランで、長軸70センチ程度深さ30センチの小型である。下部構造を被覆する広幅の蓋石材は欠失しているが、小形の板状石が周囲に立て掛けられた状態であり、積石墓の可能性もあるという[9]（図6）。

　なお、「第3支石墓群は、上石の下部周辺に供献された小型の壺形・鉢形・浅鉢形土器が15個、それに3組の小児甕棺を含めて、すべて夜臼式土器の形式に属するものであった」[10]という。

　しかしながら第3支石墓群の構築時期については、「単純に土器型式から眺めると、本群については弥生式土器そのものは出土していない。それらの中にあって、19号のごとく山ノ寺式に近い土器片が100号より古い112号（最西端の第1支群）周辺より出土している。また第3支群の中にあってやや異質であるが、110号甕棺、そして41号の棺外副葬品などは夜臼式の古式を備えるものである。これらによって、当遺跡の上限を夜臼の古い段階に置きたい。この時期を第1期とする。

　以後は、100号副葬品などにみられる鉢Ⅱ類や甕Ⅱ類にみられるもので、第1期より後出するが、時間的な連続でとらえるならば、弥生初期併行かそれ以降となる。これを第2期とする。

　第3期の属するものは、土器の項で第Ⅲ類としたもので、さらに後出するがその下

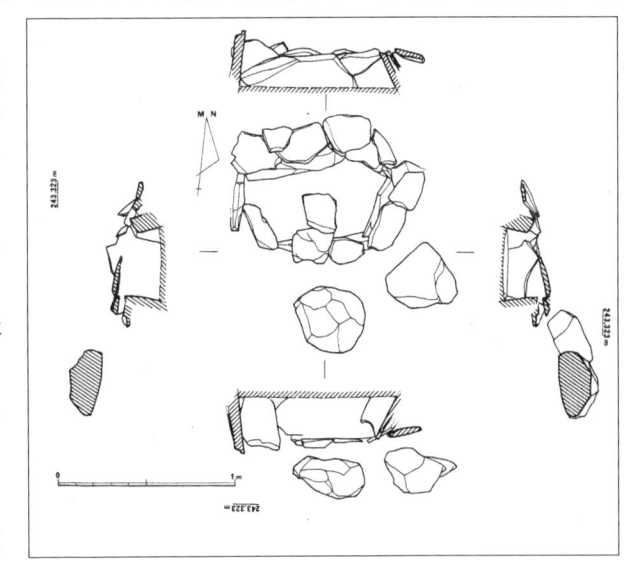

図6　106号支石墓実測図

限についてはわからない。ただこのことは、言われるごとく、縄文的特徴を持った土器が弥生土器に併せて製作された事実を物語っている」とし、夜臼式の古い時期から板付式期の段階およびその以降にも、支石墓が造営されたと推測されている。（4つの支群については、図2を参照）

原山支石墓群の特色

▶支石墓群の構成

　支石墓群は3地区に分かれているが、第1・2支石墓群はほとんど消滅していて、その構成については不明である。

　第3支石墓群については、図2に見られるとおり、さらに4つの支群に分けられるという。これらの支群はそれぞれ土壙・石棺・甕棺などの下部構造を持ち、副葬品（少数であるが）からみても差異が認められない点などから、階層的には未分化の血縁関係による単位集団が、時間的にも併行して営まれたものと考えられている。

　また、高所に位置する第1・4支群では土壙の占める割合が大きく、低位の第2・3支群では石棺の比が高い。特に第3支群のなかで石棺の占める割合が90パーセントを示し、第1支群の土壙が占める割合67パーセントと較べて対照的であるという。

▶上部構造

　原則として上石と支石3～4個を基本とする支石墓で、上石は最大長1.7～1.0メートルの地元産の小型安山岩が用いられている。

▶下部構造

　長崎県地域の支石墓群は、一般的に箱式石棺が主流をなすと言われている。しかしながら、ほぼ完掘した原山支石墓群の第3支石墓群をみると、箱式石棺と土壙との比は2：1となっている。また、破壊消滅した第1・2支石墓群の前述の調査資料をみると、思いのほか土壙が多いことが報告されている。破壊を免れた第3支石墓群をみると、下部構造が土壙・甕棺には蓋石が認められず、箱式石棺では大部分に蓋石がある。すなわち箱式石棺には蓋石が使用されたものと考えられている。

　箱式石棺は粗製の安山岩の板石を側壁に用い、形状は方形に近い小型の長方形で、その割には深さがあるという。土壙もほぼ同じである（表2および図4参照）。

原山支石墓群の造営時期

　原山支石墓群全体の造営時期については、明確な資料が見当たらない。長期にわたり多数の方々が調査されているが、総合的にまとまった資料がなく遺物も散逸しているものがある。

　また、古田正隆氏によれば消滅した遺構を加えると総数200基に及ぶと言われる当支石墓群であるが、現在確認されているのはその4分の1程度に過ぎないという。したがって、当支石墓群の造営時期については、確定しがたいのが現状であると言える。

　原山支石墓群の造営時期について触れたものを、次のとおり引用し参考としたい。

　森貞次郎氏は、「いま刻目突帯文土器の刻み目や条痕文の手法が粗大で古式とみられるものを夜

臼Ⅰとし、弥生式土器に伴うものをⅢとし、弥生式を伴わないもので弥生式土器より以前のものか、または弥生式土器と併存する時期をみられるものをⅡとして、原山支石墓群を概観すれば、A地点（第1）支石墓群は夜臼Ⅰ、C地点（第2）支石墓群の第3支石墓も夜臼Ⅰ、第1支石墓は夜臼ⅠまたはⅡ、D地点（第3）支石墓群は夜臼Ⅱ～Ⅲ、C地点西方の土器群は夜臼Ⅲとみられる」と述べられている。

また橋口達也氏は、曲り田支石墓出土の副葬小壺（曲り田式）との関連から、「（第3支石墓群の）1号支石墓の副葬小壺の形態は、玄界灘沿岸部のものとしては一般的でなく原山支石墓の副葬品に共通する要素がみられるが、むしろ発生期の壺の形態として古いものと考えたい」と述べられている。

さらに原山遺跡出土の土器・磨製石器について、「浅鉢は長行遺跡・高原遺跡等のものと同様口縁内面に段を持ち、くの字に屈曲するものであるが、他の支石墓から出土したものは曲り田（古）式から夜臼式までのものを含んでいるといえる。（中略）石包丁・扁平片刃石斧は採集品であるが、石包丁はすりきりの一孔をもつもので、扁平片刃石斧は全体に丸みを持っている。これらの石器は曲り田（古）式、曲り田（新）式の段階の発生期の大陸系磨製石器の特徴に相通じるものがあって、このことからも原山遺跡出土土器が玄界灘沿岸のものと共通しており、時期的にも大した遅れはないものと考える」とし、なおまた、「原山遺跡の下限が板付Ⅱa式併行期まで下がるとは考えられない」とも、述べられている。

これらのことは、原山支石墓の最古期は曲り田（古）式と同時期であり、かつまた曲り田遺跡などの北九州（玄界灘）沿岸などと、その共通性を示唆しており、交流があった可能性もある。

さらに小田富士雄氏によれば、原山支石墓群全体について、「支石墓群の総数は、開墾で失われたものを加えると、100基を超えるであろうと推測される。支石墓は比較的小型の碁盤式に属し、下部構造は箱式石棺・土壙・甕棺などの別があり、中でも箱式石棺には方形のものがあって、屈葬位による埋葬が行われたことを知りうる。また土器については、夜臼式土器を基本とする壺・甕・鉢・高坏などが、葬棺や副葬土器として発見されている。土器の中には籾痕を印するものなどあり、すでに米作りの生活をしていたことが知られる。支石墓の下限については、とくに第2支石墓群において、弥生前期まで下がるものがあることが考えられる」とも述べられている。

以上の諸点を勘案すれば、原山支石墓群全体の造営時期については、支石墓が我が国に伝来したと思われる弥生早期の初頭、夜臼式期の古い時期（曲り田古式期或は山ノ寺式期）から、弥生前期中頃から前期末頃までの長期にわたるものと考えられる。

註
(1) 北有馬町教育委員会編『国指定史跡原山支石墓群・環境整備事業報告書』1981年
(2) 松尾禎作『北九州支石墓の研究』松尾禎作先生還暦記念事業会、1957年
(3) 森貞次郎「日本における初期の支石墓」（『九州の古代文化』六興出版、1969年）。ただし『国指定史跡原山支石墓群・環境整備事業報告書』（1981年）では、土壙に接して支石3個ありとする。
(4) は（2）に同じ
(5) は（3）に同じ
(6) は（3）に同じ
(7) は（2）に同じ

（8）は（3）に同じ
（9）は（1）に同じ
（10）は（3）に同じ
（11）は（1）に同じ
（12）古田正隆「原山遺跡および周辺遺跡研究史の概要」(『主要遺跡の発見から崩壊まで』百人委員会埋蔵文化財報告第3集、1974年）
（13）森貞次郎「弥生時代論」(唐津湾周辺遺跡調査委員会編『末盧国』六興出版、1982年）
（14）橋口達也「稲作開始前後の土器編年」(福岡県教育委員会『曲り田遺跡』3、「今宿バイパス関係埋蔵文化財調査報告書」第3集、1985年）
（15）小田富士雄「日本の遺跡 — 原山支石墓群」(『日韓交渉の考古学・弥生時代篇』六興出版、1991年）
※掲載図表で特に注釈がないものは『国指定史跡原山支石墓群・環境整備事業報告書』(1981年）から転載

栢ノ木遺跡　松浦市志佐町栢木免小久保

位置

　栢ノ木遺跡は玄界灘に面し、松浦市内を北流する志佐川の河口から約2キロ上流の水田地帯にある。

遺跡の概要

　1971（昭和46）年松浦市教委の調査で、弥生中期前半の石棺3基・甕棺3基が確認された。[1]

　このうち、「1号石棺は長軸長98センチ・短軸長80センチ・深さ40センチの楕円形土壙の壁に、板石を立ててめぐらした遺構である。水田造成によってかなり石材が抜き取られていたものの、土壙上面に小ぶりの板石数枚が残存していて、蓋石があったことが知られた。

　『石組遺構』として報告されたのは、通常の石棺とはかなり異なる形状のためであり、すぐそばの畦畔に立てられた直径約1.2メートル・厚み約0.2メートルの自然石があることから、支石墓の下部遺構の可能性も検討されたためであった」とし、正林護氏は支石墓の可能性を示唆されている。

　さらに、正林護氏は、「石材の都合で方形・長方形の以外の形になったか、当初から多角形の遺構構築の意図によるものかは明らかでないが、栢ノ木1号の場合は楕円形の掘られた土壙に壁石が立てめぐらされ、宮ノ本遺跡10号（或は11号も）の場合は楕円形に敷設された床石の回りに板石が楕円形に立てられているところからして、当初から四角以外の石棺を構築する意図があったものと考えたい」とも述べられている。また反面、「構造からして小田富士雄氏の言う『板石積石棺墓』の可能性も留保しておく必要があるだろう」とも述べられている。[2]

　正林護氏がいう栢ノ木1号石棺の構造は、熊本県の藤尾支石墓や糸島地方の小田2号支石墓と同様な「石囲式支石墓」に類することも考えられる。

註
（1）正林護『栢ノ木遺跡』松浦市教育委員会、1973年
（2）正林護「西北九州の板石積石室墓」(『古文化談叢』第30集上、九州古文化研究会、1993年）

長崎県内の支石墓遺跡所在地一覧

番号	時期	遺跡名	所在地	概　　要	主　要　文　献	備　考
1	Ys～Yz	宇久松原遺跡	佐世保市宇久町平字松浦	支石墓10基（内未確認2）（下部は甕棺・土壙）人骨・オオツタノハ貝輪・イモガイ製垂飾品・着装貝輪・白玉66・供献土器、他に甕（壺）棺墓29基・石棺墓5基・土壙墓7基・石蓋土壙墓2基	小田富士雄『五島列島の弥生文化・総括篇』1970 長崎県教委『県内主要遺跡範囲確認報告書』Ⅳ、1966 宇久町教委「宇久松原遺跡」1997	
2	Yc	神ノ崎遺跡	北松浦郡小値賀町黒島郷字庭ノ畑	支石墓1基（下部は箱式石棺）上石4個（下部は未調査）他にYc～Kkの板石積石棺墓・地下式板石積石室墓30基	小値賀町教委『神ノ崎遺跡』1984	確認調査
3	?	田助遺跡	平戸市大久保町峰の久保	支石墓の上石状平石5基？（下部は石棺？）他に石棺墓20基？	長崎県教委『田助石棺墓群発掘調査概報』1979	未調査参考地
4	Ys末～Yc初頭	里田原遺跡	平戸市田平町里免	支石墓3地点7基＜現存2地点3基＞（1基は下部に箱式石棺露出）他にYz～Ycのドングリ加工ピット28基・木工具・農工具等大量木製品	長崎県教委『里田原遺跡・図録』1973 正林護「里田原遺跡」『探訪弥生の遺跡』西日本編1987	未調査
5	Ys～Yk	大野台遺跡 A　地点 B　地点 C　地点 E　地点	佐世保市鹿町町 新深江字北平 　　　南ノ股 　　　南ノ股 　　　北平	箱式石棺20基＜現存1基＞ 箱式石棺4基＜消滅＞ 箱式石棺8基・甕棺1基・上石1 総数38基（箱式石棺32・土壙1・積石墓1・祭祀遺構1・不明3） ＜現存37基＞鰹節形大珠・銅矛袋部	小田富士雄『大野台遺跡』大野台遺跡調査団、1974 鹿町町教委『大野台遺跡』1983	確認調査
6	Ys	小川内支石墓	佐世保市江迎町小川内免字走落	支石墓10基（下部は箱式石棺）＜調査終了後消滅＞	坂田邦洋「小川内支石墓発掘調査報告」『古文化談叢』第5集1978	
7	Ys	狸山支石墓	北松浦郡佐々町松瀬免字松瀬	支石墓7基（下部は箱式石棺）、鰹節形大珠・夜臼式土器片	森貞次郎「長崎県狸山支石墓」『九州考古学』5・6号　1958	一部調査
8	Yz後半	四反田遺跡	佐世保市下本山町字四反田	支石墓1基（下部は甕棺）（板付Ⅱ式小壺副葬）他に箱式石棺1基・小児甕棺墓1基	佐世保市教委「四反田遺跡」『平成5年度埋蔵文化財発掘調査報告書』1994	
9	Ys～Yc	天久保遺跡	西海市西海町天久保郷字塔尾	支石墓3基（2基は下部箱式石棺）、支石墓上石？4個、他に箱式石棺6基、支石墓内より刻目突帯文土器片・小形管玉15個	長崎県教委『県内主要遺跡範囲確認調査報告書』 九大考古研「長崎県・天久保支石墓の調査」1997年	確認調査 2・3号発掘調査
10	Ys？	風観岳支石墓群	諫早市破籠井町 大村市中里町千部 大村市今井町高野	A地点33基、B地点2基、計35基（下部は箱式石棺・土壙）他に多数ある見込み	諫早市教委『風観岳支石墓群調査報告書』1976	確認調査
11	Ys？	井崎支石墓群	諫早市小長井町井崎	支石墓7基？（下部は箱式石棺？）＜鉄道工事で消滅＞上石2個現存、板付Ⅱ式小壺	正林護「小長井町の先史・古代」小長井町郷土誌　1976	未確認参考地
12	Yc？	景華(花)園遺跡	島原市中野町高城元	支石墓上石状巨石3個、中細銅矛2本、甕棺より鉄剣型銅剣2本・管玉73個	松尾禎作「北九州支石墓の研究」1957ほか	参考地未確認
13	Ys	西鬼塚石棺群	南島原市有家町蒲河	支石墓1基（下部は土壙）、支石墓様遺構1基、他に箱式石棺墓5基	有家町教委『西鬼塚石棺群』概報・長崎県埋蔵文化財調査年報Ⅲ1996	未確認参考地

14	Ys～Yz	原山 第1支石墓群 （A地点） 第2支石墓群 （C地点） 第3支石墓群 （D地点）	南島原市北有馬町 大字坂上下名 　　　　字原山 　　　　字新田 　　　　字原ノ尻川	支石墓10数基（下部は土壙・箱式石棺）＜開拓により消滅＞ 支石墓27基（下部は箱式石棺・甕棺）＜現存6基＞ 支石墓54基（下部は箱式石棺・土壙・石囲い・甕棺）＜34基整備＞	森貞次郎「島原半島原山遺跡」『九州考古学』第10集1960 北有馬町教委『国指定史跡原山支石墓群・環境整備事業報告書』1981ほか	
15	Yc前半	栢ノ木遺跡	松浦市志佐町栢木免小久保	箱式石棺墓3基・甕棺墓3基、1号箱式石棺近くに上石状巨石1個	松浦市教委『栢ノ木遺跡』1973	参考地

（注）Ysは弥生早期、Yzは弥生前期、Ycは弥生中期、Ykは弥生後期、Kkは古墳後期

熊本県の支石墓

年の神遺跡　玉名市岱明町野口字早馬

位置

　菊池川河口よりの右岸、玉名地方の分水嶺をなす小岱山の南麓で、海岸線より約4キロ北にある海抜11メートル前後の、東西500メートル南北（幅）80メートルほどの細長い低台地上にある。

　この台地一帯は、炭化米で有名な縄文中期の古閑原貝塚など、縄文前期以降古墳時代に至るまでの遺跡が数多く重複あるいは散在している。

遺跡の概要

　この台地内の西よりの部分にやや正方形に区画された窪みがあり、そのなかに東西に並んだ2個の巨石と甕棺片が堆積した土壙などより支石墓ではないかとのことで、1953（昭和28）年、田辺哲夫、坂本經堯氏らにより調査が行われた。

　さらに、1968（昭和43）年、当地域の畑地水田化のための工事に伴う発掘調査により、上記地点の東30メートルの地点（第1地区）で、大石の下部から大形甕棺1基・小形甕棺（壺棺）2基が発見された。

▶昭和28年の調査地点

　坂本經堯氏の報告書によれば、「(東西に並ぶ2個の巨石のうち）西側の巨石は、長さ2.6メートル幅1.76メートル厚さ0.6メートル楕円形の花崗岩で、上は中高、下は平らである。東側の巨石は2メートル離れていて、南にズレ傾いている。3.04メートル×2.52メートル厚さ0.72メートル上面中高の花崗岩、この巨石の北側に、東西に向いた楕円の土壙があり、上面は板石や礫で覆われていた。支石らしい塊石は認められないが、埋葬土壙の盛り土の上を板石や礫で葺き、その上に巨石を曳き据えたものであろう。北九州支石墓の変形とみてよろしい。周をめぐる濠から、弥生中後期の黒髪式甕の破片が多数出土した」という（図参照）。

　なお、田辺哲夫氏は「年ノ神支石墓」として発表されているが、鏡山猛氏[3]、松尾禎作氏[4]、岩崎二郎氏[5]は、確実な支石墓としては断定されていないようである。

▶昭和43年調査地点（年ノ神遺跡第1地区）

　田添夏喜氏[6]によれば、「(大石は既に取り除かれ、別のところに埋め込まれていて、大きさも不明）まず巨石の原位置を確かめるためブルトーザーで表土を除いたところ、4メートル四方の範囲で黒土混じりの撹乱土が確認された。これが巨石の原位置に違いない。これを中心に縦5メートル

横5メートルの試掘溝を設定して掘り進んだところ、巨石直下の合せ口甕棺（1号棺・貝輪出土）を中心にして東西に各々1個の小型壺棺（2・3号棺）を発見した。

〈1号棺〉

　黒土混じりの撹乱土から55センチ下に甕棺の上面があった。この深さは工事以前の表土から1.3メートルの深さと思われる。甕棺の大きさは全長1.73メートルで、高さ84センチ口縁径70センチの甕（棺身）と、高さ89センチ口縁73センチ（棺蓋）とを組み合わせたものである。

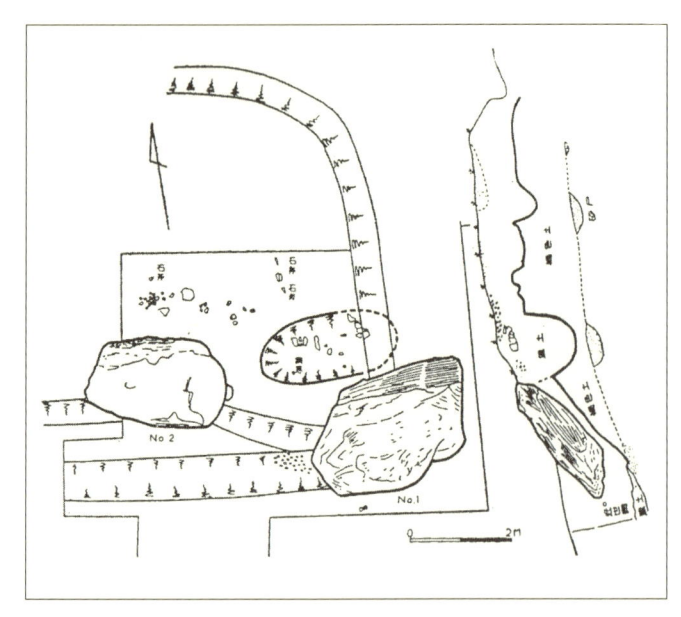

年の神支石墓復元図

　接合部を黄色粘土で封じ、棺蓋を西に向けて12度の傾斜で埋められていた。主軸線は東西より南に6度ふれている。土壙は長さ約2メートル幅約80センチで、棺形に沿う船底形である。

　棺内には朱と思われる赤色の顔料があり、右上腕骨の一部と思われる骨片や歯がわずかに残っていた。この骨片から考えて右下腕にあたるところに、貝輪1個が発見された。（貝輪6個を掘り出した）高校生の話では、貝輪はぎっしり並んで発見されたということだから、これはその時の取り残しであろう。したがって貝輪は全部で7個あったことになる。貝輪は巻貝を縦切りにしたもので、稜角の突起はない。貝種はゴホウラ貝である」という。

　また、支石墓の時期については、「出土した壺棺（2・3号棺）の棺身は山鹿市笠仏遺跡のものに近い形態を示しており、棺蓋となっている壺形土器や鉢形土器ともに、数少ない中九州の第Ⅱ様式の資料として注目される。貝輪を副葬していた甕棺（1号棺）は、口縁部や底部の形態が第Ⅲ様式（須玖式）の甕棺とはかなり異なっており、大牟田市の羽山台遺跡のⅡ式土器に類似した点が多い。2号棺や3号棺との埋葬時期の前後関係は必ずしも明確ではないが、最も深く埋められていたので、2号棺や3号棺より新しいとは考え難い。以上の点から1号棺も第Ⅱ様式に属すると考えたい」とし、弥生中期前葉と想定されている。

註
(1) 坂本經堯『藤尾支石墓群』熊本県旭志村教育委員会、1959年
(2) 田辺哲夫「年ノ神支石墓」（『日本談義』35-10、日本談義社、1953年）
(3) 鏡山猛「九州における支石墓」（『志登支石墓群』埋蔵文化財発掘調査報告第4集、1956年）
(4) 松尾禎作『北九州支石墓の研究』松尾禎作先生還暦記念事業会、1957年
(5) 岩崎二郎「北部九州における支石墓の出現と展開」（鏡山猛先生古稀記念論文集刊行会編・刊『鏡山猛先生古稀記念古文化論攷』1980年）
(6) 田添夏喜「年ノ神弥生遺跡」（熊本史學會編・刊『熊本史學』第39号、1971年）
※掲載図は『北九州支石墓の研究』から転載

塔の本遺跡　熊本市北区植木町大字轟字塔の本

位置

　塔の本遺跡は、明治の西南戦争での激戦地となった田原坂の南方、旧鹿本郡植木町大字轟七本部落の東方1キロのところにあり、一帯は2面が山に囲まれた平坦な、東西約102メートル南北約77メートル、海抜93〜88メートルの台地上にある。

遺跡の概要

　1971（昭和46）年、土地所有者高永守明氏が畑地一帯を区画整理中、多数の土器片が出土し、地元の玉名女子高教諭帆足文夫氏らにより、発掘調査が行われた。同発掘調査資料によれば、6基の甕棺と2基の支石墓を確認されたとあるが、支石墓については次回調査として残すと記されていて、支石墓の詳細は不明であった。

　その後、熊本県教委高木正文氏らによる調査資料の精査により、支石墓3基・甕棺墓4基・壺棺墓5基・土壙墓3基（＋α）が確認されている。

支石墓

　3基の支石墓の下部は未調査であるが、上部構造は次のとおり報告されている。

▶1号支石墓
　上石の大きさは長さ1.37メートル幅1.1メートル厚さ0.25メートルで、下部の軽石の支石が7個あり、下部構造は土壙のようである。

▶2号支石墓
　上石の大きさは長さ1.2メートル幅0.85メートル厚さ0.2メートルで、下部に軽石の支石が4個認められたが、下部構造は不明である。

▶3号支石墓
　調査区域の北東隅に上石の一部が認められたが、未調査のままである。

　なお、南側のやや離れた位置にある3号土壙墓には、支石（6個）の痕跡があり、墓壙の底部は長方形の二重墓壙で、木棺埋納の支石墓の可能性も考えられるという。また、支石墓の時期については遺物がなく不明だが、同遺跡内に支石墓と混在している壺棺や甕棺墓が、板付Ⅱ式・亀ノ甲式・城ノ越式である点から、支石墓も同時期の弥生前期後半から中期初頭のものと考えられている。

註
（1）玉名女子高校社会部「塔ノ本遺跡発掘調査」部報第17集、1972年

（2）高木正文 「植木町塔の本遺跡出土遺構一覧表」（1994年12月、九州大学考古学研究室「支石墓研究会」発表資料）

田底（平畠）支石墓 熊本市北区植木町大字田底字平畠

位置

　田底支石墓は、菊池渓谷から西流する菊池川が、北東からの内田川・迫間川あるいは南からの合志川などと合流して、菊鹿平野を形成する菊池川の中流域で、菊鹿平野を北・東に望む合志川の左岸台地（海抜46メートル）に鎮座する、菅原神社境内にある。

支石墓の概要

　古くから菅原神社境内に、「石に乗るとお腹が痛くなる」と言い伝えられて崇められてきた、支石墓の上石状の大石がある。

　1995（平成7）年、熊本大学文学部考古学研究室（代表者甲元眞之氏）が、「東アジアにおける支石墓の総合的研究」の一環として測量調査を行った。その結果によれば[1]、支石墓の上石の大きさは、長さ1.51メートル最大幅1.50メートル地上面厚さ0.19メートルの縦長の五角形をなす、地元産の木葉変成岩（蛍石）であった。なお上石の上表面中央部は、この地方の支石墓の上石に見られる屋根型をなし、周囲は粗い加工の後が見受けられるという（図参照）。

　現在上石の一部は、大きな榎の幹に食い込んだ状態にあり、下部をボーリングステッキによる調査を行ったが、支石墓の下部構造は確認できなかった。

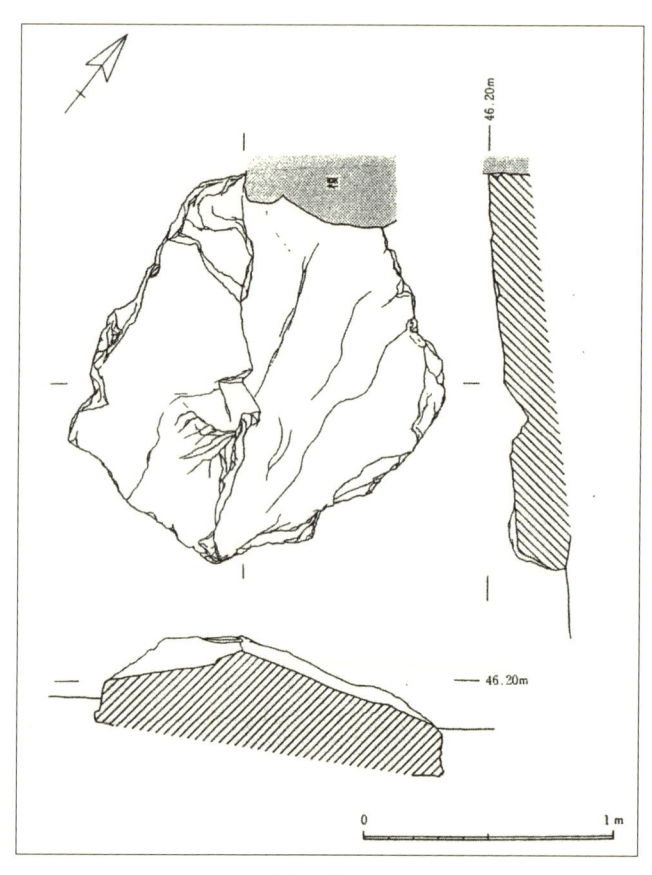

田底支石墓実測図

註（1）熊本大学考古学研究室「熊本県・田底支石墓の調査」（『東アジアにおける支石墓の総合的研究』九州大学文学部考古学研究室、1997年）
※掲載図は「熊本県・田底支石墓の調査」（『東アジアにおける支石墓の総合的研究』）から転載

藤尾支石墓群　菊池市旭志弁利字藤尾

位置

　有明海に西流して注ぐ菊地川の上流域、合志川と米井川が合流する地点の東北で、鞍岳西麓の東から西に延びる、海抜140メートルの舌状台地の先端部分に、藤尾丘陵がある。
　その藤尾丘陵の馬の背状に東西に延びる頂上線のほぼ中央部に、東西約60メートル南北約18～20メートルの人工と思われる矩形の平坦部があり、その西半部の東西約20メートル南北約18メートルの範囲内に藤尾支石墓群がある。伊萩の小盆地を見下ろす位置である。

遺跡の概要

　1957（昭和32）年、熊本県文化財専門委員坂本經堯氏・玉名高校教諭田辺哲夫氏らを初め、旭志村教委を主体とする藤尾支石墓調査団により発掘調査が行われた。
　その調査結果[1]によれば、図1・表1のとおり、弥生中期後半（黒髪式期）に属する支石墓10基・積石墓4基・甕棺墓2基ならびにその後続期と思われる「石積塚」1基や、後世埋もれた後、畑として利用したと思われる西、北面の崖面を擁護するための「石垣線」等の遺構が検出されている。

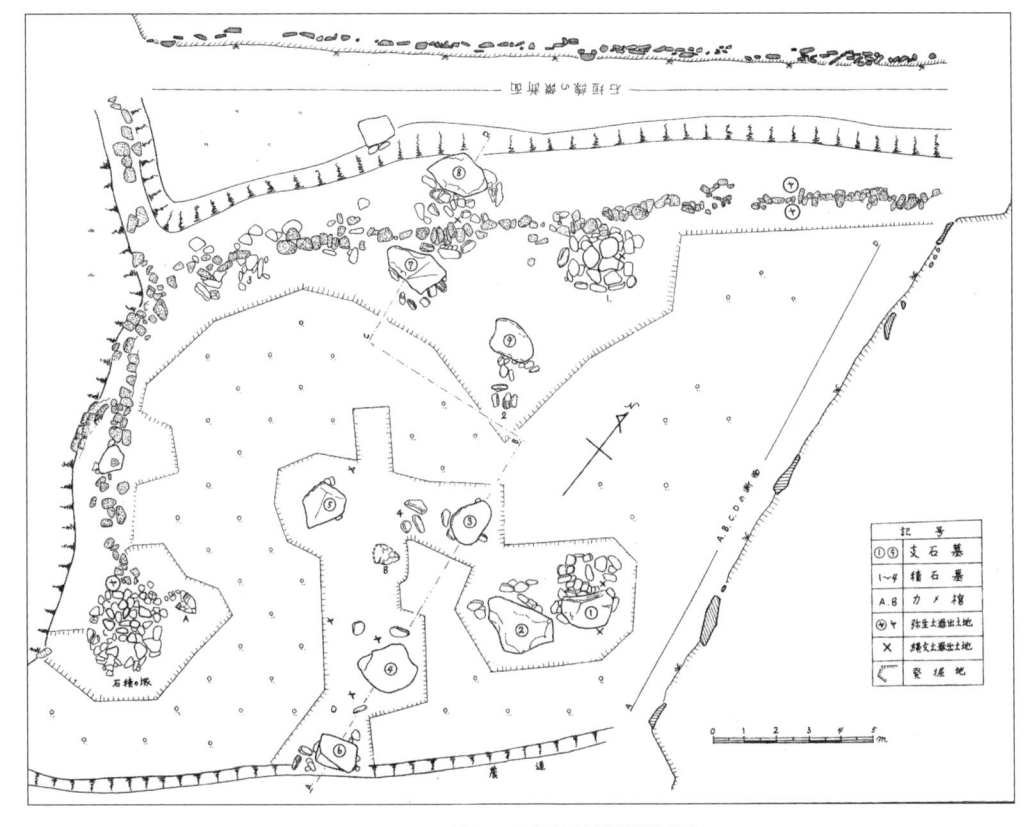

図1　藤尾遺跡遺構配置図

表1　藤尾遺跡遺構一覧表

	番号	上石（m）			石質	内部構造		石囲空隙の方向	上石下の美石	その他
		長さ	巾	厚さ		様式	形状（m）			
支石墓	第1号A					石囲	楕円形　1.00／0.70	東	有	上石を失う
	第1号B	1.60	1.00	0.25	安山岩	石囲	楕円形　1.20／0.70	東		床下に小児甕棺
	第2号	2.23	1.53	0.30	安山岩	石囲	楕円形 1.50／0.70			盗掘
	第3号	1.40	1.05	0.35	安山岩	土壙	円形　0.80		有	
	第4号	1.50	1.40	0.37	安山岩	土壙				盗掘大甕片
	第5号	1.40	1.30	0.40	安山岩	土壙	円形　1.30／1.25		有	
	第6号	1.30	0.95	0.25	安山岩	石囲				盗掘
	第7号	1.70	1.20	0.30	安山岩	石囲	楕円形　1.00／0.60	西	有	
	第8号	2.00	1.20	0.30	安山岩	石囲	楕円形　1.30／0.90	東	有	
	第9号	1.20	1.00	0.27	安山岩	石囲	楕円形　0.90／0.40	東		
積石墓	第1号	2.0×2.0			積石数15	石囲	矩形	東		中央の2石は大きな美石
	第2号	0.75×0.55			4	土壙	楕円形　0.75／0.55			支石墓No.9に近接する
	第3号	1.10×0.65			10数個	石囲	楕円形 1.00／0.65	南		
	第4号	未発掘			4	土壙				
甕棺	第1号	上甕挿入式　大人用								
	第2号	単棺　大人用								
	第3号	単棺　小児用								

支石墓

　支石墓は全体的に上石がずれ側壁石も欠損し、さらに内部が撹乱されていて墓壙の大きさが不明のものがあり、後世盗掘にあった形跡が認められるという。それゆえか、副葬品はなく、僅かに黒髪式土器片・天草砥石・黒曜石やサヌカイトの剝片・木炭片のみであった。なお、遺構内外の包含層からは縄文（轟式・曾畑式系・三万田式・御領式）土器片が若干ずつ出土している。

　支石墓等の遺構内容は、別表1のとおりである。1号Aの上石は欠失しているが、近くの岩本部落の道路の橋に用いられているという。また遺跡内および周辺には、支石墓の上石と思われる大石が4個あり、当遺跡の支石墓が10基以上の可能性もあるという。

▶上部構造

①上石

　上石はすべて鞍岳の西麓に産する安山岩で、最大のものは長さが2.23メートルのものもあるが、平均1.6×1.18メートル厚さ0.3メートル程度の小型であり、下部の墓壙に応じた大きさに加工の形跡があるという。

②支石

　支石は下部構造が土壙である3基（3・4・5号）にみられ、東西南北に4個を置く形式である（5号は東南の2個が欠失、図2参照）。なお、下部構造が石囲いのものは支石は見あたらず、石囲いの側壁が上石を支えている。（図3）

▶下部構造

　石囲い7基・土壙3基とも蓋石は見あたらない。なお4号支石墓は土壙の大きさが不明で、黒髪式の大甕の破片が散乱している点から、合せ甕棺埋葬の可能性もある。また、1号B支石墓（石囲

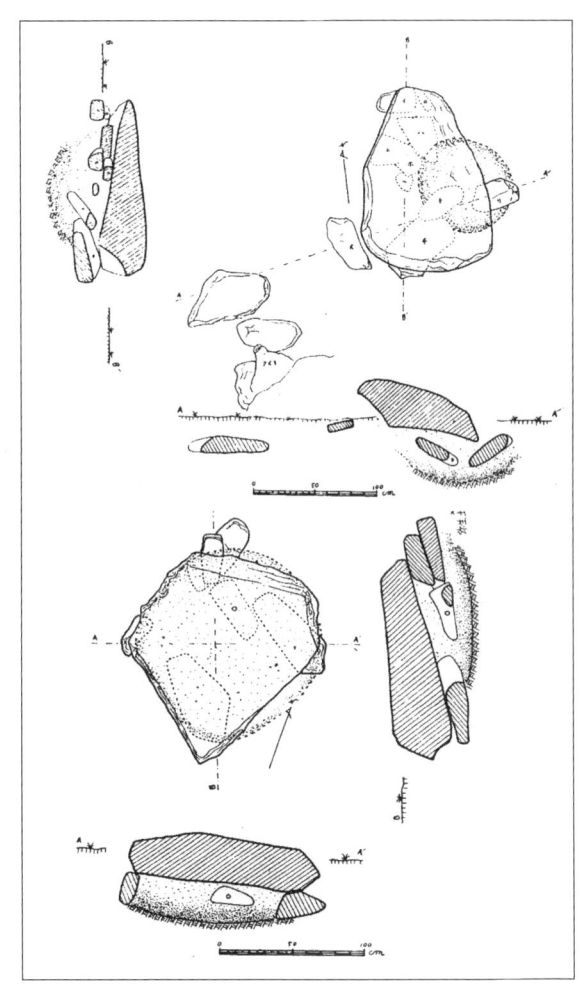

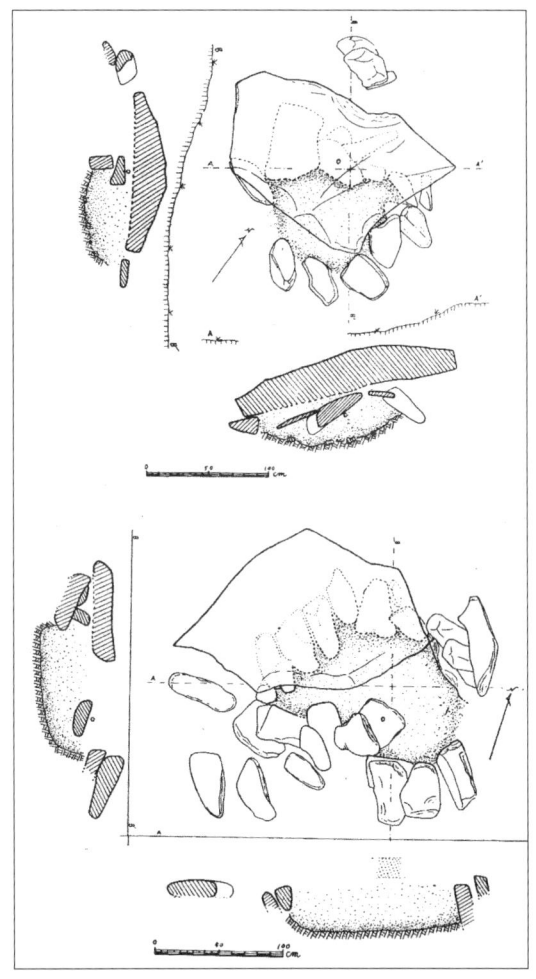

図2　3（上）・5（下）支石墓実測図　　　図3　7（上）・8（下）号支石墓実測図

い）の中央部分の床下約10センチより、黒髪式の小形壺（高さ45センチ）が出土し、小児が併せて埋葬されたとも考えられるという。

①墓壙

　墓壙はほぼ円形で径180センチと80センチ、石囲いの墓壙は長楕円形で内寸最大のものは150×70センチ深さ35センチ（2号）、最小は90×40センチ深さ30センチ（9号）である。

　なお、石囲いの石が倒れた状況などにより上石が沈下していて、築造時は現況より深かったと考えられている。

　また、方位は土壙・石囲い共、他の甕棺墓と同様、ほぼ東西方向に統一されている。

②石囲い

　長楕円形の墓壙内に、平たいやや長手の川原石を並べ立てて側壁としたもので、長さは30センチ内外である。なお、石囲いの一側、主として東側に空隙を設けている。床は船底状を呈し、若干踏み固めた状況であるが、粘土や敷石を用いた形跡はない。

　なお、この石囲いの下部構造との報告に対し、熊本大学の甲元真之氏は「配石土壙」と分類され、[2]

九州大学の西谷正氏[3]は支石墓の最終末の形式で「配石型」と分類されている。

藤尾支石墓の特色

坂本經堯氏の考察[4]によれば、次の特色が見受けられるという。

▶上石
支石墓の上石の形態には、一定の規律が認められる。
①上面中高、下面中凹か平らで、その断面が屋根型を呈する。
②円形土壙には円形の上石が用いられ、楕円形を呈する石囲いには縦長い石が用いられている。
③希望する形を取るために加工されている。
など、当遺跡に構築後にも一部整形加工が行われ、かつまた上面を屋根型に加工していて、支石墓を家観念に表したと考えられる。

▶2種類の下部構造
下部構造は土壙と石囲いの2形式であり、土壙には支石を有する無蓋石の碁盤式であるが、石囲いは支石も蓋石もなく側壁石が上石を支える形式である。

▶石囲いの一側の空隙
石囲いの一側（主として東側）に空隙を設けていることは、特別の埋葬観念に因るものと考えられる。

▶墓壙中の美石
土壙・石囲い共、割合原形を留めている支石墓には、墓壙のほぼ中央位置に側壁石とは考えられない、長卵形や長方形の肌の良い美石（赤色など）がある。これは、支石墓の造営が二次にわたるものと考えられる。第一次は墓壙を掘り或はさらに石を並び立てて石囲いを造り、屍体を埋葬して盛り土し、この封土の真上に長手の美石を据え立てて、一応の埋葬儀式を終わる。

この後、ある期間を置いて、支石墓の上石を挽き据えたものであろう。上石を置く以前の埋葬盛り土状上に、積石や立石を設けることは、弥生墓の一般的な風習であったと考えられる。

註
（1）坂本經堯『藤尾支石墓群』熊本県旭志村教育委員会、1959年
（2）甲元真之「西北九州支石墓の一考察」（熊本大学『法文論叢』第41号、1978年）
（3）西谷正「日本列島の支石墓」（『東アジアにおける支石墓の総合的研究』九州大学文学部考古学研究室、1997年）
（4）は（1）に同じ
※掲載図は『藤尾支石墓群』（1959年）から転載

梅ノ木遺跡　菊池郡菊陽町大字津久礼字下津久礼

位置

　熊本平野の北部を流れる白川の中流域で、熊本市境に近い菊陽町津久礼の白川河畔の微高地にあり、度々の白川の洪水により埋没した形跡もあるという。

遺跡の概要

　1982（昭和52）年、圃場整備事業に伴い、弥生土器の散布地として知られていた当地域を、熊本県教委が発掘調査を行い、弥生時代の竪穴住居跡27棟・支石墓2基・甕棺墓4基・土壙1基が確認された。[1]

支石墓

　支石墓は、住居跡が発見された調査区域の中央微高地の南端部分に、上石を遺存した2基が南北に並んでいた。（図1・2）

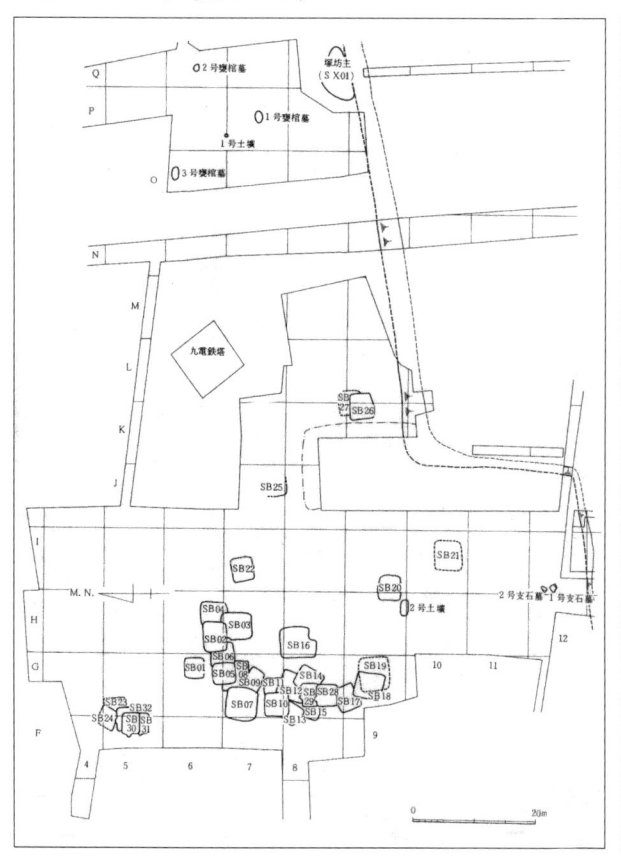

図1　梅ノ木遺跡遺構配置図

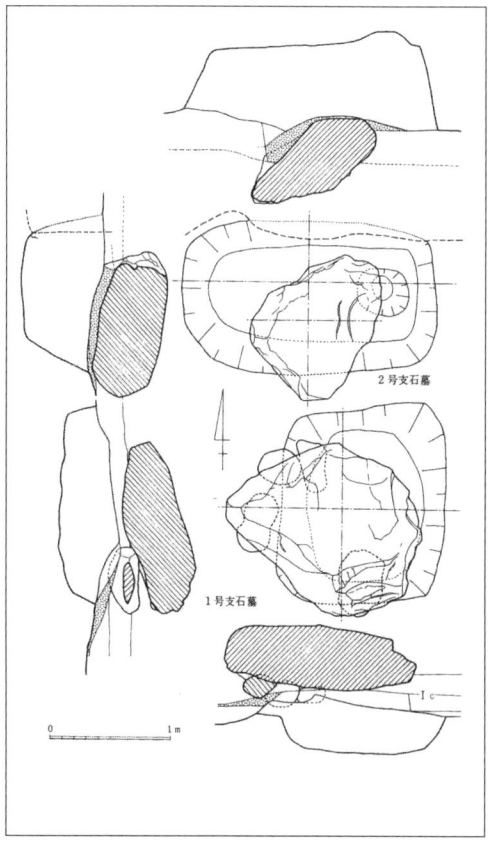

図2　1・2号支石墓実測図

熊本県　163

▶ 1号支石墓

　上石の大きさが長さ1.65メートル幅1.27メートル厚さ0.5メートルの下面が比較的扁平な安山岩で、下部には人頭大よりやや大きい支石が4個確認されたが、さらに2個の支石が推定されるという。下部構造は隅丸方形の土壙で、大きさは長さ155センチ幅137センチ深さは推定50センチであった。

▶ 2号支石墓

　上石は大きさが長さ1.18メートル幅0.93メートル最大厚さ0.49メートルの安山岩で、位置がややずれていた。上石の下部には大洪水時の砂層がたまり、支石はそのため欠失したのか認められなかったという。

　下部構造は隅丸長方形の土壙で、大きさは212センチ幅121センチ深さは推定81センチと、上石に比較して大形であった。なお、床面東側に長径43センチ深さ10センチの窪みが見受けられた。また、東側床部分からヒトの歯が8本出土している。

　支石墓の時期については遺物がなく不明であるが、土壙の埋め土中から黒髪式土器片が出土したという。なお、住居跡やその周辺から、城ノ越式類似の土器や黒髪式土器および弥生後期前半の土器が出土している点などから、支石墓は弥生中期後半前後のものと考えられている。

註（1）熊本県文化財保護協会編『梅ノ木遺跡』熊本県文化財調査報告書第62集、1983年
※掲載図は『梅ノ木遺跡』（1983年）から転載

唖（嘘）ノ前遺跡 * 玉名郡和水町平野字唖ノ前

　唖（嘘）ノ前遺跡の支石墓については、公刊された報告書が見当たらず、詳細は不明である。
　甲元真之氏が1978年に発表された、「西北九州支石墓の一考察」(1)に収められた「支石墓一覧表」によれば、嘘の前遺跡に支石墓4基あり、埋葬主体は不明とある。
　なお島津義昭氏（1997年）によれば、近年の再発見で「嘘の前支石墓は標高40メートルの丘陵にあり、10基以上が2群からなり、支石が残っているものもあり」(2)という。
　したがって、本稿では未確認の支石墓参考地として記載した。

註
（1）甲元真之氏「西北九州支石墓の一考察」（『法文論叢』41号、熊本大学法文学会、1978年）
（2）『東アジアにおける支石墓の総合的研究』九州大学文学部考古学研究室、1997年

正福寺境内支石墓 * 玉名市岱明町大字山下

　松尾禎作氏(1)によれば、「熊本県文化財専門委員坂本（經堯）氏の言によれば、玉名郡大野村（現玉名市岱明町）山下、正福寺境内には、径2メートル余の扁平石がこけむしてあった。これを掘り起こしたとき、後に井戸側のように石が並んでいたという寺の人の談話が伝えられた。もし、その

164　資料編

井戸側のような石並びが、下石（支石）であるということが確かめられるならば、碁盤式の支石墓とみられるが、その下部の埋葬痕跡すなわち土壙・石室・石棺とかの存在は確かめられてないようである。扁平巨石下の地固め石程度のものかわからない。

　この種の遺構が付近に5カ所もあったと言われるし、年ノ神遺跡や中通の弥生式貝塚も近いし、石蓋土壙や合口甕棺の群在する所でもあるので、支石墓があってもよさそうな環境であるが、断定は避けて、なお今後の検討に待つことにしたい」という。

註（1）松尾禎作『北九州支石墓の研究』松尾禎作先生還暦記念事業会、1957年

伊倉両八幡宮境内支石墓 ＊　玉名市大字伊倉南方

　坂本經堯氏によれば、「伊倉町街地は伊倉台地の南縁にあたり、東西に湧泉溺谷（おぼれだに）があって突角の台地となっている。両八幡宮はこのくびれ部に鎮座ましますが、北側の平坦な台地一帯は弥生墓地で、須玖式・黒髪式の甕が多い。南北両八幡宮は道路を中間にして列し、境内には伏さった巨石数個があり、径1.5～2メートルの平たい大石である。西宮の境内に樹立されているものは径3メートルを越す平たい石で、又石垣に積みこまれた数個がある。これらの大石は神社の施設とは関係がないので、古くからあったものが、そのままとなっているものであろう。弥生甕棺墓地に近接した聖地の伏さった巨石群は、支石墓類似の遺構として記録に値しよう[1]」という。

註（1）熊本県旭志村教育委員会編『藤尾支石墓群』熊本県旭志村所在藤尾支石墓群調査報告、1959年

城ヶ崎五社支石墓 ＊　玉名市大字伊倉南方

　坂本經堯氏によれば、「伊倉台地の西端に突き出た丘を城ヶ崎という。岱明町年ノ神とは菊地川を間にして、東西に相対する丘陵である。丘脚には遠賀川式土器・黒髪式の貝塚群がある。この丘陵頂に「五社さん」と祀られた巨石遺構がある。まだ計測していないが、支石墓の参考地として記録しておく[1]」という。

註（1）熊本県旭志村教育委員会編『藤尾支石墓群』熊本県旭志村所在藤尾支石墓群調査報告、1959年

轟支石墓　熊本市北区植木町大字轟

　坂本經堯氏の報告書[1]によれば、「鹿本郡植木町轟台地の東端地区字今古閑の畑から、狭鋒銅鉾4本が箱に収めて埋葬した姿勢で掘り出された。昭和33年8月発掘調査したが、銅鉾は柱穴を持った

建築群中の、一きわ大規模な建築内部に築かれた土壇の東正面中部に、鉾を東に向けて揃えて置かれており、この土壇を破って須玖式系の小甕が埋められていた。これに近接して黒髪式小甕が斜めに埋められ、蓋は別の甕の底部に挿入してある。明らかに小児甕棺である。この甕棺は、藤尾支石墓1号のB石囲いした小児甕棺と全く同型のものであった。

　この轟台地に中心部には、主として須玖以降の生活遺物が散布し、周辺部は甕棺墓域となっている。

　この台地の西側部『ネレノ木観音』の境内に、3個の巨石が伏さっている。1.6メートルの楕円形・1.3メートル・1.2メートルの四角形の安山岩で、2個には円形の刻文がある。崇められた巨石に相違ないが、中世の板碑として運ばれたものとしては、円文だけで他に文字の刻されたものがなく、三の岳あたりから運搬する労力の大なることに比して、甚だもの足りないことである。

　本来この位置或は付近にあったものに、畏敬の崇め記号を刻したものであろう。ここから南に近い城ノ内共同井の傍らにも、これに相似た安山岩の巨石がある。轟台地の甕棺墓域における伏さった巨石群は、支石墓の上石であってよい」と述べ、支石墓存在の参考地と考えている。

註（1）熊本県旭志村教育委員会編『藤尾支石墓群』熊本県旭志村所在藤尾支石墓群調査報告、1959年

庄支石墓＊　山鹿市鹿本町庄字太郎丸

　坂本經堯氏によれば、「鹿本町庄は広鋒銅鉾出土地であるが、『景行天皇の腰掛石』と崇められた径2メートル余の平たい盤状の石が伏さっており、付近にはやや小形の大石数個がある。この位置の北方50メートルのところに、遠賀川式甕を交えた須玖式甕棺群墓地があり、また東方約5、60メートルに広鋒銅鉾を出している」と記し、この巨石が支石墓の上石の可能性を考えている。

註（1）熊本県旭志村教育委員会編『藤尾支石墓群』熊本県旭志村所在藤尾支石墓群調査報告、1959年

長沖支石墓＊　山鹿市大字中字長沖

　坂本經堯氏によれば、「山鹿市字長沖の台地にも、これに相似た（支石墓の上石状の）伏さった大石数ヶがあるという」と記されているのみで、詳しいことは不明である。

註（1）熊本県旭志村教育委員会編『藤尾支石墓群』熊本県旭志村所在藤尾支石墓群調査報告、1959年

古閑山支石墓 *　菊池市旭志弁利字古閑山

位置

　菊池川の上流域、藤尾支石墓群の東北約800メートル鞍岳西裾の支丘であるが、円錐形の独立丘陵で、西になだらかに下って岩本部落がある。その独立丘陵の頂上付近にある。

遺跡の概要

　坂本經堯氏によれば、「頂に2個の盤状巨石が立ち、1基は盤状台上に建てられて、『菊池氏祖先之墓』と刻まれている。ともに支石墓上石として適当である。南斜面に3個の盤状巨石が伏さっており、また石積の塚が1基ある。その一つは図の様に、長径2.24メートル幅1.1厚さ0.3メートル、断面屋根型を呈する安山岩で、東西に向き伏さっており、西側の下部に塊石2個が重なって支石となっている。現在は桧林となっているが、昭和6年頃は開墾畑で、弥生甕の破片があった。甕棺墓と支石墓群の弥生墓地であろう」[1]　と紹介されている。

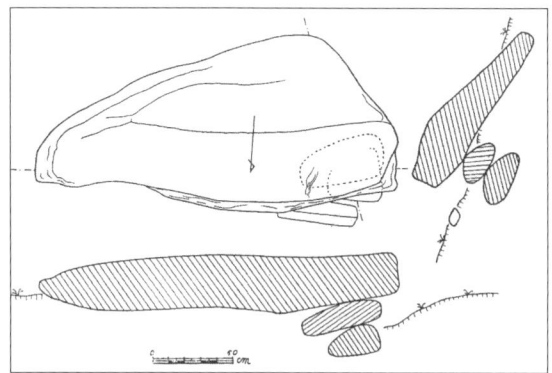

古閑山支石墓実測図・写真

註（1）熊本県旭志村教育委員会編『藤尾支石墓群』熊本県旭志村所在藤尾支石墓群調査報告、1959年
※掲載図は『藤尾支石墓群』（1959年）から掲載

ヒメサカ支石墓 *　菊池市旭志弁利字ヒメサカ

　坂本經堯氏によれば、「古閑山の北側渓流を越えるとヒメサカに出る。弥生土器の散布する畑地の南側谷川右岸の台地に大石の露頭5・6ヶが群をつくっている。平たい石もあるが大きな塊石が多い。入道塚と呼ばれる小塚がある。このような安山岩の大石が累々とした谷川に近いので、自然の石群かもしれないが、弥生・土師・須恵などが散布する遺跡地続きであることから注意しておきたい」[1]　と記している。

註（1）熊本県旭志村教育委員会編『藤尾支石墓群』熊本県旭志村所在藤尾支石墓群調査報告、1959年

ヒララ石支石墓＊　菊池市旭志川辺字柏木

坂本經堯氏によれば、「旭志村小河原の西南、海抜130.6メートルの広い高台の畑地で、眺望は広い。隈府～大津の旧道は、住吉（泗水）からこの辺りを過ぎて合志原を横断する。この付近は南の高位部から北の斜面に沿って、『一の柏木、二の柏木、三の柏木』と呼ばれているが、一と二の柏木には押型文・御領式の縄文と、弥生の黒髪式・野辺田式が散布し、三の柏木には黒髪式・野辺田式・須恵などが散布する。

石斧・石鏃・石鍬・手持ちの摺杵・横型の石匕(せきひ)など少なくない。

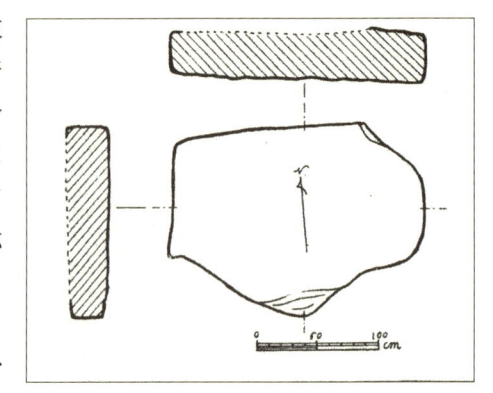

ヒララ石（支石墓？）実測図

ヒララ石は、一の柏木の西斜面地のなかに伏さった巨石で、長径2.10メートル幅1.50メートルの矩形の安山岩で、厚さ0.42～28メートルの平たい巨石である（図参照）。もと畑地の表に現れていて、『元旦には金の鶏が時をつくる』と言われて拝みに登る風習があったが、今は耕作の邪魔物として埋められてしまった。地主は『下には何もなかった』という。

付近の畔には塊石が積み込まれている。この辺りは深い黒土と厚い赤土の台地で、このような巨石が自然に位置することはない。縄文弥生遺跡に運ばれた巨石である。河原の比良良石は支石もあり、畑から弥生の甕棺の破片も出ているので、たしかに支石墓であることからして、このヒララ石も支石墓の公算が強い」[1]という。

旭志村教委では、その後調査はしていないとの由。

註（1）熊本県旭志村教育委員会編『藤尾支石墓群』熊本県旭志村所在藤尾支石墓群調査報告、1959年
※掲載図は『藤尾支石墓群』（1959年）から転載

比良良石支石墓＊　菊池市原字比良良石

坂本經堯氏によれば、「水源の原から西に延びる高台は、南の河原谷と北の菊池川との間に複雑な浸蝕谷を形成しつつ、西に降って、藤田・木庭(こば)の線で菊池川の沖積地に没する、菊池平野の東に望まれる美しい丘陵である。

比良良石は、この高台に中央に当たり、南は河原谷の浸入にあって急斜面となるが、北は鍋倉との間に平らな広い台地となり、縄文（御領式）・弥生の包含層が路崖にあらわれている。この部位の基部に当たる毛足の高台は、強勢な縄文御領式の遺跡である。

比良良石と呼ばれる大石は、河原谷に望む南端部の水田中にある。径1.6メートル×1.4メートル

の四角形の安山岩で、厚さ0.4〜0.3メートル、上面は弧状の中高となる。北に傾斜している南側（下部）には数個の塊石と板石が敷かっている（図参照）。

近くから弥生甕の破片を採取した。立地事情からも形態からも支石墓らしい。高台地西端の木庭には箱式石棺がある[1]」という。

註（1）熊本県旭志村教育委員会編『藤尾支石墓群』熊本県旭志村所在藤尾支石墓群調査報告、1959年
※掲載図は『藤尾支石墓群』（1959年）から転載

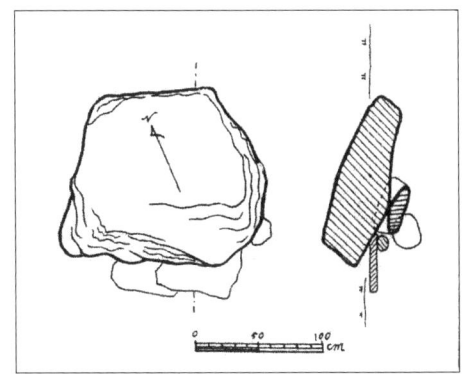

比良良石（支石墓？）実測図

立石支石墓*　菊池市森北字立石

坂本經堯氏によれば、「妙見御手ノ坂を南に登ると、東側に丸山という円錐形の独立丘がある。海抜100メートル線にかこまれた高地の西端に当たり、この南裾の畑地一帯は弥生土器（黒髪式）片、磨製石斧、打製石鏃などの散布地である。この地域の高い部位に盤状巨石3ヶがある。内1ヶは径1.3メートルの1.2メートルの梯形、断面屋根型、崖下に移動しているが支石墓の上石であろう。

この付近から泗水村北住吉北方の台地にかけて、縄文後期から黒髪式・野辺田式・土師・須恵の遺跡がつづき、長塚・狐塚・備後塚の円墳があり、合志川段丘崖に横穴古墳群がつらなっている[1]」という。

註（1）熊本県旭志村教育委員会編『藤尾支石墓群』熊本県旭志村所在藤尾支石墓群調査報告、1959年

神来（おとど）支石墓*　菊池市野間口字神来屋敷

1982（昭和57）年発行の『菊池市史』上巻によれば、菊池川中流域の神来屋敷にある「貴船神社の境内に、屋根型の巨石がたてられています。この位置が迫間川の段丘上にあり、付近には弥生遺跡もありますので、支石墓の上石ではないかと見られています。

また、この西方五〇〇メートル付近には『車町甕棺墓群』がありますので、支石墓の立地も推定されますが、現在まで十分な調査はなされていません」との記載があり、その後未調査の模様。

註
（1）菊池市史編纂委員会編『菊池市史』上巻、菊池市、1982年

石ノ本支石墓* 菊池市泗水町大字永字石ノ本

坂本經堯氏の資料(1)によれば、「泗水盆地の左岸段上の一突出部にあたる部位を「石ノ本」と字名し、菅原神社境内に崇められる大きな塊石数ヶがある。支石墓の上石としては不適当であるが、北側の一段低い字藤巻には黒髪式の甕棺が出ているので注意しておこう」と述べ、支石墓の参考地としている。

また、『熊本県埋蔵文化財遺跡地名表』(2)にも記載されている。

註
（1）熊本県旭志村教育委員会編『藤尾支石墓群』熊本県旭志村所在藤尾支石墓群調査報告、1959年
（2）熊本県旭志村教育委員会編『熊本県埋蔵文化財遺跡地名表』熊本県教育委員会、1963年

中原支石墓* 合志市合生大字野々島字中原

1996（昭和41）年、隈昭志氏により調査が行われ、主体部は土壙であったことが確認されたが、詳細は不明である。

なお、甲元真之氏の「西北九州支石墓の一考察」(1)の文中の「支石墓一覧表」にも記載されていて、埋葬主体は土壙とあるも、支石墓の基数或は内容については記載がなく不明である。

註（1）甲元真之「西北九州支石墓の一考察」（熊本大学法文学会編『法文論叢』文化篇、熊本大学法文学会、1978年）

永田支石墓* 合志市合生大字野々島字永田

前記の中原と同様に、甲元真之氏の「支石墓一覧表」(1)に記載されているが、内容は不明である。

註（1）甲元真之「西北九州支石墓の一考察」（熊本大学法文学会編『法文論叢』文化篇、熊本大学法文学会、1978年）

立石原支石墓 菊池郡大津町大字矢護川字立石原

坂本經堯氏の資料(1)によれば、
「藤尾（支石墓群）から二つの谷を越えて南約2.6キロ、大津町片股うち、旭志町の境に当たる。湯舟溜池の南に、鞍ヶ岳の西裾が西に長く延びて、高台を形成する。
この台地の基部が馬糞塚、牟田平の縄文遺跡で、また箱式石棺が5基ある。
立石原は、馬糞塚の西約500メートル、海抜180メートル線に囲まれた凹地で、南側は急崖となり

湿田にくだっている。合志原を見晴らす眺望は雄大である。

台地の南向きの低地が住居址らしく、須玖・黒髪・野辺田などの土器が多く、御領式縄文・遠賀川式の甕片が混じ、土師も須恵も散布する。石器には、磨石斧・磨石鏃・打製の石鏃・石匕・石鏃が多い。

西・北・東の高い部位には「鉢巻した大甕」が斜めに埋めており、支石墓は東方の高い畑の東南隅に3基集まり、積石もある。

畑中の1基（図1）は、支石まで露出しているので計測される。安山岩の上石は長径1.58メートル幅1.4～1.0メートル、大体四角な平面を呈し厚さは西側で0.5メートル東側で0.2メートル、上面中高で下面は平らであるが、東側が欠けて段をつくっている。

耕作のために西側の支石が失われてズレ傾き、東と北側に支石8ヶが露れている。上石を支石の上に引き直したら安定しよう。ステッキボーリングによると、上石の下方約30センチ位から固い粘土となって、石囲いや甕棺などの手応えはない。土壙であろう。

他の二つの伏さった大石は大体同じ中高の安山岩で、下には支石らしい手応えがある。積石は崖の石垣にも積み込まれている。この畑の東側の一段高い畑にも伏さった大石があったが、現在は耕作の邪魔になるので、畑面下に没しているという。

住居遺物を出す低地の北側も高くなっているが、2ヶの安山岩大石が畑から掘り出されて路の両側に転落している。1ヶは長径1.6メートル幅0.9メートル厚さ0.3メートル、現在の上面は平らである。他の1ヶは径1.3メートル×1.2メートル、歪んだ円形で厚さ0.25メートル、一面は中高一面は中凹で、藤尾支石墓上石に似ている。（図2）

低いところに住居遺物、三方を囲む高いところに甕棺と伏さった大石群が位置するのである。支石墓に間違いあるまい」という。

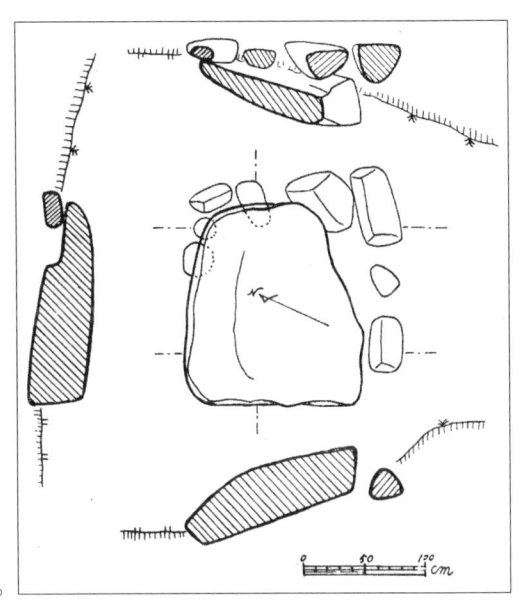

図1　立石原A支石墓（?）実測図

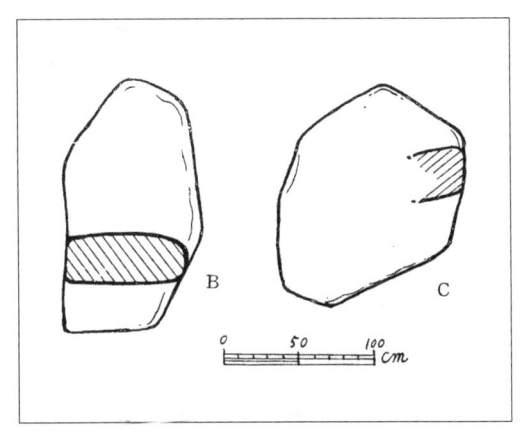

図2　立石原B支石墓（?）実測図

註（1）熊本県旭志村教育委員会編『藤尾支石墓群』熊本県旭志村所在藤尾支石墓群調査報告、1959年
※掲載図は『藤尾支石墓群』（1959年）から転載

御領原支石墓＊　菊池郡大津町大字矢護川字御領原

　坂本經堯氏の資料(1)によれば、「大津町御領所の西方一帯の広潤な台地で海抜200メートル、西に緩く傾斜し、約２キロにして『松ヶ平』の経文遺跡に続いている。南は弥護川北岸の急崖となり、北は狭い谷を隔て馬糞塚・立石原遺跡に達している。

　古くから畑地で縄文前期曾畑式・後晩期の御領式が散布し石器類も多い。また弥生の甕・丹塗片・須恵片なども少なくない。

　台地のほぼ中央部に径２メートル余の巨石が伏さっており、塊石10数ヶが積まれている。横穴石室墳の残骸としては側壁石がない。支石墓らしい」とある。

註（１）熊本県旭志村教育委員会編『藤尾支石墓群』熊本県旭志村所在藤尾支石墓群調査報告　1959年

水野山支石墓＊　菊池郡大津町大字矢護川字水野山

　坂本經堯氏の資料(1)によれば、「大津町平川の東方約１キロの水源地、二重峠から西に派出した丘陵は平川の東北では緩やかな波状台地を形成し、海抜200メートル線に湧泉谷頭があり、西の方の平川に向け流れ出る。

　水野山遺跡は、豊富な湧泉地をひかえた低い舌状台地に西端部である。明治の中頃開墾されたとき夥しい各種の石器類（土器は注意されていない）を出して有名となり、「日本石器時代地名表」(2)には、「矢護川・石鏃」と記されている。五つの大磨製石斧（蛇紋岩の美石製）はここの出土である。押型文・御領式もあるが少量で、弥生の甕・壺・丹塗高坏などが多い。甕の口縁と底部は須玖式・黒髪式・野辺田式である。大甕は東側の高い部位の畑に多く、支石墓らしい大石もこの高いところに残っている。

　畔に埋まっているものは長径1.7メートル幅1.4メートル厚さ0.3〜0.4メートル、中高の安山岩で、周りに塊石が積まれている。現在の小松林に伏さっているものは上面屋根型を呈し、長径1.4メートル余の安山岩である。この石の南３メートルに建碑がある。現れている部分は幅1.3メートル高さ1.25メートル、五角形状の安山岩で厚さ0.3〜0.35メートル、一面は中高一面は平で、断面は屋根型を呈する（図参照）。

　西面中央に南無妙法蓮華-教、両側に昇り竜・下り竜、両肩に円紋を刻している。裏面の建碑の

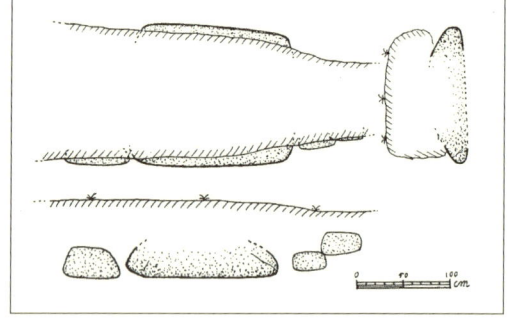

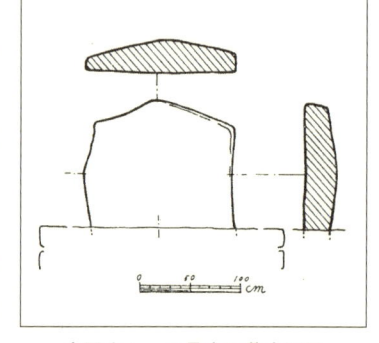

水野山１・２号支石墓実測図

由来を刻した文言によると、明治28年に西村仙次郎が「罰障消滅」のために建立したものである。

　開墾中に出土した夥しい土石器、墓らしい甕や積石などに祟られて、もとからあった大石を碑石にして供養したものである。岩本や古閑山と相似た碑である。遺跡・遺物の状態、大石の形態などからして支石墓であろう」とある。

註
（１）熊本県旭志村教育委員会編『藤尾支石墓群』熊本県旭志村所在藤尾支石墓群調査報告、1959年
（２）東京大学編『日本石器時代遺物発見地名表』第５版、岡書院、1928年
※掲載図は『藤尾支石墓群』から転載

矢鉾遺跡＊　菊池郡大津町大字杉水字上の原・矢鉾

　坂本經堯氏の資料によれば、「大津町杉水の南側台地海抜164メートル一帯は広潤な畑地で、縄文・弥生の大遺跡である。西北800メートルの塔ノ本（押型文土器）、西北1,200メートルの小林ワクド石（玄米痕、籾痕ある御領式土器）、西北2,500メートルの（海抜130.6メートル）ヒララ石（縄文・弥生、伏さった石）、ヒララ石の北方900メートルの西原（縄文、土師、鉄滓）、西原の北方1,200メートルの伊坂西原（御領式・須恵）などの遺跡は、矢鉾台地が南北に伸びる台地北側の遺跡である。

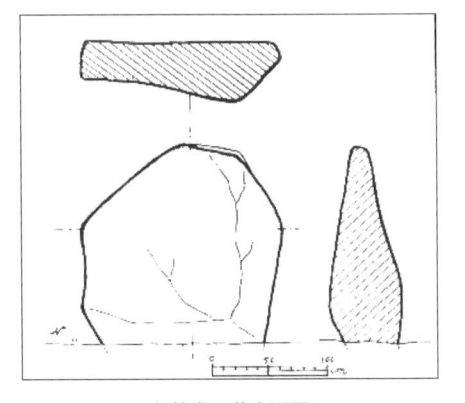

矢鉾支石墓実測図

　矢鉾一帯は縄文では西平式・御領式が散布し、弥生では須玖式・黒髪式・野辺田式など中後期の土器に、土師・須恵が加わる。昭和７年の天地返しの深耕中、須玖式大甕の破片が夥しく出土し、磨製石剣・鏡片らしい銅片があった。

　矢鉾は、この遺跡地に樹立された巨石で、地上高さ1.72メートル幅1.08厚さ0.6〜0.2メートル五角形の安山岩で、西面は中高、東面は平で、断面は屋根型を呈する。すなわち支石墓上石型である。近くの畑隅には塊石が積まれている（図参照）。

　矢鉾の北側から杉水乾谷にかけて部落居住地となって、この台地は村近い一等畑地であるので、支石墓・弥生墓地が営まれたとしても、消滅する可能性が強い。矢鉾の巨石は、その代表としての崇め石であろう。遺跡の北端に杉水天神社が祀られている」とある。

註（１）熊本県旭志村教育委員会編『藤尾支石墓群』熊本県旭志村所在藤尾支石墓群調査報告、1959年
※掲載図は『藤尾支石墓群』（1959年）から転載

八ツ割ドルメン群　上益城郡甲佐町大字船津字八ツ割

　緒方勉氏の報告書(1)によれば、「八ツ割ドルメン群は、緑川左岸で麻生原遺跡の南約500メートルの台地上にある。台地でも辺縁部に近く、横に広がってドルメンが散在する。麻生原遺跡とは視界が遮られて直視できない。ドルメンの辺りから南に開け、最近開田された水田があり、さらに緑川を隔てて甲佐岳の秀麗な姿を見ることができる。

　ドルメンは南北する農道両側に分布する。東側には3基、この中には高さ1.5メートル径2メートル位の盛り土を持ったもの2基、他の1基は土手の中にみえかくれして石をのぞかせている。

　農道の西側には、畑地上下三段にわたり分布する。上段の畑の農道よりには、小盛土を持った土塚が余端を保っている。ここには、もっとも大きい盛土があったものとみられる。

　下の畑には農道よりの畦畔に、1.5メートル×0.7メートル位の石を放置してあった。これは恐らく、元は畑の中にあったものとみられる。この畑に奥まった辺りに、それぞれの間をおいた4基の巨石が横たわっていた。これらの状態からドルメン群とみられ、各ドルメンも或は農道の東側のように盛土があったことも考えられる。この周辺から土器片が採集されていて、小片ではあるが板付式の土器片とみられた。この下段の畑の都合5基の石は、昭和44～45年頃ブルドーザで押し退けられ消滅した。

　奥まった辺りに4基のドルメンがあったが、その上に松林がある。この松林は100平方メートル位の畑であるが、その中にドルメンがある。この畑は庭園樹としての松と茶などであるが、耕作者によると、畑に石があって普通の畑にならないので、木を植えたということであった。茂みを押し分けて畑を調べると、確かに石が顔をのぞかせている。そして、樹林の中に3基ほど確かめ得た。

　以上述べたように本遺跡では、少なくとも12基以上のドルメンがあり、またあった。そこで考えられることは、その位置関係、土器形式の類似からして麻生原遺跡との関連性が認められる。かりに麻生原遺跡を弥生前期の生活址とし、八ツ割ドルメン群がその墓地であるとするならば、その時の村落・社会を構造的に捉える上で興味ある資料を提供することとなる。

　弥生前期の墓地が、ドルメン群を形成する集団（八ツ割）、地域・地点を異にして甕棺群を形成する集団があるとすれば、これまた新たな問題点の指摘になろう。

　八ツ割ドルメン群について付記すれば、昭和40年ごろ、地元甲佐町教委清村守氏（現社会教育課長）に案内してもらい、乙益重隆氏と現地を訪問したことがある。その際現地出土の土器を提示され、それは北九州における板付Ⅱ式に相当する土器とみた」という。

註（1）緒方勉「甲佐町麻生原遺跡および八ツ割ドルメン群」（熊本県教育委員会編『沈目立山遺跡』熊本県文化財調査報告第26集、1977年）

麻生平ドルメン　下益城郡美里町大字馬場小字麻生平

　緒方勉氏の報告書によれば、「麻生平ドルメンは、中央町馬場の集落の東外れで、小字名麻生平に所在する。台地の縁に占地し、都合２基が確認された。いずれも農道（踏み分け道）の南側桑園のなかにあり、一つは畦畔上にある。一つの石材は真白の石灰岩（1.2メートル×0.6メートル）で、この地域に本来存在しない材質の石である。

　このドルメンの時期については今のところ手がかりはないが、周辺から弥生中期（古）の土器片が採集されている」という。

註（１）緒方勉「甲佐町麻生原遺跡および八ツ割ドルメン群」（熊本県教育委員会編『沈目立山遺跡』熊本県文
　　　　化財調査報告第26集、1977年）

木原（西蔵）支石墓＊　熊本市南区富合町大字木原字西口

　小林麟也氏の「木原甕棺地帯における巨石調査報告」によれば、甕棺地帯のなかに長さ3.2メートル幅1.8メートル厚さ0.7メートルの巨石が１個あり、その時期は弥生後期前半という。その巨石から５メートル程離れた地点から、須玖式の甕棺と石斧が発見されている。なお、巨石の下には遺構は認められなかったという。

註（１）小林麟也「木原甕棺地帯における巨石調査報告」（熊本史學会編『熊本史學』15・16号、熊本史學会
　　　　1958年）

市房隠遺跡（１号石棺）　球磨郡あさぎり町大字吉井字馬立原

　乙益重隆氏の論文によれば、「昭和21年１月、筆者は熊本県球磨郡免田町市房隠において、免田式の最古様式と考えられる免田Ｉ式土器を伴う墳墓群８基を発掘したことがある。

　それは阿蘇溶岩と安山岩の割石を組合わせた、小型箱式石棺様の遺構であった。うち第１号は長さ68センチ幅34センチ深さ35センチを有し、その上に長さ62センチ幅42センチの石蓋を覆い、さらにその上に全長96センチ幅46センチ厚さ18センチの不整な大石をのせていた（図参照）。棺内部は子供ならともかく、成人はとうてい収容できそうにもない小さなもので、もちろん骨の残るものはなかった。

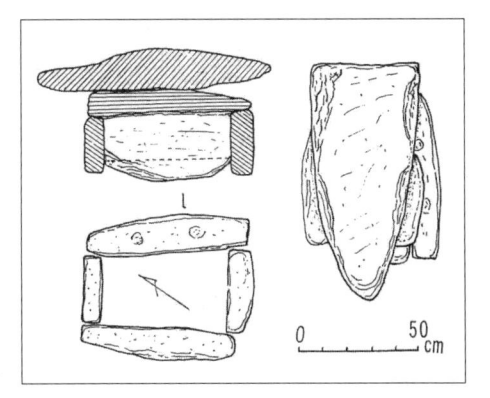

市房隠１号石棺実測図

第2号以下第8号まで大石や蓋石を失うものであったが、すべて第1号と同様なサイズで、かつて昭和13年に高田素次氏の調べられた2基も同様のものであった。そして棺の一側に免田Ⅰ式壺形土器2個が直立して出土し、著者の発掘時にも第4号の外側に同形式の壺形土器1個が横転破壊して発見された。
　このような小型箱式石棺は、前に述べた錦町高ン原の人吉農芸学院校内から1基と、同町水上字迫から1基発見されている。おそらくこれらは支石墓の内部施設であろう。
　ちなみに昭和35年8月、長崎県原山で発掘された縄文文化終末の支石墓群45基のうち、21基はこのような小型の箱式石棺を設けていた。また佐賀県原古賀で発見された箱式石棺は、『長さ2尺1寸幅1尺5寸深さ8寸』の小型を呈し、同県朝日では同様な石棺に広先の鉄戈を伴っている。おそらく小型箱式石棺に成人の遺体を埋葬するには、死後硬直が去った後折り畳むようにして納めたものと解せられる。
　おそらく地下式板石積石室の墓制は、このような免田Ⅰ式土器（免田式の基本様式）に伴う個人単位の小型箱式石棺を、家族単位にまとめて追葬したことから起ったのではなかろうか。そして石室床面に立てめぐらした榔壁状の囲いは石棺の名残で、その上縁以上に積み重ねた錣葺の石室構造は、追葬時の便宜を考慮したものと考えられる」と、地下式板石積石室の祖形は支石墓ではなかったかと述べられ、支石墓の存在を肯定されている。
　このことは、河口貞徳氏も、鹿児島県長島町にある明神下岡遺跡の地下式板石積石室墓群のなかに、祖形としての支石墓2基（弥生中期後半頃）の存在を報告されている。[3]
　なお最近では、時期的な面とその構造から、支石墓としては否定的意見が多い。[4]

註
（1）乙益重隆「地下式板石積石室墓の研究」（国史学会編『国史学』83号、第一書房、1971年）
（2）市房隠遺跡から出土した免田Ⅰ式土器と称された土器は、その後の重弧文長頸壺（免田式土器）研究の中で、西健一郎氏（金関恕・佐原真編『弥生文化の研究』4巻、雄山閣、1987年）によれば、重弧文長頸壺（免田式）第4型式bとされ、編年上は弥生後期後葉中頃に位置付けられている。
（3）鹿児島県長島町教育委員会編『明神下岡遺跡』1983年
（4）甲元真之「西北九州支石墓の一考察」（熊本大学『法文論叢』第41号、1978年）、島津義昭『東アジアにおける支石墓の総合的研究』九州大学文学部考古学研究室、1997年
※掲載図は「地下式板石積石室墓の研究」（『国史学』83号）から転載

熊本県内の支石墓遺跡所在地一覧

番号	時期	遺跡名	所在地	概要	主要文献	備考
1	Yc前半	年の神遺跡	玉名市岱明町野口字早馬	支石墓？1基（下部は土壙）と巨石1個、その東30m地点から支石墓1基（下部は大形甕棺1基小形壺棺2基）貝輪7	熊本県旭志村教委『藤尾支石墓群』1959ほか 田添夏喜「年の神弥生遺跡」『熊本史学』39号1971	
2	Yz後半Yc初頭	塔の本遺跡	熊本市北区植木町大字轟字塔の本	支石墓3基（下部は土壙？）他に壺棺墓5基、甕棺墓4基、土壙墓3+α（内1基に支石の痕跡あり）	高木正文『塔の本遺跡出土遺構一覧』1994ほか	下部未調査
3	?	田底(平畠)支石墓	熊本市北区植木町大字田底字平畠	支石墓1基（下部は不明）	熊大考古学研「熊本県・田底支石墓の調査」『東アジアにおける支石墓の総合的研究』九大考古学研1997	下部未調査
4	Yc後半	藤尾支石墓群	菊池市旭志弁利字藤尾	支石墓10基（下部石囲7基土壙3基）他に積石墓4基、甕棺墓2基、後期の積石塚1基	熊本県旭志村教委『藤尾支石墓群』1959ほか	
5	Yc後半？	梅ノ木遺跡	菊池郡菊陽町大字津久礼字下津久礼	支石墓2基（下部は土壙）、甕棺墓4基、土壙1基、竪穴住居跡27基、支石墓埋土中から黒髪式土器片	熊本県文化財保護協会『梅ノ木遺跡』熊本県文化財調査報告書第62集1983	
6	?	哐(嘘)ノ前遺跡*	玉名郡和水町平野字嘘の前	支石墓？10基以上（下部は不明）	甲元真之「西北九州支石墓の一考察」熊本大学『法文論叢』41号1978ほか	未調査 参考地
7	?	正福時境内支石墓*	玉名市岱明町大字山下	境内に扁平巨石と支石様の下石あり	松尾禎作『北九州支石墓の研究』1957	未確認 参考地
8	Yc？	伊倉両八幡宮境内支石墓*	玉名市大字伊倉南方	南・北両八幡宮境内に巨石数個、周辺は須玖・黒髪式甕棺墓地	熊本県旭志村教委『藤尾支石墓群』1959ほか	未確認 参考地
9	Yc？	城ヶ崎五社支石墓*	玉名市大字伊倉南方	丘陵上に「五社さん」と祀られた巨石、丘陵下部に遠賀川式・黒髪式期貝塚	熊本県旭志村教委『藤尾支石墓群』1959ほか	未確認 参考地
10	Yc～	轟支石墓*	熊本市北区植木町大字轟	「ネレノ木観音」境内に巨石3個、周辺は須玖式以降甕棺墓群、付近から細形銅矛4本	熊本県旭志村教委『藤尾支石墓群』1959ほか	未確認 参考地
11	Yc？	庄支石墓*	山鹿市鹿本町庄字太郎丸	「景行天皇の腰掛石」と崇められる巨石、周辺から須玖式甕棺、広形銅矛1本	熊本県旭志村教委『藤尾支石墓群』1959ほか	未確認 参考地
12	?	長沖支石墓*	山鹿市大字中字長沖	伏さった大石 数個	熊本県旭志村教委『藤尾支石墓群』1959ほか	未調査 参考地
13	?	古閑山支石墓*	菊池市旭志弁利字古閑山	支石墓の上石状立石2個、伏石3個（内1個に支石2個）	熊本県旭志村教委『藤尾支石墓群』1959ほか	未調査 参考地
14	?	ヒメサカ支石墓*	菊池市旭志弁利字ヒメサカ	台地上に大石 5・6個	熊本県旭志村教委『藤尾支石墓群』1959ほか	未調査 参考地
15	Yc後半	ヒララ石支石墓*	菊池市旭志川辺字柏木	支石墓の上石状巨石の伏石1個、周辺に黒髪式土器片散布	熊本県旭志村教委『藤尾支石墓群』1959ほか	未調査 参考地
16	?	比良良石支石墓*	菊池市原字比良良石	水田中に支石墓の上石状巨石1個、（下部に支石？、板石あり）	熊本県旭志村教委『藤尾支石墓群』1959ほか	未調査 参考地

17	Yc後半	立石支石墓*	菊池市森北字立石	支石墓の上石状巨石3個、周辺に黒髪式土器片・石器等	熊本県旭志村教委『藤尾支石墓群』1959ほか	未調査参考地
18	Yc	神来支石墓*	菊池市野間口字神来屋敷	支石墓の上石状巨石が貴船神社境内にたてられている	菊池市史編さん委員会編『菊池市史』上巻・1982年	未調査参考地
19	Yc？	石ノ本支石墓*	菊池市泗水町永字石ノ本	菅原神社境内に大石数個、近くで黒髪式甕棺出土	熊本県旭志村教委『藤尾支石墓群』1959ほか	未確認参考地
20	？	中原支石墓*	合志市合生大字野野島字中原	巨石（下部は土壙）	甲元真之「西北九州支石墓の研究」熊大『法文論叢』41号 1978	未確認参考地
21	？	永田支石墓*	合志市合生大字野野島字永田	巨石（下部は土壙）〔現地に保存？〕	甲元真之「西北九州支石墓の研究」熊大『法文論叢』41号 1978	未確認参考地
22	Yc	立石原支石墓	菊池郡大津町大字矢護川字立石原	支石墓3基、他に巨石3個、周辺に須玖・黒髪式土器、石器類散布	熊本県旭志村教委『藤尾支石墓群』1959ほか	未調査参考地
23	？	御領原支石墓*	菊池郡大津町大字矢護川字御領原	支石墓の上石状巨石1個 周辺に弥生の甕・丹塗土器片散布	熊本県旭志村教委『藤尾支石墓群』1959ほか	未調査参考地
24	Yc	水野山支石墓*	菊池郡大津町大字矢護川字水野山	支石墓の上石状巨石（碑石）1個、伏石2個、須玖・黒髪式甕棺、大磨製石斧5個出土	熊本県旭志村教委『藤尾支石墓群』1959ほか	未調査参考地
25	Yc〜	矢鉾遺跡*	菊池郡大津町大字杉水字上の原・矢鉾	支石墓の上石状巨石1個、磨製石剣、須玖式大甕片、中後期の土器出土	熊本県旭志村教委『藤尾支石墓群』1959ほか	未調査参考地
26	Yc後半？	八ツ割ドルメン群	上益城郡甲佐町大字船津字八ツ割	支石墓（？）12基以上（一部消滅）、近くに麻生原遺跡（弥生前期の集落）あり	緒方勉『甲佐町麻生原遺跡及び八ツ割ドルメン群・沈目立山遺跡』熊本県文化財調査報告26集 1977	未調査参考地
27	Yc？	麻生平ドルメン	下益城郡美里町大字馬場字麻生平	巨石2個（1個は石灰岩）周辺から弥生中期の土器片	緒方勉『甲佐町麻生原遺跡及び八ツ割ドルメン群・沈目立山遺跡』熊本県文化財調査報告26集 1977	未調査参考地
28	Yk前半	木原(西蔵)支石墓*	熊本市南区富合町大字木原字西口	巨石1個、中期甕棺5基	小林麟也「木原甕棺地帯における巨石調査報告」『熊本史学』15、16号、1959ほか	参考地
29	Yk後半	市房隠遺跡（1号棺）	球磨郡あさぎり町大字吉井字馬立原	支石墓（？）1基（下部は石蓋式箱式石棺）、他の7基は上部破壊せるも同様の箱式石棺（支石墓としては否定的意見あり）	乙益重隆「地下式板石積石室墓の研究」『国史学』83号 1971 ほか	参考地

（注）Yzは弥生前期、Ycは弥生中期、Ykは弥生後期

鹿児島・山口県の支石墓

明神下岡遺跡　鹿児島県出水郡長島町蔵之元明神下岡

位置

　明神下岡遺跡がある長島は、鹿児島県阿久根市と天草諸島の下島南端の中間にあり、内海である八代海の南方からの入り口を扼する位置にある。島内には多くの古墳群が散在している。明神下岡遺跡は、その長島と天草下島との間にある長島海峡の南方からの入り口部分に面し、海蝕崖の南面にやや傾斜している崖上にある。

遺跡の概要

　1972（昭和47）年、明神古墳群の調査中に発見され、1984（昭和59）年、長島町教委により調査が行われた。その調査結果によると、弥生時代・古墳時代（6世紀）の遺構50基前後のうち30基の石棺墓を確認し、その内の10基について発掘調査が行われた。

　調査報告では、全体的には「地下式板石積石室墓群」の遺跡と紹介されているが、弥生時代と目される初期タイプのものに、支石墓と思われるものが調査した10基中6基あるという。その代表的なものが、上石が除かれ蓋石が露出していたが、弥生中期後葉の山ノ口式土器が供献されていた26号石棺、やや崩れているがほぼ原型を残存する同タイプの12号棺である。

　石棺を蓋石で覆ったあと、支石の代わりに数枚の板石を補強材として周囲に置き、上石をその上に置く形式は、支石墓の一形式とも思われるものである。

　調査報告書では、この12号・26号石棺を次のとおり記述している。

▶12号石棺

　12号石棺はE-6区、本遺跡のなかほど、東端が南面に傾斜する位置にある。調査時点では、大型の扁平一枚石が3枚、ほぼ南北方向に3.15メートルの長さにあり、周辺には大小の板状石等が散在していた。

　石棺は、長軸N-36度-Eにとる。この方向は傾斜面に沿った方向での配置である。石棺の両側壁石は、東側で長さ78センチと36センチの2枚の板状石を用いている。うち1枚は上部構造の圧力等で棺身に約10センチ傾斜しずれ込んでいる。側壁石の上面はほぼ平坦である。西側壁石は、長さ40センチ内外の板状石4枚を用いている。上面は各石材の角が頂点となり不揃いで、やや内傾する。小口は南北とも1枚の板状石をもって小口とする。

　これらによって構築された石棺の棺身は、内径で107センチ×43センチを測り、平面形は長方形を呈する。棺床面は地山を利用するのみで板石などの敷設はなかった。

石棺には、長さ160センチ幅80センチ厚み10センチ扁平の大型の一枚石をもって蓋石とする。検出時ではこの蓋石の長軸は東側に若干のずれがあるが、石棺は西側側壁石を限界として全て覆われている。

石棺を蓋石で覆ったのち、両側壁および両小口の外側に蓋石の外周に添って板状石や扁平な自然石を控え積状に3・4段小口積に積み上げ、棺床面より約50センチの高さで上面を揃える。蓋石の外周に添っていることは、石棺の北および西側では側壁石と蓋石が合致するため、この控え積みの石は側壁石と密着するが、東側では蓋石が石棺より約40センチ幅ずれることにより、控え積石も東側側壁石より東へ約40センチの位置に3枚残存する。

さらに、この石の上には、長さ130センチ幅90センチ厚さ20センチの扁平な大型一枚石をかぶせて上石とする。断面で見ると石棺の北半分の上に置かれていることになり、棺床面より約50センチの高さに位置する。蓋石との間には10センチ程の隙間がある。

なお、上石の北辺に接して長さ160センチ幅90センチの大型扁平一枚石と、これらの上に板状石等が存在するが、これらは12号石棺との関連については不明確である。副葬品は皆無であった。（図1）

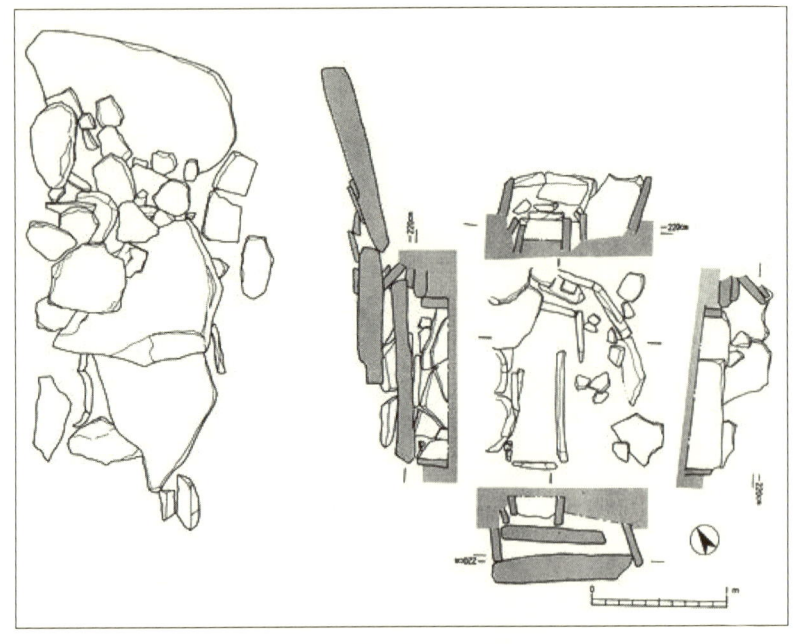

図1　明神下岡12号石棺図

▶26号石棺

26号石棺は、E－4区、本遺跡の中位、東部で南面する傾斜に位置する。調査時点では、上石は除かれ、蓋石の一部が露呈していた。石棺の長軸方向はN－77°－Eである。石棺の両側壁面は、北側で60センチ、南側壁石は長さ65センチの板状石を用いている。小口は東西とも1枚の板状石をもって小口とする。

これらによって構築された石棺の棺身は、内径で長径62センチ、東側短径35センチ西側短径26センチを測り、小口側壁石はしっかりと組み合わされ、略長方形を呈する。棺床面は地山を利用するのみで板状石等の敷設はなく、人骨も検出されなかった。

石棺には、長さ103センチ幅65センチ厚み8センチの扁平な大型の一枚石をもって蓋石とする。石棺を蓋石で覆った後、東側半分の北側壁および東小口の外側に沿って、板状石や扁平な自然石を17枚使用して補強材として用いている。（図2）

遺物は、数点の土器片が出土したうち、判断できる1点は弥生中期の山之口式土器に類似したものである。石室内からの出土でなく、蓋石の下部からであったが、墳墓の年代を調べる唯一の資料と目されている。

遺構の特色

　弥生中期後半に比定される山之口式土器が出土した26号石棺および12号石棺は、本遺跡の遺構中最も古い第1タイプに分類されるもので、支石墓とも考えられる遺構である。すなわち、下部遺構は箱式石棺に蓋石を用い、支石として多数の板石を用い、その上に上石を覆う形式である。

　河口貞徳しによれば、南九州独特の墓制である古墳時代の地下式板石積石室墓の祖形であるという。

　本遺跡と最も類似しているものに、長崎県小値賀島の神ノ崎遺跡がある。やはり弥生中期の支石墓を有する古墳時代の地下式板石積石室墓群である。九州の西部地域で最も北の神ノ崎と南端に属する明神下岡遺跡が、ほぼ同時期で同様の遺構を持つ遺跡が存在することは、当時の西九州の海上交通が活発で、交流が盛んであったことを裏付けるものとも言える。

　その他西九州では、宇久松原遺跡・浜郷遺跡・宮の本遺跡・島山赤崎遺跡・殿寺遺跡・大野台遺跡にも類似の遺構があるという。

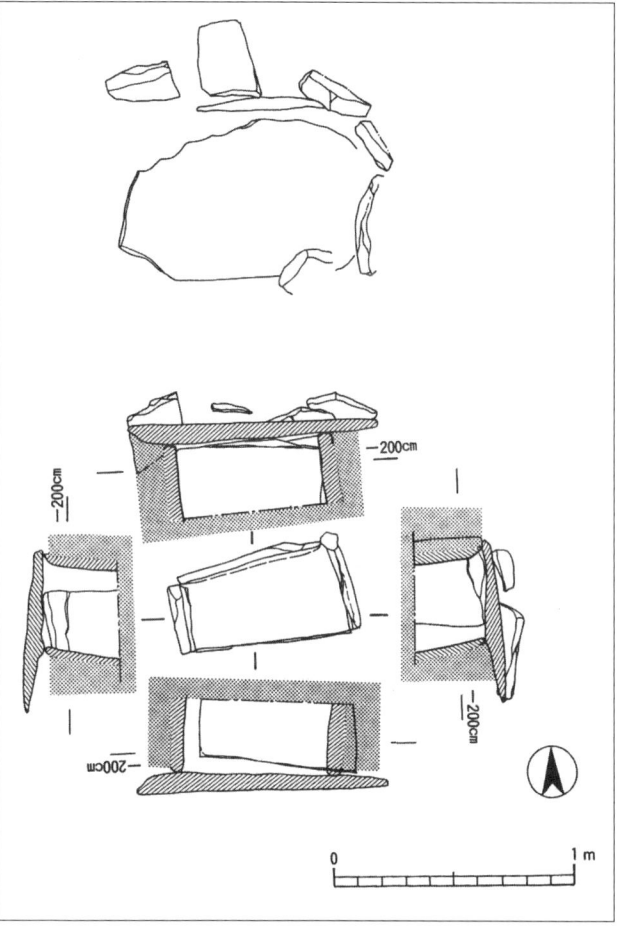

図2　明神下岡26号石棺図

註
（1）鹿児島県長島町教育委員会編『明神下岡遺跡』1983年
（2）長崎県小値賀町教育委員会編『神ノ崎遺跡』小値賀町文化財調査報告書第4集、1984年
（3）正林護「西北九州の板石積石室墓」『古文化談叢』第30集（上）、1993年
※掲載図は『明神下岡遺跡』（1983年）より転載

下小路遺跡　南さつま市金峰町高橋下小路

位置

　下小路遺跡は、薩摩半島西岸、吹上砂丘の南端に近い万之瀬川の下流域にあり、近くには（南南東約300メートル）縄文晩期から弥生前期にかけての「高橋貝塚」がある。

遺跡の概要

　1976（昭和51）年、入来遺跡調査時に、河口貞徳氏らにより調査された。その調査報告書によれば、現状畑地の遺跡のなかに長方形の巨石（支石墓の上石状の板石と破片2個・復元長2.23メートル幅1.25メートル厚さ0.3メートル）があり、石質は溶結凝灰岩で側面全体に朱が塗布されていた。

　支石墓でないかと下部遺構を調査したが、撹乱されていて不明であった。なかに一部に朱が塗布された塊石が数個土中から出土したが、支石とは断定できなかったという。（図1）

　しかし、巨石から東側約4.5メートルの耕作地の地下80センチ前後から、大型合せ甕棺墓が検出された。弥生中期後葉の須玖式の大型合せ甕棺（器高は上甕61.5センチ下甕96センチ）で、内部から右腕にゴホウラ製腹面貝輪2個を着装した男性人骨が発見されている。（図2）

　このような大型合せ甕棺は、当地方に伝来のものでなく、北九州の葬法が伝播したものと考えられ、かつまた、巨石と近接していて、支石墓の可能性があるという。

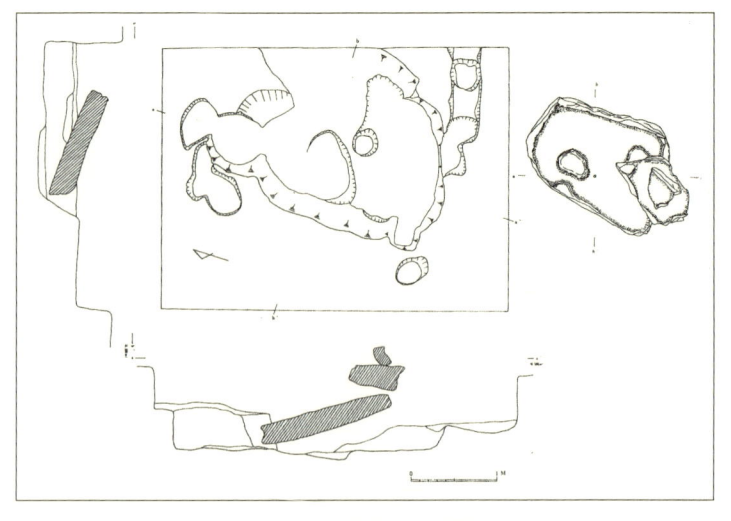

図1　下小路遺跡大石実測図

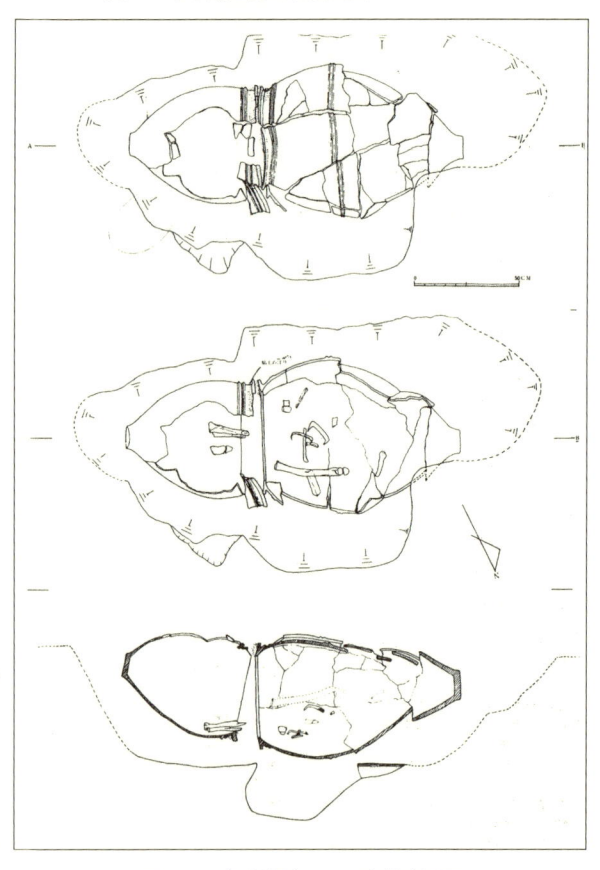

図2　下小路遺跡C-Ⅲ甕棺実測図

註
（１）河口貞徳編『入来支石墓調査概要』東アジアより見た日本古代墓制研究会、1976年
※掲載図は『入来支石墓調査概要』から転載

高橋貝塚　南さつま市金峰町高橋

　大陸系の水稲農耕文化の遺物などが出土して有名な、縄文晩期から弥生中期の高橋貝塚遺跡内に玉手神社がある。その玉手神社境内に巨石の立石があり、地表上の大きさは高さ99センチ幅154センチ厚さ32〜22センチ、板状石の自然石で石質は溶結凝灰岩である。
　現在は注連縄をかけ上屋で覆って、祠として祀っている。もともと、玉手神社の東側に台地があり、この地を掘り下げて現状の畑とした際、土器が出土したと言われているが、支石墓であったかどうか未確認であるという。[1]

註（１）河口貞徳編『入来支石墓調査概要』東アジアより見た日本古代墓制研究会、1976年

入来遺跡（いりき）　日置市吹上町入来

位置

　入来遺跡は、薩摩半島西岸吹上砂丘のなかほど、伊作川下流左岸のシラス台地東端の舌状台地上にある。

遺跡の概要

　入来遺跡は、弥生時代中期から後期並びに古墳時代の、集落および墳墓が発見された複合遺跡であることが知られていた。その遺跡内の西南地区に二枚重ねの大石があり、1976（昭和51）年3月、河口貞徳氏らにより調査が行われた。[1]
　大石は2枚とも凝灰岩で、上の石は径1.4〜1.6メートルの不整円形で厚さ20センチ前後、下の石は長径1.6メートル短径1.4メートルの楕円形で厚さ約30センチであったが、その下部から遺構は検出されなかったという。（図1）
　しかも、この大石の所在地は弥生時代以降削平されており、その削平の過程で耕作や道路の邪魔になる大石をここに持ってきたものと考えられるという。現在

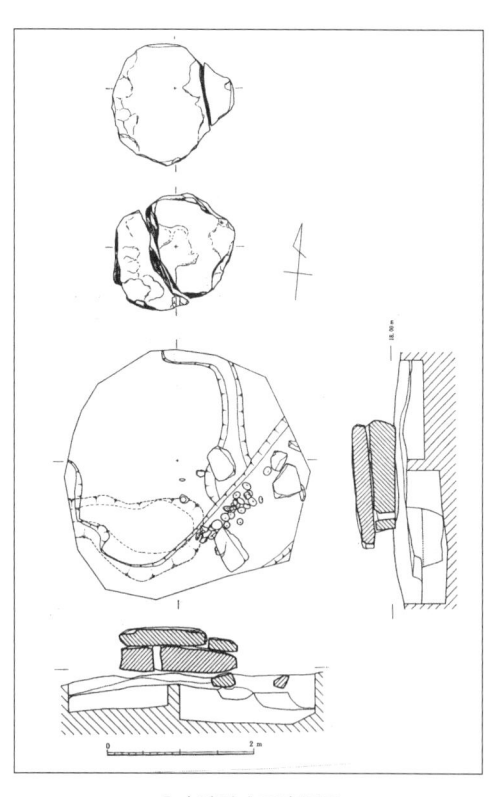

入来遺跡大石実測図

この大石は氏神様として信仰の対象になっている。

この大石は、調査時の20数年前、南吹上駅に通ずる道路の切り通し工事の際は、現位置から道路を挟んだ南側の崖上にあったという。1975（昭和50）年、道路拡張工事の際、この崖上から移設したものと考えられ、1976年3月防火用水槽再建のため崖が削り採られた際、崖面に土壙の切断面が露出した。故に支石墓の原位置と思われる土壙を調査の結果、合せ甕棺と思われる土器片2体分が出土した。その他の土器片などと調査の結果、弥生中期後葉から前期前葉のものと判明した。

この合せ甕棺墓と大石の一枚とは、支石墓ではないかと推定されている。

なお、1976年の調査に参加された上村俊雄氏によれば、「1963年（昭和38年）の時点で、道路の拡張工事が行われる以前に2基のドルメンを確認しており、2基のうちの1基は上石と支石の間に細長い板石2枚が挟まっていて、川路氏の庭にあった」という。

また、「大石がある位置から東方向20メートルのところに溝があり、溝の西壁に近いところで、縦75センチ横65センチ厚さ14センチの菱形の板石が斜位に埋没し、その下の枕石のような形で2枚の板石が検出されている。この板石遺構は埋葬に関するものと見られている。弥生中期中葉の土器、軽石製岩偶なども出土している」と述べられ、この近くには少なくとも3基の支石墓の存在が推定されている。

註
（1）河口貞徳編『入来支石墓調査概要』東アジアより見た日本古代墓制研究会、1976年
（2）上村俊雄「日本列島の支石墓・鹿児島県」『東アジアにおける支石墓の総合的研究』九州大学文学部考古学研究室、1997年
※掲載図は『入来支石墓調査概要』から転載

白寿遺跡　日置市吹上町中之里白寿

白寿遺跡は入来遺跡の東方300メートル、下中ノ里部落の西約200メートルの舌状シラス台地にある縄文後期、弥生前・中期の複合遺跡である。その遺跡内に扇状の大石がある。

1975（昭和50）年、辻正徳氏らの調査で、大石に接する地下の土壙から、縄文後期の土器片、器台付の皿形土器、碧玉製の管玉などが出土したという。

1978（昭和53）年、鹿児島県教委の発掘調査では、弥生中期のものと思われる小型合せ口甕棺（小児用）が出土した。

支石墓の上石と見られる大石は、長さ1.8メートル幅1.1メートル厚さ0.3メートルの扇形の板石で、下部には遺構は認められなかったという。また、周辺の遺跡から、弥生前期末の壺棺葬遺構も発見されている。

註
（1）河口貞徳編『入来支石墓調査概要』東アジアより見た日本古代墓制研究会、1976年
（2）上村俊雄「日本列島の支石墓・鹿児島県」『東アジアにおける支石墓の総合的研究』九州大学文学部考古学研究室、1997年

石塚子産石　日置市吹上町入来石塚

　石塚子産石は、吹上町入来石塚部落の町道沿いにある通称「子産み石」と呼ばれ、安産の神様として信仰の対象とされている巨石である。
　大きさは最大長2.18メートル最大幅1.27メートル高さ1.17メートルで、下部は空洞の凝灰岩で、一見牛がうずくまった格好に見えるという。
　1976（昭和51）年、入来遺跡調査時に、支石墓でないかということで調査が行われた。その結果[1]によれば、元来別の場所に安置されていたことがわかり、その原位置を調査したが、土壙らしいものの存在は認められたが墓壙の形跡はなく、支石墓はなかったという結論であるという。

注1　河口貞徳『入来支石墓調査概要』東アジアより見た日本古代墓制研究会、1976年

中ノ浜遺跡　山口県下関市豊浦町大字川棚字中ノ浜

位置

　山口県の西部、響灘に面する豊浦町川棚の海岸線の後背地にあたり、響灘に西流する川棚川の河口近くの北側（現在の海岸線より約50メートル程の地域）、東西に連なる海抜2.5メートル内外の砂丘上の西半部分にある。
　北方の海岸地帯には弥生人骨で有名な土井ヶ浜遺跡、南方の海岸地帯には吉母浜・梶栗浜など砂丘上の弥生墓地がある。そのほかこの響灘に面する海岸地帯には、綾羅木遺跡を始め多数の弥生遺跡が散在している。

遺跡の概要

　調査報告書[1]によれば、中ノ浜遺跡は1960（昭和35）年から71年にかけて、8次にわたる発掘調査が行われた。その結果、弥生前期から中期初頭の埋葬遺構で、土壙墓45基（一部積石墓・置石墓を含む）・箱式石棺墓40基・配石墓4基・壺棺又は甕棺墓9基・支石墓状遺構1基・集骨墓多数が検出された。
　遺物は、多数の副葬・供献土器、細形銅剣（基部）・銅戈（鋒部）各1をはじめ、磨製石剣1、磨製および打製石鏃、装身具としてゴホウラ製貝釧1を含む貝製腕輪、貝小玉・鹿角製指輪・碧玉製管玉などが出土した。
　また人骨90余体が出土したが、性別が判定可能なものは68体（男性43・女性25）で、その形質は長身高顔の「土井ヶ浜弥生人」に近似しているが、顔幅がやや広く縄文人の形質も保有しているという。

図1 中ノ浜遺跡遺構配置図

支石墓（支石墓様遺構）

　1970（昭和45）年、東京教育大学の第3次調査で、東グループと呼ぶ地域の略中央部分（H2区）で、支石墓と思われる遺構が1基検出された。（図1）

　「この遺構は、当時の表土面に1.2メートル四方ほどの大きさの不整形板石が据えられた状態で検出された。石棺蓋石にしては大きすぎる。この石を除去したところ、その下から三角形の頂点に当たる部分に配されたかの状態で、20～30センチほどの石が3個発見された。あたかも南方式支石墓の上石と支石を思わせる在り方であった。この3石の間を掘り下げると、東北頭位の埋葬人骨が見出されたが、土壙を検出するには至らなかった」という。（写真1）

　なお甲元真之氏によれば、「碁盤式支石墓で、下部に数個の支石を配し、埋葬施設である土壙墓には小児の骨が検出されている[2]」という。

　遺物はなく確実な時期は不明である。また、この支石墓の近くで検出された壺棺（土井ヶ浜Ⅰ式 ― 弥生前期後半）には、「若くて華奢な人、恐らく若い女性の左腕が納められていた。この左腕を残した人物の外の部分の骨格は見出されなかった[3]」という興味深い報告もなされている。

支石墓の特色

　中ノ浜遺跡の支石墓が検出された東グループの墳墓群は、弥生前期から中期初頭にかけて、土壙墓から箱式石棺墓への移行を示す遺跡であると言われている。

186　資　料　編

写真1　支石墓様遺構（H-2区）　　　　　　　　　　写真2　板石除去後

　この100数基に及ぶ墓群のなかで、支石墓が1基だけ存在し、その位置が径10メートル内外の環状に配置された標石土壙墓のほぼ中心部分にあり、小児の骨が埋葬されていた。
　しかも、その近くで検出された壺棺には、若い女性の左腕の骨のみが出土している。
　これらは、何を意味するものであろうか。
　また、支石墓と考えられる上石が径1.2メートル程度の小型であり、周辺の標石・立石・積石墓などの状況から見て、支石墓と言うより標石墓と考えられないでもない。

註
（1）豊浦町教育委員会編『史跡中ノ浜遺跡』保存管理計画策定報告書、1984年
（2）甲元真之「山口県中の浜遺跡」『探訪　弥生の遺跡・西日本編』有斐閣、1987年
（3）は（1）に同じ
※掲載図は『史跡中ノ浜遺跡』（1984年）から転載

鹿児島県内の支石墓所在地一覧

番号	時期	遺跡名	所在地	概要	主要文献	備考
1	Yc後半	明神下岡遺跡	出水郡長島町蔵之元明神下岡	地下式板石積石室墓30基の内に支石墓タイプの石棺6基、山之口式土器出土	長島町教委『明神下岡遺跡』1983、	参考地
2	Yc後半	下小路遺跡	南さつま市金峰町高橋下小路	支石墓1基（巨石とその東側土壙から須玖式合せ大形甕棺）右腕にゴホウラ貝輪2個着装の男性人骨1体	河口貞徳編『入来支石墓調査概要』東アジアより見た日本古代墓制研究会、1976	
3	?	高橋貝塚	南さつま市金峰町高橋	玉手神社境内に立石あり。東側台地から移設したとき、土器が出土した。	河口貞徳編『入来支石墓調査概要』東アジアより見た日本古代墓制研究会、1976	未確認参考地
4	Yc後半～Yk前半	入来遺跡	日置市吹上町入来	支石墓3（?）基（2枚重ね大石の内一枚は台地崖上から移設。原位置から合せ甕棺の土器片出土）	上村俊雄「日本列島の支石墓」『東アジアにおける支石墓の総合的研究』、1997	未確認参考地
5	?	白寿遺跡	日置市吹上町中之里白寿	巨石の周辺からYz末の甕棺墓、Ycの小児甕棺墓が検出、巨石下は遺構なし	上村俊雄「日本列島の支石墓」『東アジアにおける支石墓の総合的研究』、1997	未確認参考地
6	?	石塚子産石	日置市吹上町入来石塚	石塚部落の町道沿いに巨石あり。原位置を調査したが遺構認められず。		参考地

山口県内の支石墓遺跡所在地

番号	時期	遺跡名	所在地	概要	主要文献	備考
1	Yz～Yc初頭	中ノ浜遺跡	下関市豊浦町大字川棚字中ノ浜	小型支石墓様遺構1基（下部は土壙?）他に土壙墓45基、箱式石棺9基、配石墓4基、甕棺墓9基、集骨墓多数、細形銅剣・銅戈・磨製石剣、ゴホウラ貝輪、人骨90余体	豊浦町教委『史跡 中ノ浜遺跡・保存管理計画策定報告書』1984ほか	標石墓か

あとがき

　わが国の支石墓は、水稲農耕文化が渡来した弥生早期（縄文晩期後半）初頭に、西北九州の玄界灘沿岸に伝来したと思われ、水稲農耕民の墓制であるとも考えられています。
　若しそうであるならば、弥生時代に水稲農耕文化がいち早く日本列島に伝播していったにも拘わらず、支石墓という墓制が主として九州地方の西北地域だけにしかも弥生早期から弥生前期の短い期間に限定されているのでしょうか。
　なお、弥生中期頃までは九州西半部に極く少数点在しますが、それもやがて消滅していく現象がみられます。
　また支石墓の所在地などを考えてみますと、本来水稲農耕民と支石墓に葬られた人々とは、別の人たちではなかったかという疑問を感じます。更に支石墓を造営した人々やその子孫はどこへ行ったのでしょうか。
　わが国の支石墓に関する総合的にまとまった文献は少なく，管見では松尾禎作氏の「北九州支石墓の研究」(1957年)、甲元眞之氏の「西北九州支石墓の一考察」(1978年)、岩崎二郎氏の「北九州における支石墓の出現と展開」(1980年)、及び「弥生文化の研究8・支石墓」(1987年) などでした。
　しかしながら、上記の各氏の論文は時期的に古く、その後わが国で最大規模の佐賀県久保泉丸山遺跡や、それに次ぐ福岡県新町遺跡などの支石墓群が発見され、また長崎県原山支石墓群の詳しい発掘調査報告書なども刊行されています。さらにその後も糸島地方、筑後地方、佐賀平野ならびに長崎県などの各地で、小規模の支石墓遺跡が発見されています。
　以上のような状況下、九州大学文学部考古学研究室（当時の代表者西谷正教授）では、1987年（昭和62年）支石墓研究会を発足させた。中途しばらく中断したが1994年（平成6年）再開し、前後15回に亘って中国東北地方や朝鮮半島を含めた支石墓について研究会を開き検討を重ねてきた。1997年（平成9年）その研究成果を集約して発表されたのが、同考古学研究室発行の『東アジアにおける支石墓の総合的研究』である。
　小生も中途から上記の支石墓研究会に参加させていただき、小生が各地の支石墓に関する資料からまとめた地名表などの検討資料を提出すると共に、貴重なご意見を拝聴することができました。そのかたわら1990年頃から、小生なりにわが国の支石墓について、主として過去の支石墓遺跡の発掘調査報告書を中心に先学の各氏の論文を加えて、日本における支石墓の概要を研究しまとめていたところであります。あらためて上記の『東アジアにおける支石墓の総合的研究』の内容を加えてまとめたのが本稿であります。
　なお本稿に掲載しました「各県別支石墓所在地一覧表」は、支石墓研究会発行の前記研究書記載の「地名表」を更に検討の結果、支石墓と称する遺跡の判断に疑問があるものも参考のため加えて、小生なりに修正したものであります。また「地名表」でのミスプリントも修正しました。

その後、1999年（平成11年）及び2000年に九州大学考古学研究室が大友遺跡の第5・6次調査を行い、支石墓の下部構造について貴重な知見を得ました。これにもとづき本稿内容を一部修正しました。
　また、調査報告の発表が遅れていました『石崎矢風遺跡』の調査報告書が2010年刊行されましたので、各項目に追加記入いたしました。
　本稿は、わが国の支石墓を研究され見直すための第一歩として、現在まで発見された各支石墓遺跡や支石墓参考地を集成してその概要を紹介し、その実態を把握することを目的としました。
　作成に当たっては、先学の諸先生方や各市町村教育委員会の方々のご協力により、ご提供いただきました各先生方の論文や調査報告書ならびに各委員会の発掘調査報告書を資料とし、内容的には特に支石墓（群）所在地の地理的位置および支石墓の構造を重点に、前記資料の要約ならびに引用でまとめたものであります。
　ご指導やご協力いただきました西谷正先生はじめ、各氏へ厚くお礼を申し上げます。
　本来ならばわが国の支石墓の源流である朝鮮半島や中国東北部の支石墓についても考察すべきであるかと思いますが、浅学非才と資料不足のためわが国の支石墓だけにとどめざるを得ませんでした。また本稿の内容について不充分な点が多々あると考えられます。
　読者の皆様方からのご高見を賜りますと共に、今後の支石墓の研究に僅かでもお役に立てば幸いと思います。

2014年4月10日

太田　新

太田　新（おおた・あらた）　1929年生まれ。福岡県田川郡出身。法政大学法学部卒業。1955年，RKB毎日放送株式会社入社。1985年，同社勇退後，考古学の研究に専念。現在九州考古学会，筑紫古代文化研究会会員。元九州大学考古学研究室支石墓研究会会員。

日本支石墓の研究
第2部　資料編

2014年5月15日　第1刷発行

編　太田　新

発行者　西　俊明

発行所　有限会社海鳥社

〒812-0023 福岡市博多区奈良屋町13番4号
電話092(272)0120　FAX092(272)0121
http://www.kaichosha-f.co.jp

印刷・製本　大村印刷株式会社
ISBN978-4-87415-909-5

［定価はケースに表示］